KB203608

환성지안 선사

프라즈냐 총서
52

환성지안 선사

| 종횡무진 행원과 선사상 |

무각 저

운주사

감사의 글

무엇보다 환성지안 선사와 같으신, 선종사에 길이 빛날 위대한 분을 만날 수 있었다는 사실 하나만으로도 환희롭고 감사합니다.

서울에서 교직생활을 하고 대학 강의와 연찬의 시간을 갖던 중 뜬금없다는 표현이 어울릴 정도로 갑자기 출가를 선언했습니다. 하지만 바로 출가할 수는 없었고 3년을 매일같이 3천 배를 하고 회향하는 날 은사 스님을 뵙게 되었습니다.

그리고는 한 달 후 너무나 사랑하는 가족에게 이별을 고하고 함께 동고동락했던 동료 교사들에게도 하직인사를 하였습니다. 반대는 하지 않으셨지만, 가벼운 가방 하나만을 매고 떠나는 저를 찻길까지 배웅하시며 고이고이 길렀던 자식과 이별하면서도 한 줄기 흘러내리는 눈물마저 절제하셨던 어머니 가슴에 대못(?)을 박고서 출가를 하고야 말았습니다.

다행히 무상을 확철히 느끼고 이 생에 반드시 부처가 될 것을 맹세한, 마음에 거리낌이 없는 심출가의 길을 들어서 우리나라 삼현 문중의 비구니 의발을 은사 스님께 전수받는 기쁨도 있었습니다. 하지만 5년 가까운 혹독한 행자생활 후 삭발한 지 10년도 안 되어 은사 스님께서 열반하시면서 그야말로 정신적, 경제적으로 험난한 길을 걸어온 지 벌써 20년이 되었습니다.

하지만 그런 고충이야 별 부끄러움도 없고 문제 또한 그때 그때

6

잘 도와주신 불보살님들이 계셨으니, 자다가 일어나도 지극히 행복하고 자유롭게 여여할 수 있는 주인공으로 이 길을 가고 있다는 사실에 이 세상 그 무엇과도 비교할 수 없는 아름답고 향기로운 사건으로 여기며 살아가고 있습니다.

본서가 세상에 나오기까지 저로서는 백천만겁이 지나도 만나기 힘들었을 선禪수행과 무문관 폐관수행, 그리고 판치생모 화두를 성성히 하는 수행의 과정에서 오늘의 자유롭고 여여할 수 있는 저를 있게 해 주신, 어릴 적부터 만나 뵌 고귀한 선지식들과의 기연機緣에 감사와 참회의 마음으로 향공양을 올립니다.

지금 생각하면 짧은 인연이었지만 귀한 화두수행의 인연을 맺어 주신 전자 강자 큰스님, 참선과 염불을 알게 해 주신 청자 화자 큰스님, 백양사의 서자 옹자 큰스님, 그리고 해인사의 성자 철자 큰스님, 송광사의 구자 산자 큰스님과 법자 정자 큰스님, 서울에서 교직생활을 하다가 뒤늦게 철들게 해주신 동사섭의 용자 타자 큰스님과 고집멸도 인자 경자 큰스님, 그리고 어려운 일이 있을 때마다 지도와 편달을 아끼지 않으신 지자 운자 큰스님과 영자 관자 큰스님, 어머니같이 함께해 주신 경자 현자 큰스님과 대자 화자 큰스님께도 지면을 빌려서나마 감사의 마음으로 예배합니다.

출가하여 구족계를 수지하고 올곧은 선객의 자유로움과 활발한 세계를 알게 해 주신 은사이신 승가사 상자 륜자 그리고 수덕사 견성암의 법자 희자 저의 노스님께도 지극한 마음으로 감사의 삼배를 올립니다.

아울러 동국대 선학과의 법자 산자 큰스님, 보자 광자 큰스님,

혜자 원자 큰스님, 종자 호자 큰스님, 정자 덕자 큰스님과 지도교수 정자 도자 큰스님, 그리고 동국대 교육학과의 김성훈, 고진호, 조상식, 박현주 교수님과의 지중한 인연에도 감사의 삼배를 올립니다.

아울러 본 원고를 세상 밖으로 끌어주신 운주사의 김시열 대표님을 비롯하여 반복되는 교정과 편집을 기꺼이 맡아주신 편집진에게도 깊은 감사의 마음을 전합니다.

저의 게으름과 아둔함으로 인해 문장이 매끄럽지 못하고 다소 머터럽더라도 환성지안이라는 위대한 선사에 대한 본격적인 최초의 저서를 세상에 내보였다는 사실 하나만으로 부디 용서하여 주시길 바랍니다.

지금 여기에 오기까지 저와 함께해 주신 아름다운 님들께 말로 표현할 수 없이 감사드리며, 이제 연꽃 만나고 가는 바람같이 다시 먼 길을 떠나려 합니다.

불기 2566년 봄
백두대간 속리산 여여선원에서
무각 합장~()~

I. 서론

1. 선과 교를 융합한 대선사이자 화엄의 대강백

본 연구는 선객으로서 환성지안 선사의 종횡무진한 선사상과 그의 실천 수행 및 선종사적 의미를 조명해 보고, 이를 후학의 수행에 귀감이 되도록 하려는 의도에서 시작한 것이다.

환성지안의 선사상은 크게 '반야(공)사상'과 '화엄(선)사상'으로 요약해 볼 수 있다. 이를 뒷받침하기 위해 환성지안의 저서인 『선문오종강요』 1권과 『환성시집』 1권의 내용 및 그 가치에 대해 살펴보고, 제자들에 의해 편찬된 그의 유고들을 원문과 대조하며 기존의 해석본을 수정 보완하여 정리해 볼 것이다.

한편 환성지안의 행적은 그가 조선 후기 우리나라에 토착화된 활발한 임제종 가풍의 적통이면서도 이에 머무르지 않고 선과 화엄의 융합적인 사상체계를 갖추어 중생들의 교화를 위한 선시를 짓고,

14

이를 통해 대중과 함께 교류했던 대선사의 면모를 갖춘 분임을 알게 한다. 또한 『환성시집』에 실린 144편의 선시에는 조선 후기라는 시절인연을 동사섭하기 위해 방편바라밀로 화엄과 선을 융합한 그의 원융무애한 선사상이 녹아 있다.

아울러 이 연구를 통해 조선 후기 불교 역사의 흐름 속에서 환성지안이 대중교화를 위해 펼쳤던 선교융합의 실천사상이 어떻게 전개되었는지도 살펴보도록 하겠다.

환성지안의 제자인 화월성눌이 편록한 『환성시집』에 수록된 144편의 선시는 그의 선사상뿐만 아니라 선 수행자로서 평범하고 소소한 일상을 음미해 볼 수 있는데 이점은 오히려 선객으로서 그의 거인다운 품격이 느껴지게 한다.

이렇듯 환성지안은 면면히 내려오던 선禪의 정맥을, 그 가운데서도 특히 불조의 정신이 중국을 거쳐 토착화된 우리나라 임제의 종통을 계승한 선사이자 스러져 가는 조선 후기의 선풍 진작을 위해 『선문오종강요』의 편찬을 후학들에게 간절하게 전하였다. 또한 환성지안은 함께한 시절 인연들을 위해 중생교화의 방편으로써 전국 규모의 화엄법회를 개최하는 등 위법망구의 실천행을 종횡무진하게 펼치며 일생을 살다 간 분이다.

뿐만 아니라 근현대의 선풍을 진작시켜 실로 오늘날까지 그 선맥이 이어 올 수 있게 한 경허성우(鏡虛惺牛, 1849~1912)는 자신이 환성지안의 7세손孫임과 청허휴정 하의 11세·12세손—혹은 13세손으로 논란의 여지가 있다[1]으로 환성지안의 정맥임을 밝힌 바 있다.[2]

또한 근현대의 청담순호(靑潭淳浩, 1902~1971)와 만해용운(萬海龍

雲, 1879~1944)과 용성진종(龍城震鍾조, 1864~1940) 등 조계종의 역대 종정을 비롯하여 오늘날의 지도자들 역시 환성을 사법嗣法으로 하고 있다.[3]

이러한 사실만으로도 환성지안의 영향력을 짐작할 수 있으며, 그만큼 그가 한국불교에 미친 영향이 지대하다고 하겠다.

또한 환성지안은 토착화된 한국 선불교의 임제종풍의 활발한 정신을 계승하고 호국불교의 전통을 이룬 청허휴정의 적통을 계승한 선사이다.그는 또한 모운진언으로부터 강맥을 받은 화엄의 대종사로서 대중교화를 위해 화엄법회를 개최하고 통도사와 대흥사 그리고 금산사 등 전국 각지를 종횡무진[4]한 대강백이기도 하다. 하지만 그에 대한 연구는 거의 이루어지지 않은 실정이다.

그 결과 지금까지 환성지안을 청허휴정의 적통을 이은 선객으로서보다 교학의 종장이라는 것에만 중점을 두고 논의해 왔던 것이 사실이다.

최근에야 통도사와 대흥사를 주관으로 한 연구가 미미하게나마

---

1 덕숭총림 수덕사 주간, 효탄, 「경허성우의 법맥과 계승자」, 『경허선사 열반 100주년 학술세미나 논문집』, 대한불교조계종 교육원 불학연구소. 2012, pp.86~88.

2 덕숭총림 수덕사 주간, 앞의 논문, p.88.

3 덕숭총림 수덕사 주간, 앞의 논문, pp.98~99.

4 종횡무진縱橫無盡이란 종으로 횡으로 다함이 없는 활발하고 무장무애하여 자유로운 禪의 세계를 말한다. 여기서 종縱은 과거·현재·미래를 아우르는 시간을 의미하고, 횡橫은 공간을 뜻하며, 이는 곧 종과 횡이 만나는 지금 여기를 말하는데, 전해지는 환성지안의 선시 등에는 종횡무진한 선객으로서 그의 무분별지인 반야(공)와 화엄(선)사상 등이 녹아 있으며, 무엇보다 그의 중생교화를 위한 위법망구의 보현행원의 실천행은 물질만능의 문명 속에 오늘을 살아가는 우리에게 귀감이 되고 있다.

이루어지고 있지만, 안타까운 것은 환성지안이 저술을 남겨야 할 시점에서 유가儒家들의 모함으로 인해 갑자기 입적해 버렸다는 점이다.

후대에 가서야 백파긍선(白波亘璇, 1767~1852)이 환성지안의 『선문오종강요』에 대해 『선문오종강요사기禪門五宗綱要私記』를 펴냈지만, 그의 선사상을 구체적으로 정리해 놓은 주석서나 기문 하나 볼 수가 없다.

원래 환성지안의 저술로 문집 3권이 있었다고 하는데, 그의 제자인 함월해원(涵月海源, 1691~1770)과 화월성눌(華月聖訥, 1690~1763) 등에 의해 편찬된 『선문오종강요』 1권과 『환성시집喚惺詩集』 1권만이 전한다.

이런 상황에서 본 연구의 목적은 한국불교의 정통을 이어온 환성지안의 선사상을 고찰함과 동시에, 면면히 이어져 내려온 한국불교의 정신과 선사상을 계승하고 굳건히 하여 오늘날 우리가 직면한 선수행의 실천방향도 함께 사유해 보고자 함이다.

또한 이를 통해 환성지안이 차지하는 선종사적 의미와 정통성을 확립하고 한국불교의 법통과 종풍을 굳건히 하여 선 수행 가풍을 진작함과 동시에 그 정신을 계승하고자 한다.

본 연구는 환성지안이라는 대선사의 실천수행을 귀감으로 삼아 물질문명이 횡행하는 오늘을 살아가는 우리가 도모해야 할 선 수행의 실천방향을 새롭게 점검해 보는 계기가 될 수 있을 것이다.

2. 환성지안 선사의 위상에 비해 미미한 연구

환성지안의 저술로는 선종사에서 오래도록 쟁점화 되어온 종지의
논쟁을 종합하여 정리한『선문오종강요』와『환성시집』2종이 전한다.

그의 행장行狀에 대한 자료는 1750년 그의 제자이자『천경집天鏡
集』의 저자인 함월해원이 편찬한『환성시집』의 말미에 부록으로 수록
된「환성화상행장喚惺和尙行狀」[5]과 화월성눌이 편록한 환성지안의 144
편의 선시(함월해원의 선시 1편이 포함됨)가 수록된『환성시집』[6]이 있고,
범해각안(凡海覺岸, 1820~1896)이 1894년 필사하여 간행한『동사열전
東師列傳』[7]의「환성종사전喚醒宗師傳」이 있다.

또한 1822년에 건립된 해남 대흥사의 환성대사부도탑에「환성대사
비명喚惺[8]大師碑名」[9]이 있고, 그 외에『한국불교전서』에 실린 환성지안
에 관한 약 30여 편의 단편적인 기록들만이 전한다.[10]

---

5 喚惺志安·華月聖訥 편록,『喚惺詩集』「喚惺和尙行狀」(韓佛全 9, 475下~476下).
　『喚惺詩集』에서「喚惺和尙行狀」은 환성지안의 제자인 북해 함월해원涵月海源이
　지은 것이다.

6 환성지안, 화월성눌 편록, 앞의 책(韓佛全 9, 468上).

7 凡海覺安 刊,『東師列傳』3卷(韓佛全 10, 1024中).

8 환성지안의 한자 법명의 표기를 동국대출판부가 편찬한『한국불교전서』「조선시
　대편」제7~10책에는 모두 喚惺이라 하였는데,『東師列傳』의「喚醒宗師傳」과
　洪啓禧가 편찬하여 쓴「喚醒堂大禪師碑銘」에는 喚醒이라 표기되어 있다. 본서에
　서는 이후 喚惺이라 표기한다.

9 지관 편,『韓國高僧碑文總集』「海南大興寺喚惺堂志安大師碑文」, 가산불교문화
　원, 2000, pp.364~365.

10 한국불교전서 편찬위원회,『한국불교전서』「조선시대편」제7~10책, 동국대출판

이처럼 환성지안에 대한 1차적인 자료는 한국불교사에서 차지하고 있는 그의 위상에 비해 그리 많지 않다. 그의 선사상에 대한 다양한 측면에서의 연구와 더욱 신빙성 있는 증거 자료의 확보가 무엇보다 필요하다. 이러한 까닭에 환성지안의 선사상을 분류하여 정리하고 고찰해 보는 것만으로도 유의미한 작업이 될 것이다.

그에 대한 선행연구 또한 미미한 실정이다. 저서로는 환성지안의 『선문오종강요』와 백파긍선의 『선문오종강요사기』의 해석을 통해 환성지안의 선종사적 의미를 평가한 김호귀의 『선과 선리』[11] 등이 있으며, 성재헌이 번역한 『선문오종강요』와 『환성시집』 각 1권[12]이 있을 뿐이다. 따라서 본 연구는 『한국불교전서』의 원문과 이 번역본을 참조하면서도 한편으로 원문에 의거하여 그 내용을 검토하여 수정 보완한 것이다.

환성지안을 주제로 한 논문으로는 이종찬(1993)의 저서인 『한국불가시문학사론』의 「환성의 농선통교弄禪通教」[13]와 김호귀(2006)의 「『선문오종강요』의 구성과 사상적 특징」[14]이 있으며, 또한 권동순(圓

부, 1979~2004.

11 환성지안·백파긍선, 김호귀 역, 『선과 선리』, 하얀연꽃, 2013, pp.5~6.
  *김호귀는 『禪門五宗綱要』에 대해 선종 5가 중 임제종을 가장 우선순위로 소개하는 등 환성지안 선사가 조선 후기 선풍의 진작을 꾀하는 의도를 짐작할 수 있고 『禪門五宗綱要』가 선종사에 끼치는 영향은 지대하다고 평하고 있으며, 그는 이를 「선문오종강요서」, 「선종 5가」, 「간기」, 「해제」의 순으로 고찰하고 있다.

12 동국대출판부 편, 성재헌 역, 『禪門五宗綱要』와 『喚惺詩集』, 2017.

13 이종찬, 『한국불가시문학사론』 「환성의 弄禪通教」, 불광출판부, 1993.

法. 2012)의 「조선 후기 환성지안의 선시禪詩 연구」[15]와 윤영해(2018)의 「환성지안과 통도사 연구」[16]가 있다. 그리고 『한국불교 법맥의 원류 환성지안과 통도사』라는 학술발표집(2018)에 실린 논문으로 김용태 (동국대)의 「환성지안의 종통계승과 선교융합」, 김종진(동국대)의 「환성지안과 백련암의 문학적 관련 양상」, 이종수(순천대)의 「조선 후기 통도사와 환성지안에 관한 연구」 등이 있다.

관련 학위논문으로는 정한영(1997)의 「조선 후기의 선사상 연구」(동국대 석사논문)와 박성자(2003)의 「환성지안의 시 세계」(전남대 석사논문), 그리고 권동순(圓法. 2012)의 「조선조 18세기 선시 연구」(성균관대 박사논문) 등이 있을 뿐이다.

환성지안의 유품으로는 통도사 성보박물관에 소장된 현판인 「통도사백련정사만일승회기通度寺白蓮精舍萬日勝會記」와 「견역복구비서鐫役復舊碑序」가 있으며, 영각의 '환성대사진영'과 성보박물관에 소장

---

14 김호귀, 「『禪門五宗綱要』의 구성과 사상적 특징」, 『한국선학』 제15호, 2006.
  *김호귀는 『선문오종강요』의 가치에 대해 다음과 같이 다섯 가지로 정리하고 있다. 1) 선종 5가에 대한 환성 자신의 견해를 피력한 점, 2) 조선시대에 등장하는 선종 5가의 전적 중에서 종합 강요서로는 거의 유일하다는 점, 3) 임제와 운문 삼구 그리고 조동 오위에 대한 환성의 견해를 구체적으로 설명하고 있는 점, 4) 조선 후기 불교계의 가장 주목할 만한 논쟁이었던 三種禪 논쟁이 일어나게 한 자료적 기반을 제시하고 있다는 점, 5) 당시의 불교계 상황을 유추할 수 있는 근거가 된다는 점에서 『선문오종강요』를 한국불교사에서 의미 있는 저서로 주목할 만하다고 말한다.
15 권동순(圓法), 「朝鮮後期 喚惺志安의 禪詩 硏究」, 『한국선학』 32호, 한국선학회, 2012.
16 윤영해, 「환성지안과 통도사 연구」, 『한국불교학』 제87집, 한국불교학회, 2018.

중인 '석등'과 환성지안의 선시에도 등장하는 '송낙' 등이 있다.

　환성지안 선사에 대한 기록은 해남 대흥사에 있는, 1822년 4월에 홍계희(1703~1771)가 찬술하고 조명채(1700~1764)가 쓴 선사의 「해남대흥사환성당지안대사비문海南大興寺喚醒堂志安大師碑文」[17]과 『대둔사지大芚寺志』[18]와 『통도사지通度寺誌』[19] 등이 있다. 조계종 15대 종정 성파性波 스님의 소장본인 『양산군지梁山郡誌』[20]에는 자장 율사 등 통도사에 주석했던 역대 고승들의 선시를 1편 씩 소개하고 있는데, 환성지안 선사의 선시는 2편[21]이 실려 있다. 또한 지금의 양산시인

17 지관 편, 앞의 책, pp.364~365.

18 윤우·혜장·의순, 대둔사지 간행위원회 편, 『大芚寺志』, 금성인쇄출판사, 1997; 황도건 편, 이혜권 역, 『大芚寺志』, 단기 4323(경오), 백양사(「사적비」 「위치」 「전각」 「창건연대」 「고승배들」 「사암중건」 「영각」 「비와 부도」 「층탑」 「암동임천」 「시문」 「표충사」 순으로 전개됨.)

　*『大芚寺志』는 원본에 다른 사찰처럼 誌가 아닌 志라고 표제가 되어 있어 서적에 있는 대로 志라고 쓴다.

19 한국학문헌연구소 편, 『通度寺誌』, 아세아문화연구소, 1983.

20 이에 대한 사진은 본서의 말미에 부록 17로 수록됨.

21 『梁山郡誌』上, p.77, "洞口連平野 樓臺隱小岑 居僧懶不掃 花落滿庭心"와 "雲衣草簟臥前欄 浮世虛名一髮輕 山杏滿庭人不到 隔林啼鳥送春聲." "동구는 평야로 이어져 있는데 누대는 작은 봉우리에 숨겨져 있고 사는 스님들은 게을러 비질을 하지 않아 떨어진 꽃들이 뜰에 가득 하네." "누더기 옷을 입고 풀로 만든 대자리를 깔고서 창 앞에 누우니 덧없는 한 세상 헛된 명성은 한 올의 털처럼 가벼워라! 산 살구꽃이 뜰에 가득해도 찾는 이 없고 숲 너머로 우는 새가 봄소식을 알리네!"

　*사진은 본서의 부록 18에 수록됨.

　*위 2편의 선시는 각각 『喚惺詩集』 「題盤龍內院壁」(韓佛全 9, 469上)과 『喚惺詩集』 「春日偶吟」 「次附」(韓佛全 9, 471中)의 제목으로 실려 있음.

양산군 「토지대장」[22] 등을 보면 대표자가 '석환성'[23]이라고 명기되어 있어서 환성지안이 통도사에 주석하였다는 사실을 확인할 수 있다.

또한 통도사 백련암의 현판인 「통도사백련정사만일승회기通度寺白蓮精舍萬日勝會記」[24]에는 환성지안의 친필로 "환성지안 대사가 주석하고 환성지안의 제자인 호암체정의 문도와 여러 강백들이 중심이 되어 만일염불회를 개최하였다."[25]라고 쓴 내용이 담겨 있다.

이밖에도 통도사에는 자장 율사가 처음으로 개설한 전국 규모의 화엄법회의 전통이 지금까지도 전해지고 있다. 환성지안 또한 통도사

"洞口連平野 樓臺隱小岑 居僧懶不掃 花落滿庭心." "반룡사 내원의 벽에 쓰다. 동구는 평야로 이어지고 작은 봉우리에 누대 숨긴 곳 사는 스님들이 게을러 쓸지 않아 떨어진 꽃은 뜰에 가득하네."

"「春日偶吟」雲衣草簟臥前檻 浮世虛名一髮輕 杏滿庭人不到隔林 啼鳥送春聲. 「次附」假寐東風古寺楹 故園千里夢魂輕 覺來認過春山雨 玉洞花明水又聲." "「봄날 우연히 읊다」 누더기에 멍석을 깔고 창 앞에 누워 덧없는 세상 헛된 명성 한 올의 털처럼 가벼워라. 산 살구꽃 뜰에 가득해도 찾는 사람 없고 숲 너머 우는 새만 봄소식을 보내온다. 「차운한 시」 봄바람 부는 옛 절 기둥에 살포시 잠들었더니 옛 동산 가는 천릿길도 꿈결에선 가벼워라. 깨어 보니 봄 산에 비가 지나갔구나. 옥동玉洞에 꽃이 환하고 물소리도 들리네."

22 이에 대한 사진은 본서의 부록 3에 수록됨.
23 이에 대한 사진은 본서의 부록 3에 수록됨.
24 이에 대한 사진은 본서의 부록 4~5에 수록됨.
「通度寺白 蓮精舍萬日勝會記」(백련암의 현판으로 통도사 성보박물관 소장)에는 '喚惺祖之卓錫 虎巖老之 竪拂其餘講伯 相繼而闡揚'라고 하는 글귀가 나온다. 즉 환성 대사가 주석하고 호암 대사가 뒤를 이어 여러 강백들이 계승했다는 내용으로, 환성 대사의 친필이다.
25 이에 대한 사진은 본서의 부록 5에 수록됨.

를 비롯하여 전국 각지의 사찰에서 화엄법회를 개최하는 등 그의 생은 비록 짧았지만 전국을 종횡무진한 선객이었으므로, 문자를 남기지 않은 선객의 특성상 문자나 저술 등은 찾아보기 힘들겠지만, 자벌레가 환생하여 대사가 되었다는 환성지안에 대한 설화와, 지금의 백양사의 영천굴에서 대사가 『법화경』을 독경하며 염불할 때 백학봉에 사는 흰 양이 그의 독경하는 것을 듣고 축생을 벗었다는 백양사의 사찰명에 얽힌 이야기가 전해지고 있으며, 강원도 삼척에는 환성지안의 이름을 딴 환성굴이 있을 정도로 그와 관련한 유품이 계속되어 발굴될 수 있는 가능성은 열려 있다고 하겠다.

3. 환성지안의 실천수행

본 연구의 범위는 환성지안의 저서인 『선문오종강요』와 『환성시집』에 나타난 그의 선사상 및 실천에 관한 것이다.

따라서 본 연구는 현존하고 있는 환성지안의 저서인 『선문오종강요』와 144편의 선시가 수록된 『환성시집』을 중심으로 그 속에 활발발하게 응축되어 있는 환성지안의 선사상 및 오도의 세계와 함께 그가 실천한 원융무애한 교화와 실천수행을 고찰하고자 한다.

아울러 본 연구에서는 조선 후기 불교의 흐름 속에서 환성지안이 대중교화를 위해 펼쳤던 선교융합 및 실천사상이 어떻게 전개될 수 있었으며, 아울러 그의 선사상이 형성될 수 있었던 시대적 배경과 불교계의 상황도 함께 고려해 볼 것이다.

또한 『선문오종강요』에 나타난 선종 5가의 종지와 환성지안이 계승하고자 한 조선 후기 토착화되어 이어온 임제종풍 등에 대한 유의미한 고찰을 위해, 청허휴정의 『선가귀감』에 나타난 선종 5가의 내용과 백파긍선의 『선문오종강요사기』를 중심으로 환성지안이 『선문오종강요』에서 설한 선종 5가의 종지宗旨 및 신훈新熏과 선리관禪理觀 등을 비교해 고찰해 보도록 하겠다.

Ⅱ장에서는 환성지안의 생애와 가풍을 다룬다. 이를 위해 환성지안의 출가 및 구도기, 그리고 교화를 위해 당시의 상황으로는 목숨을 건 위법망구의 화엄법회를 개최하고 열반에 이르기까지의 행장을 살펴보도록 하겠다.

아울러 그가 한국불교 적통의 종통을 계승하고 한국 선종사에 의미 있는 족적을 남긴 선사이면서도 화엄교학의 걸출한 종장이었다는 사실에 초점을 맞추면서 그의 저서인 『선문오종강요』[26] 및 『환성시집』[27]의 형성 배경 및 시대적 배경도 함께 살펴볼 것이다.

Ⅲ장에서는 환성지안의 선사상 등이 집약된 『선문오종강요』와 『환성시집』의 내용 및 그 의미와 가치를 알아보도록 하겠다.

Ⅳ장과 Ⅴ장에서는 환성지안이 속한 문파의 비조인 청허휴정이 저술한 『선가귀감』과 환성지안의 후손인 백파긍선의 『선문오종강요사기』의 내용과 과목 등을 비교하면서 환성지안의 『선문오종강요』를 저술한 행간의 의미를 이해하고 선종 5가의 선교관 및 선리와 신훈을 파악해 보도록 할 것이다.

Ⅵ장에서는 『환성시집』에 수록된 144편의 선시를 중심으로 여기에

---

26 환성지안, 『禪門五宗綱要』(韓佛全 9, 456中~467下).

27 환성지안, 성재헌 역, 『禪門五宗綱要』와 『喚惺詩集』, 동국대출판부, 2017, p.107.

나타난 그의 교화관 및 선사상 등을 분류하여 표로 일목요연하게 정리해 보고, 이에 해당되는 선시들의 예와 그가 조선 후기에 도모하고자 했던 활발한 선풍 진작과 대중교화의 의지를 살펴보고자 한다.

또한 『환성시집』에 실린 144편의 선시들 중에는 화두공안을 바로 선시의 소재로 쓰는 등 학인과 재가인에게 주는 교화시가 86편으로 대부분을 차지하고 있는데, 이 선시들은 환성지안의 활발발하고 성성적적한 깨달음의 세계와 간절한 중생교화의 원력을 짐작할 수 있게 한다.

아울러 『환성시집』에 수록된 144편의 선시 속에 녹아 있는 그의 선사상 등을 분류하여 함축된 내용들을 살펴보면서, 그의 말년에 집중된 시작활동을 통해 남겨진, 인생을 관조하는 선정 수행과 상즉상입相卽相入의 경지와 사사로움을 내려놓은 사사무애事事無礙의 경계를 고찰할 것이다.

환성지안은 선사이면서도 종횡무진한 화엄법회 등의 대중교화와 시작활동을 통해 중생들을 위한 큰 대원을 품고 원융무애圓融無礙한 교화에 주력했으며, 이를 자신의 선 수행의 회향처로 삼고자 했다는 것을 알 수 있다.

Ⅶ장에서는 환성지안이 차지하는 선종사적 의의와 그가 면면히 이어온 선의 정신을 계승함과 동시에 그의 보현행원의 실천행을 거울삼아 오늘날 함께 나아갈 선 수행의 실천방향을 모색해 보고자 한다.

본 연구를 통해 『선문오종강요』와 『환성시집』에 나타난 환성지안의 선사상 및 교화관 등을 고찰해 보면서, 스러져 가던 조선 후기의 활발발한 선풍의 진작을 간절히 도모하고자 했던 환성지안과의 기연을 만날 수 있다는 이 사실 하나만으로도 인간성 회복과 선의 정신이 더욱 요청되는 이 시대에 매우 유의미하고 지중한 일이 될 수 있을 것이다.

Ⅱ. 환성지안의 생애와 가풍

1. 환성지안의 행장

환성지안(喚惺志安, 1664~1729)은 청허휴정(淸虛休靜, 1520~1604) 계열의 적통인 편양언기(鞭羊彦機, 1581~1644)의 문파로 청허휴정의 5대 적통이다.

　편양언기는 청허휴정의 말년에 적통의 의발을 받은 제자이며 청허휴정 하의 4대 문파 중 최대 문파를 이룬 분이다. 편양언기 문파는 소요태능(逍遙太能, 1562~1649)과 정관일선(靜觀一禪, 1533~1608)과 사명유정(四溟惟政, 1544~1610)의 세 문파와 함께 지금까지 최대의 정통 계파를 이루고 있다.[1]

　환성지안의 행장에 관한 자료는 함월해원(涵月海源, 1691~1770)이

---

1 김용태, 「환성지안의 종통계승과 선교융합」, 『한국불교 법맥의 원류 환성지안과 통도사 학술발표집』, 2018, p.37.

쓴 『환성시집』의 「환성화상행장」과 범해각안(梵海覺岸, 1820~1896)
이 쓴 『동사열전』의 「환성종사전」과 남양南陽 홍계희洪啓禧가 글을
쓰고 조명채가 새긴 「환성당대선사비명喚醒堂大禪師碑銘」 등이 있다.

『대둔사지』에 보면 환성지안은 13대 종사 중 여섯 번째로 입전되어
있다.[2] 앞서 말한 바와 같이 환성지안은 오늘날 우리에게는 서산西山
대사로 더 잘 알려진 청허휴정으로부터 편양언기, 그리고 풍담의심(楓
潭義諶, 1592~1665)과 월담설제(月潭雪霽, 1632~1704)로 이어지는 청
허계 편양언기의 문파이자 청허휴정의 5대손이라고 기록되어 있다.[3]

한편 조선 후기 선사들은 대부분 청허휴정의 문손으로, 휴정의
4대 문파 가운데서도 환성지안이 속한 편양언기 계열은 휴정의 종통을
가장 잘 계승한 적통에 해당한다. 편양언기 계열의 상수인 풍담의심은
언기과 문하의 중흥조로 대둔사의 13대 종사 가운데 첫 번째로 입전한
인물이다. 풍담의심의 제자 중 월담설제는 그중에서도 으뜸이었다.
월담설제는 특히 『화엄경』과 『선문염송禪門拈頌』에 능통하였는데[4]
그의 뒤를 이은 인물이 바로 환성지안이다.

1910년대 사찰령 30본산[5]의 사법嗣法에서도 편양파가 주류를 이루
고 있는 것을 볼 수 있는데, 문경의 김용사金龍寺와 경주의 기림사祇林

---

2 윤우·혜장·의순, 대둔사지 간행위원회 편, 『大屯寺志』, 금성인쇄출판사, 1997,
  pp.52~53, "一祖…六祖 喚惺志安…六宗 幻庵混修…."
3 윤우·혜장·의순, 앞의 책, pp.52~53.
4 윤우·혜정·의순, 앞의 책, pp.52~53.
5 김용태, 「환성지안의 종통계승과 선교융합」, 『한국불교 법맥의 원류 환성지안과
  통도사 학술발표집』, 2018, pp.48~49.

寺, 금산의 보석사寶石寺 등의 「등규燈規」에는 청허휴정의 적전과 환성
지안의 법손이 아니면 주지가 될 수 없다는 기록[6]이 있을 정도이니,
그 세력이 어느 정도였는지를 짐작해 볼 수 있다.

환성喚惺은 선사의 법호法號이고, 휘諱는 지안志安이며, 자字는 삼락
三諾인데, 앞서 소개한 범해각안의 『동사열전』[7] 「환성종사전」과 남양
南陽 홍계희가 글을 편찬하여 쓴 「환성당대선사비명」에 보면 그의
법호를 환성이라 하고 자를 삼락이라고 한 이유를 알 수 있다.

이는 환성지안이 화엄 강학을 설한 것을 매개로 하여 대둔사의
13대 종사와 13대 강사의 전통이 만들어졌을 때의 일이다. 환성지안이
제6대 종사로 이곳 대둔사(지금의 해남 대흥사)에서 불전에 공양을
올릴 때에 불단에서 그의 이름을 세 번 부르는 소리가 들렸고, 이에
환성지안이 응답하였다고 하여 그의 자字를 삼락三諾으로 짓고, 이에
법호도 환성喚聲이라 했다고 전한다.[8]

즉 어느 날 선사가 부처님께 공양을 올리자 공중에서 스님을 세
번 불렀고, 스님 역시 세 번 응답했다고 하는 데서 불리어진 것이다.[9]

---

6 李能和, 佛敎硏究所譯, 『譯註佛敎通史』, 2010, pp.625~641.

7 梵海, 『東師列傳』「喚醒宗師傳」卷3(韓佛全 10, 24中~下), "先師名志安住春州淸平
　寺 樓下有影池 淤塞已久 濬之得短碑刻 曰儒乘冠婦千里來 解之者曰儒乘 志 冠婦
　安也 千里 重也 謂惡安重來仍名焉 住海南大芚寺 設淨供 空中三呼 醒亦三應出遂
　號曰喚醒 字曰三諾…."

8 환성지안, 성재헌 역, 앞의 책, pp.273~278.

9 지관 편, 앞의 책, pp.364~365.

1) 출가 이전 및 구도기(1664~1689년)

환성지안喚惺志安은 조선 후기인 1664년(현종 5년) 6월 10일에 강원도 춘천의 정鄭씨 집안에서 태어났다.[10] 이때는 조선 중기 불교박해가 가장 심했던 시기를 지났다가 다시 유교세력에 의한 억불숭유의 기세가 고개를 들기 시작하던 시기이다. 선사는 15세에 지평(砥平: 경기도 양평군의 옛 이름)의 미지산(彌智山: 용문산의 옛 이름) 용문사龍門寺로 출가하여 풍담의심(楓潭義諶, 1592~1665)의 제자인 상봉정원(霜峯淨源, 1621~1709)에게서 구족계를 받고 17세에 청허휴정의 5대 적손으로 월담 화상의 법을 받는다.[11]

환성지안의 스승인 상봉정원은 편양파인 풍담의심의 제자로서 사집四集 과정에 속하는『도서都序』와『절요節要』의 과문을 봉암사에서 지었으며, 해인사에서『열반경涅槃經』등의 경전에 현토를 달았고, 『화엄경』의 과목을 썼을 정도로 교학에 뛰어났다. 수계사인 상봉정원 선사의 이러한 면모는 갓 출가한 그에게 당연히 영향을 끼칠 수밖에 없었을 것이다.

또한 환성지안은 17세에 풍담의심의 또 다른 제자이면서 상봉의 도반인 월담설제에게 찾아가 의발을 전수받았는데, 그 이후에는 경

---

10 梵海, 앞의 책,「喚醒宗師傳」卷3(韓佛全 10, 24中~下), "姓鄭氏 春州人 顯宗五年甲辰康熙三年 十五出家 落髮於彌智山 龍門寺受具於雙峰淨源 十七求法於月潭 潭大器之以衣鉢托焉 師骨相淸嚴音韻靈朗 言簡而色和 精硏內典 寢食俱忘 二十七 聞慕雲震言大士 設法會於金山直指寺徃從之 暮雲大敬服 語其衆數百人曰 吾今輟獅子座 汝等禮事之乃潛出居他山…."

11 喚惺志安, 華月聖訥 편록,『喚惺詩集』「喚惺和尙行狀」(韓佛全 9, 467下~476下); 환성지안. 화월성눌 편록, 성재헌 역, 앞의 책, pp.273~278.

론 공부에 전념하였다고 한다.[12] 월담설제는 금강산과 묘향산 등 각지의 사찰을 유행하면서 선을 닦고 교를 강설했는데, 특히 대교과인 『화엄경』과 『선문염송』에 뛰어났으며, 말년에는 전라도 금화산金華山 징광사澄光寺에서 주석하며 호남 지방에서 교화를 펴다가 입적하게 된다. 환성지안이 선과 교의 병행을 추구하며 여러 지역을 편력한 기풍과 이력은 바로 사법 스승인 월담설제의 면모를 그대로 이어받은 것이다.[13]

2) 교화 및 열반기(1690~1729년)

환성지안은 27세인 1690년(숙종 16)에 부휴계의 교학 종장인 화엄종의 모운진언(慕雲震言, 1622~1703) 화상에게 나아가 처음으로 직지사 법회에 참여하게 된다.[14] 설법을 마친 후 모운은 사자좌를 환성에게 물려주었으며 400명에 이르는 학인들에게 스승의 예로써 섬길 것을 당부한다.[15] 선사가 설법당說法堂에 오르면 그 모습이 위엄이 있고 당당했으며, 그 목소리는 맑고 은은했다.[16] 이때부터가 그의 교화기[17]로 볼 수 있다. 그의 거처는 일정하지 않았으며 가는 곳마다 법려法侶들이 문정門庭에 가득 찼고, 교의敎義를 논하면 아득히 넓은 것이 만 이랑이

---

12 앞과 같음.
13 김용태, 앞의 책, p.37.
14 환성지안, 성재헌 역, 앞의 책, pp.273~278.
15 앞과 같음.
16 앞과 같음.
17 앞과 같음.

나 파랑이 이는 듯하였으며, 선지禪旨를 굴리면 높고 우뚝하여 천 길 낭떠러지와 같았으니, 선을 희롱하고 교에 통달한 자들은 모두 다 선사의 품격에 대해 마치 전단을 옮겨 심으면 다른 물건에서도 같은 향기가 나는 이치와 같았다고 전해진다.[18]

한편 환성지안을 포함하여 청허휴정 계열인 편양 문파가 주도한 곳은 조선 후기 사찰의 3분의 2를 차지하였을 정도였다.[19] 사실상 청허계의 대부분이 편양언기의 문파라고 해도 과언이 아니라 할 수 있다. 환성지안 당시만 해도 문하에 3,000여 명을 양성하였고 이 계열에서 수많은 문도를 배출했으며, 조선 후기 불교에 지대한 영향을 끼쳤을 뿐만 아니라 오늘날까지도 편양언기 계열의 문도가 주류를 이룬다.[20]

환성지안의 교화 행적은 불교사적으로도 중요한 의의를 지니고 있는데, 이를 크게 4가지[21]로 요약하여 정리해 보도록 하겠다.

첫째로 환성지안이 직지사에서 화엄법회 강석을 물려받을 정도로 화엄학의 종장이었으며, 금산사 화엄법회에는 1,400여 명이 운집하여 수많은 대중이 교화와 감동을 받았다는 점이다. 환성지안은 전국의 사찰에서 법석을 펼쳤으며 이에 위협을 느낀 유교세력으로부터 결국 모함을 받아 제주도로 유배를 가게 되어 7일 만에 입적함으로서 위법망구의 삶을 마감하게 된다.[22]

---

18 앞과 같음.

19 김용태, 앞의 책, p.37.

20 김용태, 앞의 책, pp.48~49.

21 김용태, 앞의 책, pp.38~45.

둘째로 환성지안은 법회를 여는 것에 그치지 않고 전국을 종횡무진으로 다니며 후학들을 배출했다는 점이다. 그는 통도사와 대흥사 등의 사찰에서 강론을 펼쳤는데, 그의 문도가 번창하여 20세기 초까지 전국의 많은 사찰에서 주지 소임을 맡게 된다.[23]

또한 조계종 종정을 역임한 서옹순호(西翁翔純, 1912~2003)도 '백양사의 운문강원을 환성지안이 설립했다'고 하는 연원에 대해 생전에 설하곤 했는데, 지금도 백양사에 운문선원은 건재하고 있다. 이후 환성지안의 손제자인 연담유일(蓮潭有一, 1720~1799)이 이곳에서 17년간 강설하였고 교학을 크게 발전시켜 오늘에 이른다.

셋째로 환성지안은 청허휴정 이후 선교일치에 뛰어난 면모를 보인다는 점이다. 그의 교학 강의는 요지가 현묘하고 의문이 없도록 풀어주었다. 한편 환성지안은 임제종의 선지를 철저히 주장한 선사로서 화엄사상과 선을 함께 공부하는 선교일치의 종풍을 남겼으니, 그는 강을 해도 언제나 선강禪講을 설했다.[24] 한 예로 40세의 환성지안은 벽송사에 머물 때 사찰을 크게 중창해 선방과 강원을 동시에 갖춘 선교겸수의 중심 도량으로 만들었으며, 이후 200여 년간 벽송 산문의 중흥 시대를 열게 된 초석을 마련하였다.[25]

넷째로 환성지안은 불교사의 기라성 같은 뛰어난 제자를 많이 배출했다는 점을 들 수 있다. 설송연초는 그의 수제자로 통도사에 주석하며

---

22 환성지안, 성재헌 역, 앞의 책, pp.273~278.
23 김용태, 앞의 책, pp.48~49.
24 환성지안, 성재헌 역, 앞의 책, pp.273~278.
25 환성지안, 성재헌 역, 앞의 책, pp.273~278.

선풍을 떨쳤고, 다수의 제자 중 함월해원과 통도사에 주석하였던 호암체정은 스승인 환성지안과 함께 해남 대흥사의 부도전에 부도와 비가 모셔져 있다.

또한 환성지안의 손제자인 연담유일은 오늘날까지도 조선 후기 최고의 강사로서 인정받고 있으며, 대흥사에 모셔진 13대 종사 가운데 호암체정은 아홉 번째이고, 함월해원은 열한 번째 종사이며, 연담은 열두 번째 종사이다. 특히 연담유일은 평생 교학을 공부하며 수많은 저술을 남겼으며 그것은 오늘날까지도 교학의 지침서로 널리 활용되고 있다.[26]

또한 호남의 크고 작은 명찰들은 그의 교화가 미치지 않은 곳이 없었다고 하는데, 영남과 호남은 물론이고 경기도와 강원도 그리고 충청도와 함경도 등 전국을 대상으로 활동하였다. 이렇듯 전국 곳곳의 명찰을 소요 자재하였으니 온 천지가 선사의 큰 살림살이였다고 하겠다.[27]

1724년 환갑이 지난 환성지안은 금산사에서 화엄법회를 개최하였는데, 이때 약 1,400명 정도 되는 많은 대중들이 모였으며, 이 일은 사람들의 입을 통해 회자된다. 갑진년(1724) 봄의 이 금산사 법회는 마치 영산회상과도 비슷하였고 기원정사를 방불케 하였는데, 수많은 청중이 참가한 가운데 대사의 도를 높이 받들고 덕을 칭송하였다.[28]

26 윤우·혜장·의순, 대둔사지 간행위원회 편, 앞의 책, pp.52~53, "一祖…六祖喚惺 志安…六宗 幻庵混修…"
27 환성지안, 성재헌 역, 앞의 책, pp.273~278.
28 앞과 같음.

이에 대해 「환성당대선사비명」에는 을사년(1725)이라고 되어 있으며, 금산사 화엄산림법회에 1,400여 명이 모여서 설법들 듣고 기뻐하며 깨달음을 얻게 되었다고 기록되어 있다.[29]

그러나 이 법회로 인해 환성지안은 무고를 당하게 되고 호남의 옥에 갇혔다가 얼마 되지 않아 무죄가 밝혀지게 되지만,[30] 그럼에도 관찰사가 무죄는 불가하다고 주장하여 제주도로 유배를 가게 되었으며, 도착한 지 7일 만에 입적하여 제자들에게 열반게를 전해줄 틈도 없었던 것이다.[31]

이를 좀 더 자세히 살펴보면, 유생들은 그가 규합한 불교 세력을 두려워한 나머지 환성지안을 지탄의 대상으로 삼게 된다. 그리하여 1724년 금산사에서 가진 화엄법회가 무신년 이인좌의 난에 연루되었다는 죄명으로 1729년(영조5)에 체포되어 호남의 옥에 갇혔으나, 얼마 후 무죄가 입증되어 풀려나지만 지역관리들의 끊임없는 상소로 결국 제주도로 유폐되었다. 그리고 제주도에 도착한 지 7일 만인 7월 7일에 병사하기까지 수많은 일화를 남긴다.[32]

이에 대해서 제주시 조천읍 조천리에 있는 평화통일불사리탑사의 환성지안 순교비에는 조금 달리 기록하고 있는데, 이 순교비에는

---

29 지관 편, 앞의 책, pp.364~365.
30 환성지안, 성재헌 역, 앞의 책, p.117.
  *성재헌은 1728년의 李麟佐의 난이 실패로 끝나게 되어 많은 이들이 옥사하였는데, 환성 또한 1729년 이에 연루되어 체포되었다고 보고 있다.
31 지관 편, 앞의 책, pp.364~365.
32 환성지안, 성재헌 역, 앞의 책, pp.273~278.

환성지안의 체포 시기를 금산사 화엄법회가 열린 해인 1725년으로 보고 있다. 앞의 다른 자료에는 모두 1729년에 잡혀 얼마 지나지 않아 곧 입적한 것으로 기록[33]하고 있다.

이를 보면 환성지안을 시기하던 이들이 스님을 무고하였으나 죄가 없음이 드러나 방면이 되었지만, 이참에 이 지역의 유력한 불교 지도자를 제거하여 불교를 말살하겠다는 집권층 유생들의 집념으로 인해 죽음으로 내몰리게 되었음을 알 수 있다. 사실 이인좌의 난은 지리산 지역을 중심으로 벌어졌지만 환성지안이 그에 연루된 행적은 찾아볼 수 없다.

이에 대해 성재헌은 환성 선사가 당시 지역의 권세 있는 유생들과 돈독한 관계를 갖지 못한 것을 한 이유로 보고 있으며, 다른 한 가지는 적극적으로 가담하지는 않았지만 이인좌의 난과 관련된 유생들과 교류가 있어 결국 이 일로 인해 죽음에 이르게 되었으므로 문집을 간행할 때 의도적으로 누락시켰으리라고 추측하고 있다. 당시 이인좌의 난과 관련이 있던 소론의 거점 중 하나가 영호남의 접경이던 지리산이었고, 그가 통도사에서 주석하다 이곳에 은거하면서 체포된 곳으로 추정되는 함양의 지리산 벽송암 역시 이인좌의 동생인 이웅보李熊輔에 의해 점령되었던 지역으로, 스님의 말년 활동 무대 역시 지리산 유역이었다는 점을 들어 전혀 무관하지는 않았다고 하겠다. 이는 당시 이 지역의 지배세력들이 환성지안을 중심으로 하여 새롭게 일어나고 있는 불교 세력을 두려워하여 죄 없는 무고자를 앞세워 정치적인

---

33 환성지안, 성재헌 역, 앞의 책, p.117.

희생을 도모했을 가능성이 높았을 것이라 한 바 있다.[34]

한편 윤영해(2018)는 그의 논문에서 제주도로 유배된 스님들은 대부분 효수되고 장살되는 경우가 많았는데, 스님의 죽음에 대해서 구체적으로 묘사를 한 자료는 찾아보기가 어렵다고 한다.[35]

사실 모반에 연루되었다는 분의 뒷일을 당시에 자세히 묘사할 수는 없었을 것으로 추측되고, 봉건시대인 당시에 죽음으로 몰아가는 유배 과정에서 고문은 아마도 다반사였을 것이며, 이는 제거 음모를 가진 이들이 어떤 식으로든 술수를 썼다고 보는 것이 옳다고 주장하고 있다.[36]

대부분의 조사들은 죽음에 임박해 임종게를 남긴다. 그런데 환성지안의 노스님인 풍담의심과 스승인 월담설제, 그리고 이미 입적한 제자 호암체정의 임종게는 『환성시집』의 부록에 실려 있는데 반해 정작 주인공인 환성지안의 임종게가 없으니, 선사로서 임종게 하나도 남기지 못한 점으로 미루어 보아 그의 죽음을 의도치 않고 예기치 못한 급박한 입적으로 볼 수밖에 없다. 윤영해는 이러한 점을 환성지안의 죽음을 순교로 보는 이유라고 언급하고 있다.[37]

전법을 위한 환성지안의 위법망구한 입적에 대해서는 그의 순교에 관해 밝힌 윤영해의 논문을 살펴볼 필요가 있다.

---

34 환성지안, 성재헌 역, 앞의 책, pp.117~118.
35 윤영해, 「환성지안과 통도사 연구」, 『한국불교학』 제87집. 한국불교학회, 2018, pp.326~328.
36 윤영해, 앞의 논문, pp.326~329.
37 윤영해, 앞의 논문, pp.326~328.

윤영해는 시간이 흐를수록 억울한 죽음에 대한 환성지안 선사의 소명이 분명해진다고 밝히고[38] 있는데, 『환성시집』 「환성화상행장」이 그의 사후 22년인 1751년에 기록된 것이고, 「환성대사비명」은 사후 93년인 1822(순조 22)년의 것이며, 『동사열전』 「환성종사전」은 사후 165년 후인 1894년에 작성되었는데, 이 세 문건의 전체 분량은 비슷하지만, 가장 나중에 쓴 『동사열전』 「환성종사전」에서 그의 죽음에 대해 보다 더 자세하게 억울함을 기술한 것을 들어, 이것이 그의 죽음이 순교라는 증거라고 보고 있다.[39]

이렇듯 윤영해는 『동사열전』의 저자가 세월이 한참 지나서야 억울함을 표현하였다는 것을 이유로 들어, 그동안 억불의 세력에 눌려 감히 표현할 수 없었던 심정을 세월이 한참 흘러서야 조금씩 풀어 놓았다고 하면서 환성지안이 순교할 수밖에 없었던 증거를 들고 있다.[40]

첫 번째 기록인 스님의 행장에는 그의 죽음이 전생의 빚을 갚는 일일 뿐 해로울 바가 없을 뿐더러 한이 없다고 소명하고 있는데,[41] 이는 당시 엄혹했던 억불의 박해라는 서슬에 이렇다 할 항거 하나 하지 못하고 업설로 포장하여 그 억울함을 역설적으로 풀어내고 있다는 것이다.

또한 그의 억울한 죽음에 대해서는 1822년(순조 22) 이조판서 홍계희 洪啓禧도 「환성당대선사비명喚惺堂大禪師碑銘」에서 다음과 같이 전하

---

38 윤영해, 앞의 논문, pp.328~329.

39 윤영해, 앞의 논문, pp.328~329.

40 윤영해, 앞의 논문, pp.328~329.

41 환성지안, 성재헌 역, 앞의 책, pp.273~278.

고 있다.

> 대사는 종지를 풀이하여 중생의 미혹함을 깨닫게 한 일밖에 없다.
> 진실로 불문의 용상龍象들에 비하여 한 점 부끄러움이 없는 분으로
> 망령됨이 없이 죄를 뒤집어썼으니 그것이 어찌 죄가 되겠는가?
> 그런데도 어찌하여 우리 스님께서 해를 입어야 한다는 말인가?[42]

환성지안의 죽음에 대해 윤영해는 세월이 흐르자 권부의 유력인사가
그의 신원伸寃에 앞장섰다고 밝히고 있다.[43] 그는 또한 환성지안이
17세인 입산 2년 만에 청허휴정 계열의 정맥이자 화엄과『선문염송』에
도 해박한 월담설제(月潭雪霽, 1632~1704)에게서 의발을 전수받았으
며, 선과 교뿐만 아니라 예藝의 방면에서도 탁월함을 보인 발군의
인물이 분명하지만, 억불의 시대에 소위 위법망구爲法忘軀 부종수교扶
宗樹敎한, 즉 몸과 마음을 바쳐 순교한 순교자로서 자리매김될 수
있어야 한다고 주장한다.[44]

이러한 점에서 조선조와 한국불교사 전체의 역사를 보아도 그의
입적에 대해서는 순교로 봄이 타당하다고 하겠다. 그럼에도 환성지안
은 청허계 5세의 적통이라는 정체성에 가려 대부분의 필자들이 순교자
로서 그의 정체성을 드러내는 데에 소홀한 것이 사실이다. 그의 순교
또한 전법을 위한 서원의 실천이라는 관점에서 새롭게 접근될 수

---

42 지관 편, 앞의 책, pp.364~365.
43 윤영해, 앞의 논문, pp.328~330.
44 앞과 같음.

있어야 할 것이다.

환성지안은 강학과 교화의 수행 이력 이외에도 신이한 행적과 일화들이 전해지고 있는데, 「행장」의 내용을 4가지로 나누어 정리해 볼수 있겠다.[45]

첫째는 지공指空·나옹懶翁·무학無學의 3화상의 한 분으로 잘 알려진고려 말의 공민왕사였던 나옹혜근(懶翁惠勤, 1320~1376)을 꿈속에서뵈어 게송을 얻었다는 일화이다. 환성지안의 꿈속에서 근근勤 노사가나타나 "수미산을 짊어지고 큰 바다를 건널 수 있으니, 보시의 문을활짝 열고서 수풀을 헤쳐 나가라!(擔得須彌渡大海 大施門開草裏行)"[46]고한 것이다. 이 말씀은 고려 말 신흥 유교세력에 의해 비운의 삶을마감했던 나옹혜근 선사가 현몽으로 불교 중흥의 사명을 부여했다는것을 상징하는 것이니 결코 우연한 일만은 아니라 하겠다.

두 번째는 1717년 7월 폭우 속에 환성 선사가 금강산 정양사正陽寺에머물렀을 때 큰비가 내리는데, 어느 날 갑자기 고향으로 간다고 하면서마을에 있는 큰 집에 이르렀을 때의 일이다. 이때 선사는 그 큰 집에서머물지 않고 오막살이집으로 가서 하룻밤을 유숙하였는데, 그날 밤그 절과 큰 집은 물에 잠기고 20여 명이 모두 죽게 되었으되 선사는화를 면하였다고 한 일화이다.[47]

---

45 환성지안, 성재헌 역, 앞의 책, pp.273~278, 『喚惺詩集』의 「喚惺和尙行狀」은
   환성지안의 제자인 함월해원이 씀.

46 환성지안, 성재헌 역, 앞의 책, pp.273~278, 『喚惺詩集』의 「喚惺和尙行狀」은
   환성지안의 제자인 함월해원이 씀.

47 앞과 같음.

셋째로는 춘천의 청평사清平寺에서 있었던 일화이다. 청평사는 고려 말에 나옹혜근과 조선 초의 허응당 보우(盧應堂 普雨, 1515~1565)가 주석했던 곳으로, 폐허가 되다시피한 곳을 환성지안 대사가 중수한 곳이다.[48] 당시에 절 문 밖에 쌍연雙淵이라는 연못이 있었으니, 이 연못을 파다가 발견된 부서진 비석 조각에는 유충관부천리래儒衷冠婦千里來라는 참언이 적혀 있었다고 한다. 이는 도참에서 흔히 사용되는 파자법破字法으로 유儒자는 선비 사士이고, 충衷은 마음(心)이며, 관부冠婦는 삿갓을 쓴 여인이므로 안安이고, 천리는 위아래로 합쳐서 중重이니 래來자를 더하면 '지안이 다시 온다(지안중래志安重來)'는 뜻이라 하여 이 이야기가 전해져 내려왔다는 것이다.[49]

네 번째로는 그의 입적을 예언한 비기秘記가 제주도에 전해져 왔는데, 당시 한라산 석불의 등에 세 분의 성인이 입적할 곳이라는 문구가 새겨져 있었다고 한다.[50]

후일에 제주도 조천의 불사리탑사에 환성지안을 포함하여 세 분의 순교비가 세워지는데, 이는 제주도에서 중국의 고승이라 전하는 정법正法보살에 이어 조선 중기의 허응당 보우 대사와 100년 후 조선 후기 환성지안 화상이 입적하였으니, 이것이 모두 일치하여 매우 기이한 일이라고 「행장」에 전한다.[51]

또한 환성지안이 입적하던 날에는 산이 울고 바다가 끓어올라 3일간

---

48 앞과 같음.

49 범해각안, 앞의 책, 「喚醒宗師傳」卷3(韓佛全 10. 24中~下).

50 앞과 같음.

51 앞과 같음.

멈추지 않았고, 운구를 옮기던 날에는 하늘과 땅에 상서로운 현상이
나타나 몇 날을 사라지지 않았다고 한다.[52]

즉 환성지안은 유배되어 제주도에 도착한 7일 만인 1729년 7월
7일에 홀연히 시적하였는데, 사흘간 산이 울고 바닷물이 끓어오르는
증험을 보였으며, 이곳에서 열반한 이가 셋으로 신령스럽고 괴이한
일이라고 하는 소회를 「행장」에 적고 있다. 이는 환성지안이 생전에
'살아서 보시를 축내고 죽어서는 대중의 힘을 번거롭게 하는 것이
편치 않아 멀리 외딴 처소에 가서 미안함 없이 죽을 것'이라고 예언한
대로 이루어진 것[53] 이라 하겠다.

당시 환성 선사의 비문을 쓴 이조판서 홍계희(洪啓禧, 1703~1771)도
역시 1762년에 작성한 그의 비문에 한라산에 오래된 석불이 있었고,
그 후면에 세 성인이 입적한 곳이라는 글귀가 새겨져 있었다고 한다.[54]

이 비문에는 의상원교(義湘圓敎, 625~702)와 도선선각(道詵先覺,
827~898), 그리고 나옹혜근과 무학자초(無學自超, 1327~1405) 등과
같이 뛰어난 고승들과 환성지안을 견주고 있으며, 그에게는 오직
중생들로 하여금 종지를 해석하여 깨닫게 하는 그 일밖에 없었다고

---

52 환성지안, 성재헌 역, 앞의 책, pp.273~278.

53 앞과 같음.

54 지관 편, 앞의 책, 「喚惺堂大禪師碑銘」, 가산불교문화원, 2000, pp.364~365.
　*이 비명의 찬자인 홍계희는 금강산에서 이정구李廷龜의 청허비와 이명한李明漢
　의 편양비와 이단상李端相의 풍담비를 보았으며, 이들은 모두 동방의 명승들로
　환성 대사의 조사들이다. 이 비문을 이정구와 이명한의 후손인 이천보李天輔가
　당연히 찬술해야 하지만, 그가 비문을 미처 끝내지 못하고 사망하였으므로
　홍계희는 행장에 의거하여 이 비문을 썼다고 밝히고 있다.

밝히고 있다.[55]

또한 그가 불문의 용상들에 비하여 한 점 부끄러움이 없는 분이며 잘못도 없이 벌을 받으니 이 어찌 죄가 되겠는가? 하면서 왜 우리 스님이 해를 입어야 했단 말인가? 라고 하여, 환성지안의 순교가 미리 예견되어 있었으며, 이를 높이 평가하면서 그의 죄 없는 죽음을 아쉬워한다고 하는 감회가 기록되어 있다.[56]

그리고 역시 1994년 제주도의 고관사古觀寺에 환성지안의 순교비가 세워지는데, 이 비문에는 그의 무죄가 판명되었지만 관찰사가 끝내 유죄를 만들어 제주도 조천 연북정에 유배를 시켜 결국 7일 만에 입적함으로써 순교하였다는 사실을 전하고 있다.[57] 당시 고관사의 주지 도림 스님은 고관사에 인접한 제주도 조천읍에 평화통일기원불사리탑사 불사를 완성하여 중국에서 온 고승인 정법보살과 환성지안, 그리고 허응당 보우의 순교비와 입상 등을 조성하여 지금에 이르고 있다.

이렇듯 환성지안은 암울하던 억불숭유의 시대에 산과도 같은 인물이라 할 수 있겠다. 그는 선종 5가 중에서도 임제종풍의 적통이었으

---

55 지관 편, 앞의 책, pp.364~365.

56 앞과 같음.

57 앞과 같음.

*1994년 7월 7일 환성종사 열반재일에 고관사 주지 佛海道林 스님이 환성지안 선사의 순교비를 세웠는데, 이 비는 선사의 행장과 홍계희의 비문을 토대로 東谷日陀 스님이 비문을 새로이 찬하였고, 涯山淞月이 글씨를 썼으며, 1998년 도림 스님이 제주도 조천의 평화통일기원 불사리탑사에 허응당 보우와 정법보살과 함께 세 분의 비를 세움.

며, 대승보살의 기본 모토인 상구보리 하화중생의 서원을 실천하기
위해 전국을 종횡무진하며 수많은 신이한 행적과 일화를 남긴 분이라
하겠다.

환성지안은 중생들의 교화를 위한 방편으로 선지를 들어 『화엄
경』을 강설한 선교융합의 대종장이었으며, 당시 유행하던 선시 문화를
이끌던 탁월한 시인이기도 했다.

무엇보다도 엄혹한 조선 후기에 정법을 위해 자신의 죽음을 마다하
지 않았던 순교자로 오늘날 추앙받고 있으나, 이를 뒷받침할 만한
이렇다 할 자료도 미비하고 선사의 명성에 비해 전해오는 유품도
거의 없어 앞으로 이를 위한 자료의 발굴이 시급한 실정이다.

2. 환성지안의 법통

1) 청허휴정 적통의 법맥

환성지안은 앞서 말한 바와 같이 조선 후기 불교계의 주류인 청허휴정
의 최대문파인 편양派鞭羊派 적전의 계보를 이은 종사이다. 그는 임제
적통을 이었으며 선사이면서도 화엄의 교학을 융합한 고승이다. 환성
지안은 이에 머무르지 않고 전국을 종횡무진으로 활보하며 화엄법회를
개설하였으며, 제자인 설송연초(雪松演初, 1676~1750)와 호암체정(虎
巖體淨, 1687~1748) 등을 통해 선교법맥을 회통할 수 있었다는 것은
선종사에서도 괄목할 만한 일이다

무엇보다도 환성지안은 『선문오종강요』 및 『환성시집』의 저술을
통해 쇠락해 가는 조선 후기 선불교의 중흥을 꾀하였으며, 대중교화의

실천을 위해 대규모 화엄법회를 주관했던 교학의 종장으로서 위법망구의 실천수행을 도모한 분이다.

오늘날 임제종풍은 임제와 대혜를 잇는 우리나라에 토착화 되어 내려온 한국적임제종풍과 보조의 돈오점수와 하택과 규봉을 잇는 화엄선 수행체계와 그리고 태고법계 등으로 나뉘어 있다.

환성지안은 임제종풍의 깃발을 세우기 위해 『선문오종강요』를 간행하여 쇠락한 조선 후기 불교중흥을 위해 헌신하였고 경허 이후 수많은 간화 선사들[58]에게도 영향을 끼친다.

그는 또한 청허휴정의 말년 제자이자 법통을 이은 편양언기 계열의 풍담의심(楓潭義諶, 1592~1665)과 월담설제(月潭雪霽, 1632~1704)로 이어지는 편양파의 주류법맥에 해당된다. 그의 법은 설송연초(雪松演初, 1676~1750)와 호암체정(虎巖體淨, 1687~1748)과 함월해원(涵月海源, 1691~1770) 등으로 이어져 수많은 문도를 이루었다.

그의 제자인 호암체정의 계보에는 설파상언(雪波尙彥, 1707~1791)과 연담유일(蓮潭有一, 1720~1799), 그리고 백파긍선(白坡亘璇, 1767~1852)과 초의의순(草衣意恂, 1786~1866)이 있다.

함월해원의 계보를 보면 그의 문하에 화악지탁(華嶽知濯, 1750~1839)과 화담경화(華潭敬和, 1786~1848) 등이 배출되었는데, 이들은 한결같이 18·19세기 우리나라 불교계를 대표하는 교학의 종장이자 선백들이라는 사실에 주목하게 된다.[59]

---

58 김방룡, 「한국 근·현대 看話禪師들의 普照禪에 대한 인식」, 『불교학보』 第58輯. 동국대학교 불교문화연구원, 2011, pp.185~207.

59 李能和 , 『朝鮮佛敎通史』, 신문관, 1918을 새로이 번역하여 간행한 李能和,

청허휴정은 스스로 자신의 법맥을 벽송碧松을 조조祖로 하고, 부용芙蓉
을 부父로, 경성敬聖은 숙叔이라 하여 그의 계보를 밝히고 있다.[60]
그의 제자인 편양언기는 태고보우로부터 환암혼수幻庵混修와 구곡각
운龜谷覺雲, 그리고 벽계정심碧溪正心과 벽송지엄碧松智嚴을 이은 부용
영관芙蓉靈觀을 거쳐 청허휴정으로 법맥이 전해졌다고 하였으므로,
이렇게 보면 청허휴정은 해동의 임제 종조인 보우의 7대손인 셈이다.

다카하시 도오루(高橋亨)는 『이조불교李朝佛教』에서 환성지안이 선
과 교의 대종장이며 남과 북에 걸쳐 교화를 펼쳤고, 그 자신의 문파를
이루었다고 하였다.[61] 그리고 그의 주요 제자로는 설송연초와 호암체
정, 그리고 함월해원과 화월성눌華月聖訥 등 19인을 거명하고 있다.[62]

또한 설파상언과 연담유일은 물론 풍악보인楓嶽普印과 완월궤홍翫
月軌泓에 이어 영파성규影波聖奎와 야운시성野雲時聖과 괄허취여括虛
取如를 이은 영허선영映虛善影과 천봉태흘天峯泰屹 등 편양파의 대표적
고승들도 역시 환성지안의 문도임을 밝히고 있다.[63]

다음으로 사암채영(獅巖采永, ?~?)의 『해동불조원류海東佛祖源
流』(1764)[64]에서는 임제 계열의 법통에 의거해 18·19세기 중반까지
청허계와 부휴계의 계보를 표1과 같이 망라해 놓았는데, 여기에서

佛教研究所譯, 『譯註佛教通史』, 2010, pp.625~641을 참조.

60 清虛休靜, 『清虛堂集』(韓佛全 7, 667中), "碧松·芙蓉·敬聖堂 行蹟三篇…."

61 다카시도오루(高橋亨), 『李朝佛教』, (日本) 寶文館, 1929, pp.637~674.

62 다카시도오루(高橋亨), 앞의 책, pp.637~674.

63 다카시도오루(高橋亨), 앞의 책, pp.637~674.

64 獅巖采永, 『西域中華海東佛祖源流』 「釋迦如來成道應化事蹟記實」(韓佛全 10, 97
    下~135下).

환성지안의 계보를 알 수 있다.

표1을 보면 조선시대 불교계에 편양언기 계열의 문도가 가장 많았는데, 이 중 상봉정원과 월담설제는 환성지안의 수계사이자 전법사였으며 월저도안은 화엄 교학의 종장이었다는 것을 파악할 수 있다.

「해동선파정전도海東禪派正傳圖」에는 청허휴정의 선맥이 편양파·소요파·무염파의 3파로 나뉘어 기술되어 있다. 그중에 편양파는 편양 —풍담에 이어 월담설제와 월저도안을 들었고, 월담 계통으로는 송암지영松巖智英과 만용성천萬容性天, 그리고 벽천찰평碧川察平과 무위삼안無爲三眼과 청하삼인靑霞三印과 현은형오玄隱泂悟와 환성지안喚惺志安과 금봉지점金峯智霑의 8인과 환성의 문도로는 환주취밀幻住就密과 완월초운翫月楚雲, 그리고 청하축탄淸河竺坦과 동파도겸東坡道謙과 호암체정虎岩體淨과 금계원우錦溪元宇와 연봉축연蓮峯竺演과 계봉혜정鷄峰慧淨, 그리고 용암신감龍岩信鑑과 목은수정牧隱修淨과 취진처림醉眞處琳의 11인을 기재하고 있다.[65]

『환성시집』「행장」[66]에는 환성지안에 대해 가는 곳마다 법려들의 문정에 가득 찼으며, 선지를 굴리면 높고 우뚝한 것이 천 길 절벽과도 같았으며, 해내에 선을 희롱하고 교에 통달한 자들은 다 선사의 풍격으로, 소위 전단을 옮겨 심으면 다른 물건에서도 같은 향기가 나는 것과도 같은 것이라 묘사하고 있다.[67]

---

65 환성지안, 화월성눌 편록, 앞의 책, 「喚惺和尙行狀行」(韓佛全 9, 97下~135下).
66 환성지안, 성재헌 역, 앞의 책, pp.273~278.
67 환성지안, 성재헌 역, 앞의 책, pp.273~278.

표1. 편양언기 계 환성지안의 사승계보[68]

	적전	적전 이후 이어지는 법맥	
1	편양언기	楓潭義諶 淸嚴釋敏 回敬弘辯 涵影契眞 幻寂義天 寂照惠賞 自穎天信	7인
2	풍담의심	霜峰淨源 月潭雪霽 月渚道安 奇影瑞雲 映虛贊映 松溪圓輝 松源豊悅 秋溪三印 寂照雲密 楓溪明察 雪峰自澄 靑松道正 碧波法澄 幻宴莊六	14인
3	월담설제	喚惺志安 玄隱涸悟 靑霞三印 慕月淸一 一菴萬回 月波開慧 寒影萬機 松藕性草	7인
4	환성지안	醉眞處琳 牧隱修靜 月華雷震 雪松演初 虎巖體淨 錦溪元宇 涵月海源 龍巖信鑑 鷄峰慧淨 淨月會閑 華月性訥 慧巖俊眼 幻住就密 臥雲信慧 淸霞竺坦 抱月楚珢 月巖慧能 龍巖增肅 友松會仁	19인

또한『환성시집』「행장」에는 입실제자를 가리키는 「문정목록門庭目錄」이 있는데 여기에 36인의 문도 이름이 적혀 있다. 그러나『해동불조원류』에 보이는 혜암준안慧巖俊眼 선사와 「해동선파정전도」에 나오는 완월초운翫月楚雲과 동파도겸東坡道謙, 그리고 두 자료에 모두 실려 있는 환주취밀幻住就密은 「문정목록」에는 빠져 있다.[69]

다음의 표2는『해동불조원류』에서 확인되는 환성의 주요 제자들과 그 문도의 명단이다.

통도사 백련정사의 「만일승회기萬日勝會記」(1875)에는 "환성 조사가 주석하여서 호암체정 노사가 명망을 떨치고, 그 후 여러 강백들이 서로 이어 가르침을 열고 종지를 들었다."라고 기록되어 있다.[70]

---

68 김용태, 앞의 논문, p.16.
69 김용태, 앞의 논문, p.37.

48

한편 통도사의 영각에는 통도사와 관련된 역대 고승들의 진영이 모셔져 있는데, 이 중 환성지안의 진영은 물론 직계제자인 설송연초과 호암체정, 그리고 함월해원 등의 진영도 포함되어 있다. 이들 중에서 환성지안의 주요 법맥인 호암체정과 함월해원, 그리고 화월성눌에 대해 간략하게 살펴보기로 하겠다.

먼저 호암체정(1687~1748)은 환성의 의발을 전수하여 청허휴정의 가풍을 수호하였으며, 주로 통도사와 해인사, 그리고 지금의 대흥사인 대둔사에서 주석했다고 전하며, 그의 제자 중에서는 용파도주龍坡道周 등의 진영이 통도사 영각에 모셔져 있다.[71]

『환성시집』에는 환성지안의 스승인 월담설제와 풍담의심의 임종게 가 수록되어 있으며, 이 서적의 간행 이전에 입적한 호암체정의 임종게 도 수록되어 있다.

다음으로 함월해원(涵月海源, 1691~1770)은 청허휴정의 5세인 환성 의 의발을 이은 적전인데, 『화엄경』과 『선문염송』에 정통하여 종문의 오묘한 가르침을 터득했다. 함월해원은 스승인 환성지안의 비를 대둔 사에 건립하는 일을 추진하였으며, 자신이 말년에 주석하던 석왕사에

---

70 「通度寺白蓮精舍萬日勝會記」, 1875, "喚惺祖之卓錫虎巖老之竪拂 其餘講伯相繼 而闡揚敎宗…" 통도사 성보박물관에 소장되어 있으며, 원문의 사진은 본서의 부록 4~5에 있다.

71 호암체정의 법맥은 제자 청봉거안부터 율봉청고-금허법첨-용암혜언을 거쳐 근대 선의 중흥조인 경허성우로 연결되는 계보로 이어진다.(월운 감수, 이철교 외 2인 편찬, 「한국선종법계도」, 『선학사전』, 불지사, 1885, p.904; 덕숭총림 수덕사 주간, 효탄, 「경허성우의 법맥과 계승자」, 『경허선사 열반 100주년 학술세미나 논문집』, 대한불교조계종 교육원 불학연구소. 2012, pp.86~88 등 참조)

서 환성지안의 행장을 작성하고 『환성시집』의 「환성화상행장」과 『선
문오종강요』를 간행하였다.

마지막으로 화월성눌(華月聖訥, 1689~1762)은 환성지안의 심인을
전수하였으며 천여 명의 법중이 모인 금산사 화엄법회에서는 강좌에
올라 환성지안의 법을 논하고 종지를 천명하였다. 당시 환성지안이
그의 설법을 인정하고 적각선인赤脚仙人이라 불렀다. 화성성눌은 환성
지안의 선시들을 모아 『환성시집』을 편록하였다.

표2. 환성지안의 문도와 제자들[72]

주요 제자	법맥으로 이루는 문도	
설송연초	友月尙明 退菴自如 圭山明學 華岳淸印 晋溪神瑞 鶴峯碩寬 洛波靈悟 凝嵓希有 東坡坦學 太虛南鵬 碧坡處愚 東岳宇一	12인
호암체정	燕海廣悅 萬化圓悟 楓嶽普印 靑峰巨岸 靈谷永愚 瑞雲時演 雪坡常彦 龍坡道周 蓮潭有一	9인
함월혜원	鶴坡六彰 永松祖印 翠松明惠 翫月軌泓 赤洲範禪 平原宏慧 寒溪泰岑蓮谷偉荷	8인
화월성눌	月城致雄 桂菴道仁 東菴太柔 등 24인 *『해동불조원류』에는 이들 후손은 기재 안 됨	24인

이밖에도 환성의 직제자들 중에 설송연초(雪松演初, 1676~1750)는
청도 운문사에서 출가하여 사명유정四溟惟政의 후손인 명암석제(銘巖
釋霽, ?~1718)에게 배운 뒤에 환성지안의 법을 이은 분이다.

『환성시집』「설송장로雪松長老」[73]에는 환성지안이 설송연초에게 보

72 김용태, 앞의 논문, p.17.
73 환성지안, 성재헌 역, 앞의 책, p.168. "風雪三冬裏 孤松獨耐寒世人誰識得留與
大師看." "바람 불고 눈 내리는 삼동에도 홀로 추위를 견디는 외로운 소나무는

남

낸 선시가 수록되어 있는데, 시절이 너무 어수선함을 바람이 불고 눈 내리는 삼동에 비유하면서, 홀로 추위를 견디는 외로운 소나무인 설송연초를 세상 사람들은 몰라준다고 하면서 자신의 각별한 마음을 설송연초에게 남겼으니 잘 살펴보라고 하였다. 설송연초는 오랫동안 통도사에 주석하였으며, 그의 입적 후에 탑과 비가 입적지인 통도사와 출가 사찰인 운문사에 세워지게 된다.

설송연초의 제자 중에는 영각에 진영이 봉안된 응암희유凝嵒希有 계통이 통도사에서 환성의 법맥을 이어갔다.[74] 후에 사명유정의 출생지인 밀양에 표충사가 세워지고 1738년(영조14) 국가로부터 정식 사액사우로 지정되었을 때 설송연초는 초대 원장으로 제수되기에 이른다.

또한 표충사 사액 청원운동을 주도한 이로 태허남붕(太虛南鵬, ?~1777)이 있다. 그는 표충사의 도총섭이 되었으며, 사명과 관련된 기문을 모아 『분충서난록奮忠紓難錄』(1739)을 간행한 바 있다. 사명유정 대사를 주향하는 표충사 사액의 성공을 위해 태허남붕은 자신이 사명유정의 5세 법손임을 주장하였지만 실제로는 환성지안ー설송연초로 이어지는 편양언기파 법맥을 이은 분이다. 이러한 법맥상의 혼착을 피하기 위해서인지 태허남붕은 스승 설송연초가 속한 편양언기파의 선맥과 사명유정파의 교법을 모두 이은 통합적 종맥임을 천명하고 있다.[75]

세상 사람 그 누가 알 수 있을까? 대사에게 남겼으니 잘 살펴보시라!"

[74] 최두헌, 「통도사 진영 계보」, 통도사 성보박물관, 2018. 통도사에 모셔진 진영 중 환성지안ー설송연초ー응암희유ー경파경심ー동명만우ー학송이성ー쌍호회권ー보우민희ー축룡태일ー성해남기의 법맥을 소개한다.

한편 태허남붕의 의뢰로 영의정 이천보李天輔가 쓴, 통도사와 운문
사에 세워진 설송연초의 비문(1754년)에는 그가 비문을 쓴 연유를
밝히고 있다. 그의 5대조인 월사月沙 이정구李廷龜가 청허의 비명을
남긴 이래 고조인 백주白洲 이명한李明漢과 종증조인 정관재靜觀齋
이단상李端相, 그리고 종조부인 지촌芝村 이희조李喜朝로 이어지는
선조들이 편양언기파 적전의 비문을 썼음을 회고하면서, 그러한 연유
로 이 청을 수락하였다고 기록되어 있다.[76]

청허휴정의 문도는 크게는 두 파로 나누어 볼 수 있는데, 사명유정(四
溟惟政, 1544~1610)과 송월응상(松月應祥, 1572~1645) 계통의 교파와
편양언기와 풍담의심, 월담설제와 환성지안으로 이어지는 선파가
그것이다.

설송연초는 처음에 사명파인 명암석제(銘巖釋霽, ?~1718)를 스승으
로 삼고 후에 편양언기파였던 환성지안에게 참학하여 그 법을 모두
전수했으니, 그에 이르러 청허휴정의 계파가 처음으로 합하여 하나가
되었다고 하여 선교 통합을 강조하고 있다.

이는 후에 소요태능(逍遙太能, 1562~1649)의 문집 서문에서도 청허
휴정 조사의 문중에서 소요태능과 편양언기파가 선종 계열이고, 송운
사명은 교종 계열로 한때 함께 우뚝 솟았다고 하였다.[77] 이로써 편양언

75 太虛南鵬, 『奮忠紓難錄』 「備局甘結關」(韓佛全 8, 112上). 설송연초는 禪敎兩宗의
正事였고 남북한산성 도총섭 등과 함께 제향에 참여하였으며, 사액사우의 향사는
예조에서 주관하여 시행하였다.

76 지관 편, 앞의 책, 「雪松堂大師碑銘」, pp.258~259.

77 逍遙太能, 『逍遙堂集』 「重刊逍遙集序」(韓佛全 8, 185上), "逍遙禪師西山清虚祖師

기파는 선종으로, 사명파는 교종이라는 인식이 당대에 어느 정도 통용되었다는 것을 알 수 있다. 설송연초가 실제로 사명유정파인 명암석제에게서 교를 배우고 편양언기파의 환성지안에게서 법을 받았으므로 선과 교를 회통하고 청허계가 하나가 되었다는 평가가 전혀 근거 없는 낭설은 아니었다는 것을 짐작해 볼 수 있다.[78]

그런데 사명유정의 사당인 표충사 사액에 관여한 태허남붕과 스승인 설송연초는 어디까지나 편양언기파였는데, 사명유정파에게 배우거나 연계 지점이 있다는 점을 감안한다고 해도 사명유정파가 아닌 편양언기파가 향사까지 주관한 것은 다소 모순점이 있어 보인다. 그렇지만 당시는 편양언기파가 최대 문파로 성장하여 전국을 무대로 활동하던 시기였고, 그에 비해 사명유정파는 금강산 지역과 영남 일부에 문파를 이어가면서 그 세력이 편양언기파에는 크게 미치지 못하였다는 사실을 감안하면 그럴 수 있는 가능성은 충분하다 하겠다.[79]

이러한 이유로 편양파 주류 계보인 환성지안의 문도이면서 밀양과 가까운 통도사에 있던 설송연초와 그 제자인 태허남붕계 문도에게 국가를 상대로 한 청원운동을 맡겨 현창사업을 주도하게 한 것으로 볼 수 있다. 이렇게 설송의 선교통합을 매개로 한 편양언기파와 사명유정파의 결합은 청원운동의 명분이 되었을 뿐 아니라 통도사 측의 계보 및 역사의 인식에도 영향을 미쳤다고 볼 수 있다.

석가모니로부터 전해진 불법의 전등은 제1조인 마하가섭(摩訶迦葉,

之高足弟也 祖師門中 禪師與鞭羊師爲禪宗松雲師爲敎宗…."

78 김용태, 『조선 후기 불교사 연구』, 신구문화사, 2010, pp.118~122.

79 김용태, 앞의 책, pp.118~122.

Mahakasyapa)으로부터 제2조 아난다(阿難陀, Ananda) 등을 이어 제12조 마명(馬鳴, Asvaghosa)과 제14조 용수(龍樹, Nagarjuna)와 그리고 제28조 보리달마(菩提達磨, 중국과 한국 선맥의 종조)와 제33조 육조혜능六祖慧能과 그리고 제35조 마조도일馬祖道一과 제38조 임제의현臨濟義玄과 제56조 석옥청공(石屋淸珙, 원나라)과 그리고 제57조 태고보우 또는 보조지눌(고려)과 제60조 벽계정심(조선)을 거쳐 와 제63조 청허휴정이 이를 이어받게 되었던 것이다. 청허휴정의 법통에 대해서는 불교학자들 사이에서도 별다른 이견은 없다.

석가모니로부터 63대째 법통을 계승한 고승에 걸맞게 청허휴정의 제자는 천여 명을 헤아렸으며, 청허휴정의 문집은 『청허당집淸虛堂集』·『선교결禪敎訣』·『심법요초心法要抄』·『선교석禪敎釋』·『운수단雲水壇』·『삼가귀감三家龜鑑』·『설선의說禪儀』·『제산단의문諸山壇儀文』 등이 전한다. 또한 청허휴정의 수제자는 70여 명에 이른다.

이 가운데 특히 유명한 고승으로는 사명유정四溟惟政과 편양언기와 소요태능逍遙太能과 정관일선靜觀一禪을 비롯하여 현빈인영玄賓印英, 완당원준阮堂圓俊, 중관해안中觀海眼, 청매인오靑梅印悟, 기암법견寄巖法堅, 제월경헌霽月敬軒, 기허영규騎虛靈圭, 뇌묵처영雷默處英, 의엄義嚴 등이 있다.

이렇듯 환성지안이 사명유정과 편양언기 그리고 소요태능과 정관일선의 휴정문하 4대 문파들 중에서도 청허휴정의 의발을 전수한 편양언기의 적통을 이은 분이라는 사실에 주목해 볼 수 있겠다.[80]

---

80 윤우·혜장·의순, 대둔사지 간행위원회 편, 앞의 책, pp.52~53, "一祖…六祖 喚惺志安…六宗 幻庵混修…."

한편 조선왕조의 억불숭유 정책에도 불구하고 대둔사는 청허휴정의 문하에서 풍담의심(楓潭義諶, 1592~1665)으로부터 초의의순(草衣意恂, 1786~1866)에 이르는 13대 종사와 만화원오(萬化圓悟, 1850~1919)에서 범해각안(梵海覺岸, 1820~1896)에 이르는 13대 강사를 비롯한 수많은 고승과 명승들을 배출한다. 청허휴정이 대둔사를 대가람으로 중흥시키면서 그의 문하에서 26명에 이르는 대종사와 대강사가 나오자 대흥사로 이름을 바꾸게 된다.[81]

다음의 표3은 주로 환성지안의 제자들로 이어지는『대둔사지』[82]에 등장하는 13대 종사와 강사를 간략하게 표로 정리한 것이다.

표3을 보면 대흥사의 13대 종사 중 청허휴정 계열 중 편양언기파는 9명이고, 소요태능파는 4명이다. 이들 문파는 조선 후기에서 20세기 초까지 세력을 유지하였으며, 특히 환성지안의 제자인 호암체정의 제자 중에는 13대 강사뿐만 아니라 이후 대둔사에서 10분의 강사가 배출되었을 정도였다고 하니, 이는 교학과 강학 또한 편양파를 중심으로 활발하게 펼쳐졌다는 것을 바로 알 수 있게 해준다.[83]

대둔사의 1대 종사는 풍담의심楓潭義諶으로, 편양언기로부터 선을 닦은 뒤『화엄경』과『원각경』등의 제 소疏를 정리하여 해동 화엄종의 중흥조로 불린다. 그는 언기의 법맥을 이어 제65대 조사가 된 인물이다.

다음으로 제2대 종사 취여삼우醉如三遇는 뛰어난 담론談論으로 많은

81 앞의 책, pp52~74, "一祖…六祖 喚惺志安…六宗 幻庵混修…經師…萬化圓悟…."
82 앞의 책, 1997, pp.52~74, "一祖…六祖 喚惺志安…六宗 幻庵混修…經師…萬化圓悟…."
83 김용태, 앞의 책, p.139.

사람들을 설복시킨 인물이며, 제3대 종사 월저도안(月渚道安, 1638~ 1715)은 화엄학과 유불도 삼교에 두루 통달하고 『화엄경』을 국역한다. 또한 묘향산 월저도안이 육신보살肉身菩薩이라는 칭송한 화악문신(華 岳文信, 1629~1707)은 제4대 종사이다. 계행戒行이 청정하여 추호도 계를 범하지 않았던 설암추붕(雪巖秋鵬, 1651~1706)은 제5대 종사이 며, 설암추붕이 대흥사에서 화엄학을 강의하던 곳은 지금도 백설당白 雪堂이라 부르고 있다.[84]

표3. 대둔사 13대 종사와 13대 강사[85]

차례	宗師	문파	講師	문파
제1대	楓潭義諶(1592~1665)	편양파	萬化圓悟(1644~1738)	편양파
제2대	醉如三遇(1662~1684)	소요파	燕海廣悅(?~?)	편양파
제3대	月渚道安(1638~1715)	편양파	靈谷永愚(?~?)	편양파
제4대	華巖文信(1629~1607)	소요파	懶庵勝濟(?~?)	소요파
제5대	雪巖秋鵬(1651~1706)	편양파	影坡聖奎(1728~1812)	편양파
제6대	喚惺志安(1664~1729)	편양파	雲潭鼎馹(1741~1804)	소요파
제7대	碧霞大愚(1676~1763)	소요파	退庵泰瓘(?~?)	편양파
제8대	雪峰懷淨(1677~1738)	소요파	碧潭幸仁(1721~1798)	부휴계
제9대	霜月璽封(1687~1767)	편양파	錦州福慧(?~?)	소요파
제10대	虎巖體淨(1687~1748)	편양파	玩虎尹佑(1758~1826)	편양파
제11대	涵月海源(1691~1770)	편양파	朗巖示演((?~?)	소요파
제12대	蓮潭有一(1720~1799)	편양파	蓮坡惠藏:(1772~1811)	소요파
제13대	草衣意恂(1786~1866)	편양파	梵海覺岸(1820~1896)	편양파

---

84 윤우·혜장·의순, 대둔사지 간행위원회 편, 앞의 책, pp.52~74, "一祖…六祖 喚惺志安…六宗 幻庵混修…經師…萬化圓悟…."

85 이진영, 「蓮潭有一 연구」, 동국대학교대학원, 박사학위논문, pp.270~273을 참조 하여 이에 13대 종사와 13대 강사를 더 보완함.

그 다음이 바로 대둔사의 제6대 종사이자 바로 전국 규모의 화엄법회를 열었던 환성지안이다. 그는 조선 후기 화엄(선) 수행의 전통을 남긴 환성지안파의 시조이자 임제종의 선지를 확철하게 주창한 선사로서, 환성지안은 풍담의심의 법맥을 물려받은 제66대 조사인 월담설제로부터 법통을 이어받아 제67대 조사가 된다.

환성지안에 이어 불교경전뿐만 아니라 사서史書와 문집들을 두루 섭렵하여 그 학문이 유학자들 사이에서도 명망이 높았던 벽하대우(碧霞大愚, 1676~1763)는 제7대 종사로 검소와 청빈의 생활로 평생을 일관한다.

다음으로 남방의 승려들로부터 선림禪林의 종주宗主로 불린 설봉회정(雪峰懷淨, 1678~1738)은 제8대 종사이며, 문자를 떠난 진리를 설파하여 마음의 본원을 찾도록 가르친 상월새봉(霜月璽封, 1687~1767)은 제9대 종사이다. 상월새봉은 유가의 아직 드러나지 않은 기상氣像이 불가의 여여如如한 이理와 같고, 유가의 태극太極은 불가의 일물一物과 같으며, 유가의 이일분수理一分殊는 불가의 일심만법一心萬法과 같다고 주장하면서 유불일치론儒佛一致論을 천명하였다. 또한 상월새봉은 매일 자시에 북두칠성을 향해 절을 올리는 것으로 심증실천心證實踐의 법을 삼았는데, 이는 조선시대 불교의 고승이 북두칠성을 숭배한 최초의 사료로 오늘날 칠성신앙이 불교에 융합한 효시가 되는데, 그는 늘 대흥사의 정진당에서 화엄법회를 열었다고 한다.[86]

다음으로 통도사에서 오랫동안 주석한 제10대 종사 호암체정(虎巖體

---

86 윤우·혜장·의순, 대둔사지 간행위원회 편, 앞의 책, pp.52~74, "一祖…六祖 喚惺志安…六宗 幻庵混修…經師…萬化圓悟…."

淨, 1687~1748)은 환성지안의 법을 전수받고 휴정의 법을 지켜 제68대 조사의 법통을 이은 분이다. 삼장三藏에 해박하고 인욕행이 남달리 뛰어났던 함월해원(涵月海源, 1691~1770)은 제11대 종사로 기록되어 있다. 청허휴정의 의발을 전수한 선가의 대가로 대승경전에 통달하여 많은 저술을 후세에 남긴 연담유일(蓮潭有一, 1720~1799)은 제12대 종사가 된다.[87]

마지막으로 제13대 종사는 선과 다도를 일치시키려는 다선일미茶禪一味 사상을 확립한 초의의순(草衣意恂, 1786~1866)이다. 초의의순은 정약용丁若鏞으로부터 유학과 시문을 배웠고, 동년배인 김정희金正喜와 교분이 두터워서 김정희가 9년 동안 제주도에서 귀양살이를 할 때 다섯 번이나 위문을 갔을 정도였다고 한다.

또한 초의의순은 문인의 풍모가 있어 범패梵唄에 능했고, 원예와 서예에도 조예가 깊은 분이다. 그는 선禪과 시詩와 차茶를 하나로 일체화시킨 삶을 살았으며, 왕유王維가 선시일치禪詩一致라 하였고, 소식蘇軾이 화중유시畵中有詩 혹은 시중유화詩中有畵라 하였듯이, 차를 마시는 가운데 깨달음을 얻으라고 전하고 있다. 차에 대한 열정으로 의순은『동다송東茶頌』과『다신전茶神傳』등의 책을 쓰고 후에 다성茶聖으로까지 추앙받게 된다. 초의의순은 정약용과 함께 조선 후기의 차 문화를 부흥시킨다.[88]

한편 선에 대한 초의의순과 백파긍선이 벌인 논쟁은 선종사에서도 자주 회자되고 있다. 백파긍선은『선문수경禪文手鏡』에서 선을 수행자

<hr>

87 앞과 같음.
88 앞과 같음.

의 근기根機에 따라 의리선義理禪의 3등급으로 나누고 선종의 8개 종파를 분류하고 있다. 이에 대해 초의의순은 『선문사변만어禪門四辨漫語』에서 백파의 주장을 비판하고 있다. 그는 설법의 주체에 따라 조사선과 여래 설법의 내용에 따라 격외선과 의리선으로 나누고, 조사선은 격외선이고 여래선은 의리선이라고 주장한다. 선을 둘러싼 의순과 백파 간의 논쟁은 조선 후기의 침체한 불교계에 활력을 불어넣었고, 김정희와 정약용 등을 비롯한 실학자들에게도 많은 영향을 끼치게 된다.[89]

다음으로 13대 강사는 모두 제10대 대종사였던 호암체정(虎巖體淨, 1687~1748)의 문하이다. 간략하게 살펴보면 다음과 같다. 제1대 강사 만화원오(萬化圓悟, 1694~1758)는 『화엄경』에 통달하여 사람들로부터 화엄보살이라는 칭호를 들었으며, 제2대 강사 연해광열(燕海廣悅, ?~?)은 성품이 호방하고 담소를 잘하였다. 그는 마음이 넓고 커서 그의 인물됨을 헤아리기 어려웠다고 한다.[90] 제3대 강사 영곡영우(靈谷永愚, ?~?)는 경율론 삼장에 두루 능하였으며, 제4대 강사 나암승제(懶庵勝濟, ?~?)는 그의 문하에서 삼담三潭으로 일컬어지는 춘담春潭과 화담花潭 그리고 운담雲潭을 배출한다. 화엄학과 선 그리고 염불에도 모두 밝았던 제5대 강사 영파성규(影坡聖奎, 1728~1812)는 12대 종사인 연담유일(蓮潭有一, 1720~1799) 이래로 지식과 덕망이 가장 뛰어난 승려로 평가되고 있다. 그는 결코 희노喜怒를 겉으로 드러내는 법이

---

89 희철, 『조선 후기 선리 논쟁 연구』, 해조음, 2012, pp.3~6.

90 윤우·혜장·의순, 대둔사지 간행위원회 편, 앞의 책, pp.52~74, "一祖…六祖 喚惺志安…六宗 幻庵混修……經師…萬化圓悟…."

없었고, 세속에 물들지 않았으며, 또한 자비심으로 병들고 가난한 사람들을 지극정성으로 간호하고 보살폈고, 평생 다른 사람의 시비를 말하지 않았으며, 옳은 것이 아니면 티끌만큼도 취하지 않은 것으로도 유명하다. 제6대 강사인 운담정일(雲潭鼎馹, 1741~1804)은 12세에 출가하여 유일의 선맥을 이어받았으며, 제7대 강사로 화엄학의 대가인 퇴암태관(退庵泰瓘, ?~?)은 성품이 엄준하여 번잡한 것을 피해 지리산에 은거하면서 고요한 곳을 찾아 참선을 즐겼다고 한다.[91]

다음으로 제8대 강사인 벽담행인(碧潭幸仁, 1721~1798)은 청허휴정의 법제法弟인 부휴선수(浮休善修, 1543~1615)의 법손으로 대둔사 승당에서 항상 법회를 주관하였다고 전한다.[92]

다음의 제9대 강사인 금주복혜(錦州福慧, ?~?)는 문신 대종사의 증손으로 성격이 호탕하고 대장부의 기개가 있었다고 한다. 그는 대둔사의 요청으로 용화당에서 법회를 열었는데, 이때 종풍을 드날릴 만한 인물이라는 평을 받았다고 한다.

또한 제10대 강사인 완호윤우(玩虎尹佑, 1758~1826)는 『대둔사지』의 저자 중 한 분으로 초의의순 대종사에게 법을 가르친 인물이다.

다음으로는 제11대 강사인 낭암시연(朗巖示演, ?~?)은 대흥사 약사전에서 법회를 개설하였으며, 제12대 강사인 연파혜장(蓮坡惠藏, 1772~1811)은 불교는 물론 유교의 경전까지 통달하여 젊은 나이에도 불구하고 대흥사 청풍당에서 법회를 주관하였다. 30세에 두륜산 대둔

---

91 윤우·혜장·의순, 대둔사지 간행위원회 편, 앞의 책, pp.66~74, "…經師…萬化圓悟…."

92 앞과 같음.

사의 불교학술대회인 두륜회頭崙會에서 주석을 맡은 것을 보면 이미 선교 양종의 거목이 되었다는 것을 알 수 있다. 그는 학식이 뛰어나 연담유일과 종종 비교되기도 하였는데 연담은 대련大蓮으로, 그리고 연파는 소련小蓮으로 일컬어지고 있다.[93] 그는 강진으로 유배된 정약용 과도 깊은 교우를 가졌으나 안타깝게 40세의 나이로 대둔사의 북미륵 암에서 입적했다고 한다.[94]

마지막으로 제13대 강사인 범해각안(梵海覺岸, 1820~1896)은 15세 의 어린 나이에 출가하여 경율론 삼장뿐만 아니라 유교와 도교의 경전에도 능한 분으로 평가받고 있다.[95]

2) 우리나라에 토착화된 임제종통의 승계

환성지안이 남긴 『선문오종강요』(이하 『강요』)와 『환성시집』을 보면, 그가 면면히 내려오던, 우리나라에 토착화된 선禪 가운데에서도 특히 임제종의 종통을 이은 선사임을 분명하게 밝히고 있다.

『환성시집』「제소요선사운題逍遙先師韻」[96]에는 그가 『강요』를 편록 한 목적을 다음과 같이 피력하고 있는데, 묵묵히 걸어온 그의 수증修證 의 세계를 볼 수 있다. 이 선시의 2연을 보면 환성지안은 불조의

---

93 윤우·혜장·의순, 대둔사지 간행위원회 편, 앞의 책, pp.52~74, "一祖…六祖
喚惺志安…六宗 幻庵混修…經師…萬化圓悟…."

94 앞과 같음.

95 윤우·혜장·의순, 대둔사지 간행위원회 편, 앞의 책, pp.52~74, "一祖…六祖
喚惺志安…六宗 幻庵混修…經師…萬化圓悟….".

96 환성지안, 성재헌 역, 앞의 책, p.168.

혜명과 남종의 맥을 전하고 이를 빛내기 위함이라고 확철하게 밝히고
있다.

默默全提佛祖令 묵묵히 불조의 혜명을 전제하니
南宗眞脈更生光 남종의 참다운 맥을 다시 빛내네.
門風高峻人難到 문풍이 고준해 사람들 이르기 어려워
寂寞空庭秋草長 적막한 빈 뜰 가을 풀만 우거졌네.

환성지안이 개인적으로 문파를 떠나 소요태능의 글문을 좋아했다는
점에 대해서는 다음 장에서 더 논의하겠지만, 이 선시는 환성지안이
『강요』를 편록한 목적을 남종의 참다운 맥을 빛내고 문풍을 계승하기
위함이라는 것을 천명한다.

그는 『강요』에서 선종 5가의 요체를 적시하고 있다. 앞서 간략하게
언급한 대로 임제종의 명기용(明機用, 기와 용을 밝히다)에 대한 대강大綱
의 요지를 밝히고 있으며, 특히 임제종을 선종 5가 중에서도 가장
서두에 배열하면서 그 내용을 세세하게 기술하고 있다.

또한 환성지안은 이 선시에서 승속과 노소를 막론하고 '조사서래의'
가 무엇인지 참구하는 이에게는 종풍이나 종파 등이 서래의를 구하는
방법일 뿐 도달하고자 하는 곳은 모두 같은 것이라 하면서, 각 종파의
종지를 일목요연하게 정리하여 자신의 견해를 조금 덧붙여 보여주고
있는데, 이런 사실을 보다 쉽게 알 수 있는 선시가 있다. 바로 「증쾌헌사
贈快軒師」[97]라는 선시다.

靑年少野衲 청년의 야납
白髮老山翁 백발의 늙은 산옹
共說西來話 서래화를 함께 이야기하며
宗風自爾共 종풍을 나와 그대가 함께하리라.

한편 환성지안의 주 저서인 『선문오종강요』 역시 선종 5가에 대한 환성지안 나름의 독창적인 글이라기보다는 전통적으로 알려진 구절들을 수집하고 발췌하여 간결하게 요약한 것이나, 이렇게 발췌하여 정리한 자체가 이미 각 종파에 대한 환성지안의 입장을 밝힌 것이라 하겠다.

이러한 점을 보아도 환성지안은 선종 5가 중에서도 임제종의 가풍을 고수하면서 불교의 중흥을 염원하는 선 수행자로서 본보기가 되는 여여부동한 삶을 살았다는 것을 짐작할 수 있다.

3. 시대적 배경

환성지안의 저술 동기 및 시대적 배경을 논하기에 앞서 그가 태어나기 전 시기인 청허휴정 이전 시대부터 살펴볼 필요가 있다.

이 시기는 조선 중기 불교계 탄압이 가장 심했던 시기와 겹치거나 그 전후의 시기로, 성종과 연산군, 중종이 집권하던 때이다. 그럼에도 불구하고 조선 중기 청허휴정은 승병을 일으켜 나라를 위기에서 지켜

---

97 환성지안, 화월성눌 편록, 앞의 책, 「贈快軒師」(韓佛全 9 470下); 환성지안, 화월성눌 편록, 성재헌 역, 앞의 책, p.178.

내었으며, 다수의 선적을 남김과 동시에 선학의 입문서인 『선가귀
감』을 발판으로 꺼져가던 불교계에 생명을 불어넣어 준 바 있다.

　조선불교와 청허휴정의 선禪은 편양언기와 풍담의심, 월담설제로
그 선맥을 이어오다가, 조선 후기에 청허휴정의 5세인 환성지안에
이르러 승병들의 활약으로 인해 잠시 잠잠하던 유가의 불교에 대한
억압이 다시 고개를 들기 시작한다.

　그런데 이종수는 「조선 후기 불교의 수행체계 연구─삼문수학三門
修學을 중심으로─」에서 현종(顯宗, 1641~1674) 시대에 궁중의 정업원
淨業院과 자수원慈壽院을 폐지한 이후로 공식적인 억불정책은 없었다
고 한다. 이종수는 다만 전국의 사찰에 부처와 조사의 혜명을 잇고자
출가한 승려가 그 명맥을 유지하고는 있으나, 오히려 승도들을 환속시
켜 하루아침에 10만 명의 군인을 얻을 수 있다거나 백성들이 부역을
피해 승려가 된다는 기록 정도만 있었다고 하면서[98] 이런 기록만으로
보았을 때에는 숭유억불이라는 논리로 유지하고자 했던 유가의 이데올
로기 체제하의 불교를 파악하기는 어렵다고 한 바 있다.[99]

　그러나 거시적 관점으로 보았을 때 필자는 유교를 신봉했던 조선왕
조 전반에 걸친 지배 이데올로기 하에서 불가피하게 억불숭유의 정책
은 강력하고도 지속적인 지배체제로 전개될 수밖에 없었고 왕에 따라
그 정도가 달랐을 뿐 억불의 상황은 조선후기 전반에 걸쳐 행해졌다고
생각한다.

―――――――

98 이종수, 「조선 후기 불교의 수행체계 연구」, 동국대대학원 사학과 박사학위논문,
　 2010, pp.8~9.

99 이종수, 앞의 논문, pp.10~12.

유가의 주도하에 끊임없는 억불의 기세에도 영향을 받지 않았던 것은 청허휴정이나 환성지안과 같은 수승한 근기의 수행자들의 지혜와 불교 자체의 내면적 힘 덕분이라 할 수 있다. 유가에 의해 주도적으로 집필된 기록을 근거로 하여 별다른 피불의 상황이 아니었다고 보는 것은 유가의 정치적 이데올로기에 위배되면 목숨까지도 쉽게 거두어가 버리는 살벌한 시대적 상황을 간과한 것이라 하겠다.

숭유억불에 대해 억압이 시행된 기록이 있었거나 없었다는 단편적인 편견에서 벗어나 불교 자체의 내면적 수행체계의 힘 덕분으로, 즉 조선 후기 불교는 여러 선각자들의 각고의 노력의 결실이기도 한 경절문徑截門·원돈문圓頓門·염불문念佛門의 삼문수학三門修學 수행 체계가 더욱 견고하게 정립될 수 있었던 시절 인연의 관점으로 볼 수 있어야만 할 것이다.

한편 환성지안의 『강요』는 이러한 청허휴정의 『선가귀감』의 논지를 계승하였으며, 청허휴정은 『선가귀감』에서 남송 회암지소의 『인천안 목人天眼目』의 내용을 참조하고 있다.

『강요』는 고려 후기 국사였던 천태종 계열의 진정천책(眞靜天頙, 1206~?)이 쓴 『선문강요집禪門綱要集』의 논지와 형식이 비슷하다. 이는 청허휴정계의 후손인 환성지안이 『강요』의 본문에서 밝힌 대로 『선가귀감』은 송대의 회암지소(晦庵智昭, ?~?)가 1188년에 펴낸 『인 천안목』에서 주로 당시의 선종 5가의 교의를 간략하게 발췌하여 정리 한 것이라 하겠다.

이렇듯 청허휴정의 적통을 계승한 환성지안의 『강요』를 통해 한국 선종이 주로 면면히 내려온 토착화된 한국의 임제종 가풍 위주로 전승될 수 있었으며, 또한 그 시기 『강요』의 편찬은 한국불교의 선풍을 다시금 거세게 일으킬 수 있도록 하는 계기를 마련했다는 데에 그 의미가 있다고 하겠다.

그러나 불교계의 전통으로 인해 한국 선종사에서 선종 각파를 종합적으로 서술한 것은 찾아보기 어렵고, 더군다나 불교에 대한 핍박이 심한 시기에 선의 교의를 종합적으로 집성하는 작업은 결코 쉬운 일은 아니었을 것이다. 따라서 환성지안이 당시 『강요』의 편찬을 주도하였다는 사실 하나만으로도 매우 유의미한 선종사적 행보라 할 수 있겠다.

1) 배불숭유와 유교지배 체제

환성지안(1664~1729)은 조선 후기에 『강요』를 남겨 선종 5가의 핵심적인 개념을 정리하였으며, 조선 후기에서 근대에 이르기까지의 선禪 논쟁의 씨앗을 뿌린 분이다.

그가 살다 간 시기에 해당하는 왕은 현종과 숙종, 그리고 경종까지이다. 그가 태어난 현종의 재위(1659~1674) 때는, 임진왜란 중 청허휴정을 비롯한 사명유정 등 승병의 활약으로 인하여 잠시 잠잠해졌던 불교박해가 서서히 고개를 들기 시작하는 시기이다. 그리하여 조선 후기로 와서 다시 불교가 조선왕조 창업의 기반을 닦는 데 저해되는 것이라 하여 배척을 강하게 표방하는 유교세력의 피폐[100]가 자행되기 시작했던 것이다.

---

100 김용태, 『조선 후기 불교사 연구』, 신구문화사, pp.307~308.

환성지안이 태어나기 전 시대에 해당하는 조선 중기는 임진왜란과 정유재란 그리고 병자호란과 정묘호란 등이 발발하였으며, 사색당파 싸움으로 인해 정국은 불안하고 배불정책이 극심했던 시대이다. 이렇게 불안한 정세로 인해 벼슬을 내려놓고 은둔을 하는 자가 속출하였는데, 이에 조선왕조는 왕권을 회복하고 지배체제를 유지하기 위한 정책의 일환으로 불교를 더욱 배척하고 유교를 숭상하기 위해 노력을 기울이게 된다.[101]

특히 환성지안이 태어나기 바로 전 시기는 불교박해가 최고조에 달했던 때이다. 조선 중기의 성종과 연산군, 중종으로 이어지는 70년 동안 불교계는 참기 어려운 법난의 회오리 속에 몸을 움츠려야만 했던 시기이다. 그 예로 성종은 재위 2년(1471년)에 도성 안에 있던, 경전을 언문으로 번역해 간행하던 간경도감과 염불당을 폐지시켰고, 재위 4년에는 사대부 가문의 부녀자가 불문佛門에 출가하는 것을 금지했으며, 6년에는 도성 안과 밖의 비구니 사찰 23곳을 폐하였고, 재위 8년에는 사찰에서 행해지던 국왕의 축수재祝壽齋도 폐지한다.[102]

이어 성종 재위 23년(1492)에는 경국대전의 도승법을 정지시켜 도첩이 없는 승려는 모두 강제 환속시키고 군역에 참여하도록 했으니, 이로 인해 전국 사찰은 텅 비게 되었으며 끝내 폐사가 될 수밖에 없었고, 당시 유생들은 인수대비가 정업원淨業院에 모시던 불상을 불태워 버리는 등 척불 행각을 계속하였으며, 급기야는 백성들이 불교적인 제례도 행하지 못하게 하는 등 불교 말살정책은 극에 달하게

---

101 박영기, 『허응당 보우』, 한길사, 2013, pp.20~24.
102 박영기, 앞의 책, pp.21~22.

된다.[103]

또한 성종에 이어 왕위에 오른 연산군은 그나마 남아 있던 조선불교 양대 종단의 본산인 선종도회소禪宗都會所 흥천사興天寺와 교종도회소 흥덕사興德寺를 폐지하고 세조가 세운 원각사圓覺寺마저 폐지해서 이를 관아로 삼아 버리고는, 이것도 모자라 겨우 남아 있던 사찰의 승려들 마저 내쫓아 환속시키거나 노비로 삼는 등 무지막지한 횡포를 그치지 않았다고 한다. 연산군은 한걸음 더 나아가 승려를 선발하는 승과제도 마저 폐지함으로써 불교의 존재성 자체를 말살하고자 했다.[104]

성종과 연산군의 뒤를 이은 중종은 불교 말살정책에 더욱 박차를 가했는데, 이러한 불교 말살정책에 힘입은 배불론자들과 유생들은 개인적으로도 불교를 탄압하고 온갖 악행을 저질렀다.[105] 대표적인 예로는 중종 4년(1509)에 유생들이 청계사에 난입해 경첩을 훔쳐가는 일이 있었고, 중종 5년에는 흥천사의 5층 사리각을 불태워 버리기도 하였으며, 중종은 각 도의 사찰을 폐지해 버리는 한편 원각사를 허물어 버렸고, 거두어들인 토지를 향교에 나눠주었으며, 흥천사와 흥덕사의 대종을 녹여 총통을 만들기도 하였고, 심지어 경주 동불상을 녹여서 무기로 만들기까지 하였다. 이렇듯 불교에 대한 박해가 말로 하기 어려운 지경에 이르렀다.[106] 이렇게 불교에 대한 갖은 박해를 일삼아온 중종은 결국 11년(1516)에 이르러 『경국대전』에 있는 도승법 자체를

---

103 이봉춘, 『조선시대 불교사 연구』, 민족사, 2015, pp.300~330.

104 이봉춘, 앞의 책, pp.303~330.

105 박영기, 앞의 책, pp.22~23.

106 박영기, 앞의 책, p.22.

68

폐지해 버림으로써 그나마 명맥뿐이었던 선종과 교종의 종단과 모든 승과에 이르기까지 불교 존립에 필요한 법적인 근거마저 사라질 수밖에 없게 되었다.[107]

이렇게 성종에서 연산군과 중종에 이르기까지 3대 70여 년간 행해진 국왕들의 폐불 행위는 고구려 이후 우리나라에 처음 불교가 전래된 이래로 1천여 년의 유구한 불교의 우수한 문화와 사상을 송두리째 짓밟는 배불숭유와 유교 지배체제의 결과를 초래하였다.[108]

이러한 시기를 살았던 허응당 보우(虛應堂 普雨, ?~1565)와 중국에서 건너온 정법보살, 그리고 조선 후기를 살았던 환성지안은 모두 제주도 한라산 석불에 새겨져 전해 온 예언대로 전법을 위해 순교한 분들로, 오늘날 제주시 조천의 불사리탑사에 이 세 분의 입상과 추모비 등이 모셔져 있다.[109]

환성지안이 당시 노론 세력의 모함으로 인해 목숨을 버릴 수밖에 없었던 시대적인 배경을 알기 위해서는 환성지안보다도 약 100년 전에 태어난 허응당 보우 혹은 나암보우懶庵普雨를 간략하게 살펴볼 필요가 있다. 허응당 보우도 역시 불법의 전법을 위해 유신儒臣과 유생들의 문화의식이 결여된 만행과 역사적인 범죄가 극심했던 비운의 시기를 살아야만 했다. 허응당 보우가 살다 간 시대적 상황 또한 유생들의 횡포가 극심했다는 점에서 환성지안이 살다 간 시대적 배경

---

107 이봉춘, 앞의 책, pp.339~360.
108 이봉춘, 앞의 책, pp.352~360.
109 *불사리탑사에 모셔진 세 분의 입상과 순교비 등의 사진은 본서의 부록 13과 14에 수록됨.

과 유사하다.

허응당 보우의 『허응당집虛應堂集』「선종판사계명록禪宗判事繼名錄」 등에서 당시의 암울한 상황에 대한 기록을 볼 수 있다.[110] 허응당 보우는 명종의 모후로 불심이 깊었던 문정왕후文定王后의 신임을 얻어 1548년 봉은사(현재 서울 강남 봉은사) 주지가 되었고, 1551년에는 선종의 최고 지위에 올라 선종판사에 임명되기도 한다. 허응당 보우는 1552년 연산군에 의해 폐지되었던 승과를 부활시키는 등 불교중흥을 위해 힘썼으나, 결국 요승으로 낙인이 찍히는 등 유가의 모함을 받아 제주도에서 입적했다.[111] 이와 같은 보우의 기록은 환성지안이 태어나기 직전의 조선시대 불교계에 들이닥친 법난으로 인한 폐불과 불교계의 위기상황을 잘 보여준다.[112]

이렇듯 불교를 극심하게 배척하던 조선 중기를 지나 환성지안이 살다 간 조선 후기에도 여전히 유가의 배불기세는 계속되었고, 불안한 정국으로 인해 벼슬을 버리고 자연으로 은거하는 이가 속출하였으며, 눈 밝은 납자들은 세속을 버리고 자연을 벗 삼아 산속으로 들어가 깨달음을 향한 선정을 닦기에 더욱 매진할 수 있는 계기가 되기도 한다.[113]

또한 선대의 청허휴정과 사명유정이 몸소 주창했던 호국사상은 국정의 혼란스러움을 틈타 밀려오는 외세에 대해 백성으로 하여금

---

110 박영기, 앞의 책, pp.13~15.

111 박영기, 앞의 책, pp.213~221.

112 박영기, 앞의 책, pp.22~24.

113 이봉춘, 앞의 책, pp.481~485.

국가의 안녕을 다지려는 초석이 된다.[114]

환성지안은 조선 후기 배불숭유가 고개를 들던 시절에 태어났고 임진왜란 당시 위태로운 나라를 구하기 위해 분연히 승병을 일으켜 위기의 나라를 구하고자 했던 청허휴정의 적통이니만큼, 그가 나라와 백성을 구하고자 했던 애민심과 호국의 의지는 당연한 것이라 할 수 있겠다.

환성지안은 허응당 보우 스님이 순교하고 100년 후 조선왕조와 유생들의 배불숭유 정책이 서서히 고개를 들면서 노론과 소론의 당파 싸움이 치열했던 시기이자 불교가 쇠락의 일로를 걷던 시기[115]에 태어났다. 또한 환성지안이 살았던 때는 현종과 숙종에 이어 경종과 영조로 이어지는 시대로, 이 시기는 노론과 소론의 당쟁이 절정에 올랐던 시대이며, 환성지안이 열반하기 4년 전 경종의 재위 4년(1724)에 왕이 36살의 나이로 갑자기 죽게 되자 음모설과 함께 당쟁이 더욱 격돌하였던 때이다. 환성지안이 열반하기 바로 한 해 전인 1728년에는 이인좌의 난이 실패로 돌아가 수많은 사람들이 연루되어 죽음에 이르게 된다. 이러한 시기에 환성지안이 1,400여 명이 넘는 대규모의 화엄법회를 개설했다는 것은 당시의 시대상황으로 보아서는 목숨을 건 위법망구의 원력으로 법회를 개최한 것이라고 하겠다.

2) 불교계의 동향

배불정책이 극심했던 조선 중기를 지나서 환성지안 이후의 조선 후기

---

114 이봉춘, 앞의 책, pp.689~700.
115 박영기, 앞의 책, p.13.

불교계는 새로운 불교문화를 적극 수용하고자 하는 움직임을 보이는
데, 당시 성리학 일변도의 사상에서 벗어나 조선의 전통문화를 존중하
면서도 사찰의 중건과 창건 또는 실학자들의 불교 수용의 양상을
보인다.[116]

임진왜란 이후 승병들의 활동을 통해 불교계는 침체에서 벗어나
활기를 찾았고, 환성지안이 살았던 17, 18세기에 들어서면서 새로운
중흥의 기대를 갖게 되는데, 성리학이라는 정치적 지배이데올로기의
틀에서는 벗어날 수 없었지만 불교계도 환성지안을 정점으로 변화의
계기를 마련하게 된다.[117]

조선 후기 환성지안의 『강요』에 대한 『사기私記』를 쓴 백파긍선白坡
亘璇은 『선문수경禪文手鏡』에서 임제 삼구三句를 조사선·여래선·의리
선의 삼종선으로 전개하였으며, 이에 대해 초의의순草衣意恂은 『선문
사변만어禪門四辨漫語』에서 백파의 이론을 비판하고 이선여래의二禪
如來義와 격외의리변格外義理辨과 살활변殺活辨, 그리고 진공묘유변眞
空妙有辨의 네 가지 문제를 논하기에 이르게 된다.[118]

권동순(圓法, 2009)은 이러한 논쟁이 있기 이전에도 환성지안의
제자 함월해원이 『이선경위록二禪逕渭錄』을 통해 능설能說과 소설所說
에 의한 여래선과 조사선 그리고 격외선과 의리선을 이종선으로 분류

---

116 김준혁, 「朝鮮後期 正祖의 佛教認識과 政策」, 『중앙사론』 16, 한국중앙사학,
    2002, pp.3~6.

117 김준혁, 앞의 논문, pp.16~23.

118 권동순(圓法), 「涵月海源의 思想과 二種禪에 대한 考究」, 『한국선학』, 한국선학
    회, 2009, pp.57~58.

하여 선 수행의 핵심 주제를 간명하게 서술해 놓은 것을 높이 평가한
바 있다.[119]

이렇듯 환성지안이 살았던 조선 후기는 선과 함께 강학이 발전하였
는데, 특히 화엄법회가 성행하여 법회를 주도한 승려들은 선의 대가이
자 화엄의 대가로도 활약하였고, 선과 화엄의 융합은 물론 선禪·교教·
염불念佛의 삼문수업이 특징적으로 나타나는 시기라 할 수 있다.

환성지안이 남긴 『환성시집』에 수록된 144편의 선시는, 선과 원융무
애한 화엄의 세계를 시로 승화시킨 그의 깨달음의 세계와 중생들에
대한 교화의 의지를 잘 보여주고 있다. 그는 당시 조선의 문예 부흥기였
던 영조 시대까지 활약하면서 시작詩作활동을 통해 대중과 함께하는
모습을 보여준다.

또한 조선 후기에는 환성지안처럼 선객이면서도 화엄법회를 열거나
선시를 매개로 하여 대중과 교류한 선문화가 주류를 이루었으니,
근현대에 와서도 환성지안의 선맥을 이은 경허성우(鏡虛惺牛,
1849~1912)의 깨달음과 격외의 도리와 전법 등을 내용으로 하는 선시
등도 있다.

이렇듯 극심한 배불정책과 양란의 후유증이 겹쳐 더욱 쇠락한 산중
불교 시대에 환성지안은 자연으로 회귀하여 수행자 본연의 소명에
충실하면서도 시의 창작을 수행의 회향처로 삼아 서산 이래 약 300년
동안 활발한 불가 문학을 꽃피우고 후대의 적장들에게 영향을 주게
된다.

---

119 권동순(圓法), 앞의 논문, pp.58~60.

또한 환성지안이 청허휴정의 4대 문파에서도 편양언기의 적통이자 화엄법회에 1,400여 명이 운집할 정도로 교학의 종장이었다는 점을 감안할 때, 그가 『강요』를 편찬한 동기는 사라져 가는 불교의 중흥을 위한 간절한 서원에 있었다는 것을 알 수 있다. 즉 그가 『강요』에서 임제종을 가장 앞에 두고 지면을 가장 많이 할애하여 역설한 것은 쇠락해 가는 조선 후기 불교의 중흥을 꾀하기 위해, 선종 5가 중에서도 특히 임제종의 종풍을 계승하고 다시금 활발한 선풍의 진작을 도모코자 한 그의 저술 동기가 잘 드러나 있다고 하겠다.

III. 환성지안의 저서

1. 『선문오종강요』의 성립 및 내용

환성지안은 유교의 지배 이데올로기 강화를 위해 불교의 박해가 가장 심했던 조선 중기를 지나 청허휴정계의 5대 적통으로 그 법통을 이어 조선 후기를 치열하게 살다 간 인물이다. 그야말로 환성지안이 살다간 조선 후기는 유교를 숭상하고 불교를 억압하는 조선왕조의 지배 이데올로기가 강하게 작용하던 시기이다.

청허휴정과 그의 제자 사명유정 그리고 위기에 빠진 나라를 지키고자 전국 각지에서 의병을 일으킨 승병들의 활약으로 잠시 불교 탄압이 잠잠해졌지만, 또다시 불교에 대한 탄압이 고개를 들기 시작하던 조선 후기에 환성지안은 태어나게 된다.

이러한 시대 상황에도 불구하고 환성지안은 오로지 중생교화를 위해 종횡무진으로 법을 펼쳤으며, 근현대 불교계의 걸출한 선사들에게까지 지대한 영향력을 끼친 탁월한 분이다.

조선 중기 성종과 연산군 그리고 중종이 지배했던 시기는 불교 탄압이 최고조에 달했지만, 그럼에도 불구하고 조선 중기의 정통 불교계는 청허휴정이 『선가귀감』을 펴냄으로 해서 이를 발판으로 하여 싹을 조금씩 키워내게 된다. 청허휴정은 꺼져 가던 조선 불교사에서 불교의 목숨을 다시 살아나게 한 생명수와 같은 존재였고, 그러한 청허휴정의 선맥은 조선 후기에 와서 청허휴정의 5세인 환성지안이 『선문오종강요』(이하 『강요』)를 편찬함으로서 다시금 활발하게 선풍禪風이 일어나게 된 것이다.

이렇듯 『강요』가 비록 선종 5가에 대해 간략하게 요지만을 소개한 요약본의 수준이기는 하나 임제종을 가장 선두에 두는 등 선종 5가에 대한 환성지안 자신의 견해를 직접 피력하고 있으며, 그 가치를 매우 높이 사는 이유는 불교에 대한 탄압이 다시 머리를 들기 시작한 조선 후기에 편찬되어 활발한 선풍을 도모코자 한 까닭이다. 『강요』는 앞서 언급한 것처럼 청허휴정이 『선가귀감』을 편찬하여 선불교의 중흥을 꾀한 의도와 동기와 동일한 것이라 하겠다.

또한 환성지안을 화엄선의 창시자라 부르기도 하는데, 이는 그가 『강요』를 편찬함으로써 청허휴정의 5대 적손에만 머무르지 않고 그 전통을 계승하면서도 중생을 위해 위법망구하며 화엄법회를 통한 대중교화와 불교중흥을 종횡무진으로 도모하였기 때문이다.

1) 성립

앞에서 간략하게 논한 바와 같이 『강요』는 청허휴정의 『선가귀감』의 형식과 논지를 계승하였다. 청허휴정과 환성지안은 둘 다 『선가귀 감』과 『강요』에서 선종 5가에 대한 논지와 형식을 모두 남송의 회암지 소(晦巖智昭, ?~?)가 쓴 『인천안목人天眼目』을 따랐다고 밝히고 있다. 또한 두 저서 모두 선종 5가 중에서도 임제종을 가장 서두에 두어 임제종풍의 계승 의지를 밝힌 바 있다.[1]

하지만 김호귀(2006)는 고려 후기인 1531년 천태종의 국사였던 청풍장로淸風長老 진정천책(眞靜天頙, 1206~?)이 간행한 『선문강요 집』의[2] 형식과 논지를 보충한 것으로 보았으며, 이 『선문강요집』도

---

1 환성지안, 『선문오종강요』(韓佛全 9, 459下), "『禪門五宗綱要』 喚性志安撰 臨濟宗 明機用 赤手單刀…."

2 *고려 후기 진정천책의 『禪門綱要集』은 1권 1책의 불교교리서로 1531년(중종 16) 지리산 철굴암鐵窟庵에서 간행되었으며 국립중앙도서관에 소장되어 있다. 내용은 전체를 「三聖章」, 「二賢話」, 「一愚說」, 「山雲篇」, 「雲門三句」 등의 5장으로 나누어 구성하였으며, 앞의 셋은 임제종의 강요이고, 뒤의 둘은 운문종의 강요로 종파의 핵심만을 찾아 밝힌 것이다. 「三聖章」에는 호월이 묻고 청풍이 답한 내용으로 임제 삼구, 삼현, 삼요의 위치를 설하고 있다. 「二賢話」에서는 삼구를 통하여 임제종과 조동종의 차이를 밝혔으며, 임제종의 삼구에 대해 자세히 설명하고 활구와 사구의 차이점을 간략히 설명하고 있다. 「一愚說」에서는 자신을 스스로 愚夫라 칭하고 노승에게 임제 삼구의 깊은 뜻을 청하면서 제1구의 뜻을 振威一喝로 표명하고, 삼요를 三喝로 표시하고 있다. 그리고 제1요는 明照으로 大機圓應인 主를 의미하며, 제2요는 明用으로 大用全障을 뜻한다. 제삼요는 照用齋施로 主賓이여 撫掌呵呵大笑로 표명하고 있다. 「山雲篇」과 「雲門三句」에서는 삼구에 대해 보다 상세하게 서술하면서 삼구가 1구가 되고 1구는 곧 삼구가 됨을 주장하였으며, 결론에서 임제의 삼현과 삼요와 운문의 삼구와 일구, 천태지의의 三止와 三觀이 모두 동일한 뜻이라 하면서 종사의 현묘구라도 언어에 집착하면 교와 자취가 되고 만다고 경고하고 있다.

선종 5가의 요의를 요약하여 임제종부터 각 종파의 교의를 간략하게 발췌한 것이라 소개한다.[3]

고려 후기 국사이자 천태계 고승인 천책이 쓴 『선문강요집』은 시기적으로 보면 청허휴정의 『선가귀감』에도 영향을 미쳤을 것이다.

또한 환성지안의 후대로 와 백파긍선은 『선문수경』에서 후학들에게 '선종 문하에서 나온 말이나 문구를 찾아 궁구하고자 하는 사람은 『인천안목』과 『선문오종강요』와 『선문강요집』을 반드시 가장 먼저 구하여 읽되 무엇보다 먼저 임제3구臨濟三句의 의미와 행상(義相)을 궁구한다면 삼구의 의미와 행상에 환히 밝아져 의심이 사라질 것이다. 그런 연후에 '『선문염송집』과 『경덕전등록』과 사집 등에 나오는 문구를 읽을 때에도 이 삼구를 사용하여 낱낱이 적용하여 대조해 보면 모든 말과 문구가 심목心目에 분명하고 환하게 드러날 것이니, 이는 마치 물건을 저울에 올려놓으면 한 치의 눈금도 속일 수 없는 것과 같으리라.'[4]고 설하고 있다.

---

3 환성지안·백파긍선, 김호귀 역, 앞의 책, p.66.

4 白坡亘璇, 『禪文手鏡』(韓佛全 10, 515上), "佛下至衆生 皆分上事 若離此說法 皆是妄說 是知 三世諸佛 歷代祖師 乃至天下善知識 所留言句 必不離此 三句也 是故凡 欲尋究禪門語句者 必須先求人天眼目 五宗綱要 禪門綱要 爲先究此三句義相昭然無 疑 然後 當於拈頌 傳燈 四集等語句 以此三句 一一拖照 言言句句 了然昭著於心目 如物得秤衡 錙銖莫逃矣." "모든 부처님과 역대의 여러 조사 스님들과 나아가서는 천하의 선지식들이 남긴 말씀이나 문구 모두 이 삼구를 결코 벗어나지 않는다는 사실을 알아야 할 것이다. 그러므로 선종 문하에서 나온 말이나 문구를 찾아 궁구하고자 하는 사람은 『인천안목』과 『선문오종강요』와 『선문강요집』을 반드시 제일 먼저 구하여 읽되, 무엇보다 먼저 臨濟三句의 義相을 궁구한다면 삼구의 의미와 행상에 환히 밝아져 의심이 사라질 것이다. 그런 다음에 『禪門拈頌

　이렇듯 휴정의 『선가귀감』과 환성지안의 『강요』는 선종 5가에 대한 내용을 회암지소의 『인천안목』에서 가져왔다고 둘 다 각각 분명하게 밝히고 있지만, 후대로 와서 백파긍선의 『선문수경』에는 진정천책의 『선문강요집』과 환성지안의 『강요』를 아예 문두에 소개하고 반드시 필독해야 할 서적으로 지명하고 있다.

　하지만 청허휴정과 환성지안 모두 그 저술 의도가 한국에 토착화된 임제종을 중심으로 한 조선 후기 선불교의 중흥을 꾀하기 위함인 점에서는 일치하고 있다.

　한편 김호귀는 환성지안의 『강요』를 번역한 『선과 선리』(2013)에서 선종 5가에 대해, 첫 번째인 임제종은 기機와 용用으로 해명하였으며, 두 번째인 운문종은 절단截斷이라 하였고, 세 번째인 조동종은 향상向上으로, 그리고 네 번째인 위앙종은 체體와 용用으로, 다섯 번째인 법안종은 유심唯心으로, 이처럼 간명하게 정리한 것이 특징이라 하면서 이것만으로도 선종사적으로 큰 의미를 지닌다고 평한다.[5] 아울러 김호귀는 환성지안의 논저가 백파긍선의 『선문수경』과 초의의순의 『선문사변만어』, 우담홍기(優曇洪基, 1822~1881)의 『선문증정록禪門證正錄』, 설두유형(雪竇有炯, 1824~1889)의 『선원소류禪源遡流』, 축원진하(竺源震河, 1861~1926)의 『선문재정록禪門再正錄』 등 조선 후기 선 논쟁의

集』과 『景德傳燈錄』과 四集 등에 나오는 말과 문구를 읽을 때에도 이 삼구를 사용해서 그 내용을 낱낱이 적용하여 대조해 보면 모든 말과 문구가 마음(心目)에 분명하고 환하게 드러날 것이니, 마치 물건을 저울에 올려놓으면 한 치의 눈금도 속일 수 없는 것과 같으리라."

5　환성지안·백파긍선, 김호귀 역, 『선과 선리』, 하얀연꽃, 2013, p.66.

시발점이 되었다는 점에서 중요한 가치가 있다고 주장하고 있다.[6]

또한 김호귀는 그의 논문에서 환성지안의 『강요』가 『인천안목』
등의 전적을 단순하게 편집했다고 비판하였지만, 그럼에도 몇 가지
점에서 선종사적 의미를 갖는다고 하면서 다음과 근거를 들어 그
가치를 높이 평가하고 있다. 첫째로는 『강요』가 조선시대의 선종
5가에 대한 전적 가운데 종합적인 강요서로서는 유일하다는 점이며,
둘째로 이전의 선종 5가에서는 볼 수 없는 각 종문의 교의를 제시하였
는 점, 그리고 셋째로는 서문에서 제자인 함월해원이 제시한 대로
운문 삼구에 대해서 청산수淸山叟의 해석을 인용하고 조동 오위에
대해서는 형계사荊溪師의 주석을 인용하여 요점을 드러냈다는 점,
넷째로는 임제 삼구와 삼현, 삼요에 대해 나름대로의 구체적인 설명을
덧붙였다는 점을 근거로 들고 있다.[7]

한편 『강요』의 「서문」은 환성지안의 제자인 함월혜원이 지은 것을
남원의 양일하가 숭정崇禎 기원후紀元後 두 번째 기사년인 1749년(영조
25) 가을에 쓴 것으로, 육조혜능(六祖慧能, 638~713) 이후 선종 5가에
대해 환성지안이 설하고 있는 『강요』의 요지를 파악할 수 있다.[8]

6 앞의 책, p.112.

7 환성지안, 김호귀, 앞의 책, p.113.

8 환성지안, 앞의 책, 「序文」(韓佛全 9, 459上), "一法分爲兩宗 兩宗亦爲五派 其枝派有
本源 固可知也 夫大覺世尊 多子塔前分半座 是第一處傳心 殺人劒也 靈山會上擧
拈 花 是第二處傳心 活人刀也 沙羅雙樹間槨示雙趺是第三處傳心 殺活同時也 此
箇消息 自迦葉 以來 人傳一人 而至于曹溪 曹溪下有二人 焉一曰南岳懷讓 宗其活
而開雜貨鋪 也 二曰淸源行思 宗其殺而開眞金鋪也 此乃一法 分殺活兩宗者也 源
下出一宗 曰曹洞 岳下出四宗 曰臨濟 曰雲門 曰潙仰 曰法眼 此乃兩宗分爲五派者

『강요』는 불분권 1책의 목판본으로 동국대학교 중앙도서관에 소장되어 있다. 이는 환성지안의 제자인 함월해원(涵月海源, 1691~1770)이 스승인 환성지안의 원고를 1749(영조 25)년 함경도 안변의 석왕사에서 정리하여 간행한 것이다.[9]

동국대 중앙도서관에 소장된 목판본『강요』에는 환성지안이 입적하고 20년 후인 기원후 두 번째 기사년(再己巳)인 1749(영조 25)년의 것이라고 기록되어 있다. 그런데 이 해는 숭정 연호를 사용한 후 세 번째 맞이하는 해로 오해의 소지가 있다. 동국대 중앙도서관의 서지 정보나 동국대 한국불교종합시스템의 서지 자료를 보면 간행

也." "하나의 법이 두 종으로 나뉘게 되고, 두 종 역시 다섯 갈래를 이루었으니, 이 두 가지 갈래의 근본과 근원이 확실히 있다는 것을 알 수 있다. 무릇 세존께서 대각을 이루시고 가섭에게 다자탑 앞의 자리를 반분하셨으니, 이것이 바로 제1처 傳心이며 殺人劍이다. 또한 영산회상에서 꽃을 들어 보이셨는데, 이것은 제2처 전심으로 活人刀이다. 사라쌍수 사이에서 槨 밖으로 두 발을 보이셨으니, 이것이 바로 제3처 전심이며 殺活同時이다. 이러한 소식은 迦葉 이래로 오직 한 사람에게만 전수되면서 조계에 이르렀고, 조계의 문하에 두 분이 있었다. 한 분은 南岳懷讓로 그는 活을 종지로 하여 온갖 잡동사니를 늘어놓은 가게인 雜貨鋪를 여셨고, 또 한 분 淸源行思는 그 죽임인 殺을 종지로 하여 진금만을 파는 가게인 眞金鋪를 열었다. 이렇게 해서 하나의 법이 殺과 活의 두 종파로 나뉘었으며, 청원 문하의 그 하나의 종파가 바로 曹洞이다. 남악회양의 문하에서는 네 종파가 나왔으니 이는 臨濟·雲門·潙仰·法眼인데 이렇게 하여 두 종이 다섯 가문으로 나뉘게 된 것이다."
이 저본은 숭정 기원 후 두 번째 기사년인 1749(영조 25)년 關北 釋王寺 개간본으로 동국대 중앙도서관에 소장 중이며,『禪門五宗綱要』의「序文」은 환성지안의 제자인 北海 涵月海源이 쓴 것이다.
9 환성지안, 성재헌 역, 앞의 책, pp.12~13.

연도를 1689년(숙종 15)이라 한 것은 잘못된 것이며, 책의 마지막 장의 간기 역시 마찬가지 이유로 잘못 표기된 것이다.[10]

『강요』 말미에 모연을 도운 시주에는 도운 이의 명단을 제시하고 있는데, 명주明州 송덕사松德寺의 강사로 설담영율雪潭靈律과 덕명德明 그리고 벽연碧衍과 계원戒圓 등이 기록되어 있다. 여기서 송덕사는 지금의 지명으로 함경북도 명천군明川郡 장덕산의 사찰로, 이 사찰의 강사들이 이 책의 편찬과 어떤 관련성이 있었을 것으로 추측이 되나 자세한 내용은 전하지 않는다.[11]

이러한 점들을 보았을 때 환성지안은 『선문오종강요』의 선종 5가에 대한 개별적인 언급을 통하여 중국으로부터 전해져 온 전통적인 임제종의 틀도 벗어나 선종 전체에서 두루 공유할 수 있는 강요서를 만들고자 하였다는 것을 알 수 있다. 우리나라 선종의 경우 전통적인 중국 선종인 임제종 위주로 전승해 왔지만, 환성지안은 자신이 속한 종파의 식으로부터 벗어나 강요서에 초점을 맞추어 선종 5가에 대한 종합적인 교의를 집성하여 『강요』를 편찬하고자 한 것이라 볼 수 있겠다.

그는 또한 『강요』를 수행과 깨침의 성격을 중심으로 정리하였는데, 이로써 어느 한 종파의 교의가 그 종파에만 국한되지 않고 모든 종파에 두루 적용될 수 있는 점을 감안하여 저술하였다는 점이 바로 이 『강요』의 장점이라 할 수 있다. 이렇듯 환성지안은 『강요』를 통해 선종 5가의 성격을 단적으로 드러냄과 동시에, 앞으로 더 논의하겠지만, 중생들의 전법을 위해 『화엄경』과 선시를 교화의 방편으로 삼았으며,

---

10 환성지안, 성재헌 역, 앞의 책, p.13.

11 앞과 같음.

이는 당시 조선 후기 불교 전법 문화의 주류를 이루게 된다.

앞에서도 간략하게 언급한 바와 같이 『강요』에는 임제종풍을 기기機와 용용을 해명하는 명기용明機用으로, 운문종풍은 절단截斷을 해명하는 명절단明截斷으로, 조동종풍은 향상向上을 해명하는 명향상明向上으로, 위앙종풍은 체體와 용用을 해명하고자 하는 명체용明體用으로, 법안종풍은 유심唯心을 해명하는 명유심明唯心이라 하여 그 요지를 밝히고 있다.

다음은 『강요』 전체를 파악하기 위해 그 내용을 간략하게나마 정리해 본 것이다.

2) 내용

(1) 서문

환성지안 선사의 제자인 함월해원은 서문에서 이 책의 편찬 동기와 목적에 대해 다음과 같이 밝히고 있다.

"다섯 종파는 모두 무無 가운데에서 미묘한 곡조로 목청을 고르고 곡조를 바꾸었는데, 그 이름과 모양이 아주 많고 여러 전적에 산재해 있는 까닭에 학자들은 그 오묘함을 규명하지 못함이 병이 되었다. 이에 환성 화상께서 여러 전적들 가운데 요긴한 뜻만을 채집하여 '오종강요五宗綱要'라 하였다."[12]

---

12 환성지안, 『선문오종강요』 「선문오종강요서」(韓佛全 9, 459上), "五派之家 盡向無中 唱出妙曲 改聲換調 名相頗多 散在諸篇 故學者未窺其奧而病矣 喚惺和尙 採集諸 篇中要義 曰五宗綱要."

환성지안이 주요 전거로 삼았던 전적은 선대의 청허휴정이 저술한 『선가귀감』이다. 청허휴정은 앞에서도 언급한 바와 같이 송대 회암지소(晦巖智昭, ?~1188)의 『인천안목』을 참조하였다고 밝히고 있다. 환성지안의 제자인 함월해원도 역시 이 두 전적과 함께 여러 선적에 의거해 선종 5가의 요강을 채집하여 수록하였다고 밝히면서 여기에 조동 오위 부분은 제자인 함월해원이 『보경삼매본의寶鏡三昧本義』 등을 참조하여 일부를 보완 수정한 것이라 밝히고 있다.[13]

또한 함월해원은 「서문」에서 『선문오종강요』는 선종 5가에 대해 간략하게 설명한 것이며, 큰 나무의 가지치고 근본 없는 가지는 없으니 하나의 법이 나뉘어 양종兩宗이 되고, 이 두 개의 양종 역시 다섯 갈래(五宗)를 이루었으며, 그 가지와 갈래에 근원과 근본이 있음을 확연히 알 수가 있다고 설한다.[14]

아울러 이 소식은 가섭迦葉 이래로 오직 한 사람에만 전수되어 조계의 육조혜능六祖慧能에까지 이르렀고, 조계의 문하에 남악회양과 청원행사 두 분의 법이 살殺과 활活의 양종으로 나뉘게 되었다. 청원의 문하에서 하나의 종파가 나왔는데 이것이 바로 조동曹洞이고, 남악의 문하에서는 네 종파가 나왔으니 임제臨濟·운문雲門·위앙潙仰·법안法眼으로

---

13 환성지안, 앞의 책(韓佛全 9, 459上), "…於曹洞五引莉溪師之註 通其義顯其要." "曹 洞五位에 대해서는 莉溪 스님의 주석을 인용해 그 의미를 통하게 하고 그 요지를 드러냈다."
　 莉溪는 청나라 스님으로 생몰 연대는 확실하지 않다. 그가 해석하고 行策이 기술한 『寶鏡三昧本義』가 전한다.
14 환성지안, 성재헌 역, 앞의 책, pp.13~14.

두 종이 다섯 가문을 이룬 배경을 밝히고 있다.[15] 그리고 이 다섯
종파는 모두 무無 가운데서 미묘한 곡조를 뽑아 목청을 골라 곡조를
바꾸었는데 그 이름과 모양이 매우 많아서 여러 전적에 산재해 있다.
학자들이 그 오묘함을 규명하지 못하는 것이 병으로 이에 환성 화상께
서 여러 전적들 가운데 요긴한 뜻만을 채집하여 '오종강요五宗綱要'라
하였으니 잘못된 부분을 바로잡고 빠진 부분을 보완하였으며, 조동
오위에 대해서는 형계 스님의 주석을 인용하였고, 운문 삼구에 대해서
는 청산수 스님의 해석을 인용하였음을 밝히고 있다.[16] 아울러 이
모든 것이 앞선 현자들의 저술에 의존한 것이지 개인의 흉중의 소견은
조금도 있지 않다고 하며 함월해원은 그 소회를 표현하고 있다.[17]

이렇게 환성지안의 제자인 함월해원은 '스승의 자리에 걸터앉아
불자를 쥔 자가 이를 도외시하지 않을 것이며 종풍을 판별하고 증명하
고자 하였으니, 근원과 근원에 투철한 자가 있다면 갈등이 붙을 자리가
없다'고 하였으며, 앞서 환성지안 화상께서 채집하시고 지금 자신이
판각하는 것이 마치 까마귀가 참새를 키운 꼴이라고 비유하면서 비방
을 초래할까 두렵다고 밝힌다.[18]

환성지안은 『선문오종강요』의 본문에서 선종 5가 중 임제종을 가장
우선순위로 두고 그 내용을 다른 종파에 비해 많은 분량을 할애하여
더욱 세세하게 설명하고 있다. 다음은 임제종에 대해 간략하게 그

---

15 환성지안, 성재헌 역, 앞의 책, pp.23~24.
16 환성지안·백파긍선, 김호귀, 앞의 책, pp.11~12.
17 환성지안, 성재헌 역, 앞의 책, p.11.
18 환성지안, 성재헌 역, 앞의 책, p.24~25.

요지를 고찰해 본 것이다.

(2) 본문

가. 임제종(機와 用을 밝히다)

가) 임제종의 강요를 한마디로 정리하면 "맨손에 한 자루의 칼로 부처를 죽이고 조사를 죽인다."로 표현할 수 있다.[19] 환성지안이 선종 5가에 대해 『인천안목』과 함께 가장 많이 인용한 청허휴정의 『선가귀감』「임제 가풍」에서도 다음과 같이 설한다.

> "옛날에 지금의 일을 삼현三玄과 삼요三要로 가르고, 용인지 뱀인지
> 는 빈주賓主로 시험하고, 금강왕보검金剛王寶劍을 손에 쥐고 대와
> 나무에 붙은 정령들을 소탕하고 사자의 완전한 위엄을 떨쳐 여우의
> 간담을 찢어버린다. 임제종을 알고 싶은가? 마른하늘에 천둥번개
> 가 요란하고 평지에 풍파를 일으키네."[20]

나) 임제 삼구三句에서는 그 뜻에 대한 풍風 법사와 월月 선객의 문답을 수록하고 있다. 『선가귀감』에서도 임제 삼구에 대해 "맨손에 칼 하나를 품고 부처를 초월하고 조사를 초월하니 삼세의 고금을

---

19 임제종에 관한 이상의 설명은 『禪家龜鑑』「臨濟家風」(韓佛全 7, 644下)과 『人天眼目』「臨濟門庭」(T48, 311b), "靑天轟霹靂 陸地起波濤…."

20 休靜, 『禪家龜鑑』「臨濟家風」(韓佛全 7, 644下), "赤手單刀殺佛殺祖辨古今於玄要驗 龍蛇於主賓 操金剛寶劍 掃除竹木精靈 奮獅子全威 震裂狐狸心膽 要識臨濟宗麽靑天 轟霹靂 平地起波濤."

삼현과 삼요로 변별하고, 용과 뱀의 학인을 주빈으로 시험하고, 금강보검으로 나무에 붙은 정령들을 쓸어버리고 사자의 위용으로 여우와 너구리의 간담을 찢어버린다."고 하면서 이것이 바로 임제종지임을 밝히고 있다.[21]

『인천안목』에는 임제 선사께 어떤 스님이 무엇이 참 부처이고 참도냐고 하면서 가르침을 청한다고 하자, 임제 선사는 "부처란 마음이 청정한 것이며, 법이란 마음의 광명이고, 도란 어디에도 걸림이 없는 깨끗한 광명이다."라고 답하고 있다.[22]

또한 임제 선사는 "이 세 가지가 곧 하나이니, 모두 공하여 실제로 존재하는 것도 없다."라고 설하면서 "따라서 오늘 이 산승의 견처가 곧 부처이자 조사와 다르지 않으며, 만약 1구에 이를 깨닫게 된다면 부처와 조사의 스승 노릇을 할 것이고, 제2구에서 이를 깨닫는다면 사람과 천신들의 스승 노릇을 감당할 것이며, 제3구에 깨닫게 된다면 자기 자신도 구제할 수 없을 것이라 한다."[23]고 하였다. 이에 대해서

---

21 환성지안, 앞의 책, 「三句」(韓佛全 7, 460上), "第一句喪身失命 第二句未開 口錯第三 句糞箕掃箒."

22 회암지소, 『인천안목』 卷1(T48, 301b), "師因僧問 如何是眞佛眞法眞道 乞垂開示 師 云 佛者心淸淨是 法者心光明是 道者處處無礙淨光是."
임제 선사와의 문답은 『鎭州臨濟慧照禪師語錄』(T47)과 『景德傳燈錄』 卷 12(T51, 301b)에 수록되어 있지만 일치하지 않고, 이에 해당하는 문장이 『人天眼 目』 卷1(T48, 301b)에 수록된 문장과 일치하는 것으로 보아 이를 『人天眼目』에서 인용한 것으로 보아야 한다.

23 회암지소, 앞의 책(T48, 301b), "…三卽一皆空而無實有 如眞正道人 念念不 間斷 達 磨大師 從西土來 只是覓箇不受 惑底人 後遇二祖 一言便了 始知從前虛用工 夫 山僧 今日見處 與佛祖不別 若第一句中薦得 堪與 佛祖爲師 若第二句中薦得

『임제록』을 보면 "어떤 스님이 묻기를, 그렇다면 어떤 것이 제1구냐고 묻자, 임제 선사는 삼요三要의 도장이 드러나 붉은 점들이 다닥다닥 하지만 주인과 손님을 나누려는 어림짐작조차 어렵없다."고 답하면서, 청풍 법사는 "앞의 구절은 먼저 관조하고 뒤에 활용한 것이고, 뒤의 구절은 먼저 활용하고 뒤에 관조한 것이며, 제2구에 대해 임제 선사께서는 묘희妙喜[24]가 어찌 무착無着의 질문을 허용하리요마는 구화(방편 승지)로야 어찌 흐름을 끊는 근기를 져버릴 수 있을 것인가!"라고 했다고 설하고 있다. 청풍 장로는 이에 대해 앞 구절은 진실을 드러낸 것이고 뒤 구절은 방편을 보여주는 것이라 하면서, 제3구는 임제 스님께서 "무대 위의 꼭두각시놀음과 같이 밀고 당기기는 모두 그 속에 있는 사람들이 하는 것이니, 나한을 만나면 나한의 법을 설하고 아귀를 만나면 아귀의 법으로 대처해야 한다고 설하고 있다."[25]고

堪與 人天爲師 若第三句中薦得 自救不了."

24 臨濟慧照玄公大宗師, 『鎭州臨濟慧照禪師語錄』(T47, 497a), "上堂 僧問 如何是第一句 師云 三要印開朱點 側 未容擬議主賓分."

회암지소, 『인천안목』(T301b), "如何是第一句 風穴以下答附 師云 三要印開朱點 窄 未容擬議主賓分 風穴云 隨聲便喝道 吾眞云 直下衝雲際 東山絶往來 海印信云 那吒忿怒 雲峯悅云."

25 臨濟慧照玄公大宗師, 『鎭州臨濟慧照禪師語錄』(T47, 497a), "問 如何是第二句 師云 妙解豈容無著問 漚和爭負截流機 問 如何是第三句 師云 看取棚頭弄傀儡 抽牽都來裏 有人 師又云 一句語須具三玄門 一玄門須具三要 有權 有用 汝等諸人 作麼生會 下座 如何是第二句 師云 妙解豈容無著問 漚和爭負截流機 穴云 未開口 前錯 吾云 面前渠 不見 背後稱冤苦 印云 衲僧罔措 峯云 萬里崖州 如何是第三句 師云 看取棚頭弄傀儡 抽牽元是裏頭人 穴云 明破則不堪吾云 頭上一堆塵 脚下三尺土 印云西天此土 峯云 糞箕掃帚."

하면서 다음과 같이 밝히고 있다.

다) 삼현三玄은 체중현體中玄·구중현句中玄·현중현玄中玄으로 여
기에서도 임제의현의 법문을 인용하고 있다.[26]

『인천안목』에서 임제 선사는 "모름지기 종승을 크게 알리려면 하나
의 구절에 삼현의 의문을 갖추고 하나의 현玄 가운데 모름지기 삼요를
갖추어야 하니, 이는 방편도 있고 진실도 있고 관조도 있고 활용도도
있다."라고 설하고 있다.[27]

회암지소, 앞의 책(T48, 301c), "垂手過膝 如何是第二句 師云 妙解豈 容無著問
漚和爭負截流機 穴云 未開口前錯 吾云 面前渠不見 背後稱冤 苦印云 衲 僧罔措
峯云 萬里崖州 如何是第三句 師云 看取棚頭弄傀儡 抽牽元是裏 頭人 穴云明破則
不堪 吾云頭上一堆塵 脚下三尺土 印云 西天此土 峯云 糞箕掃帚 慈明示衆云
先寶應日 第一句 薦得堪與佛祖爲師 第二句薦得 堪與人天爲師 第三句薦得 自救
不了 山僧卽不然 第一句薦得 和泥合水 第二句薦得 無繩自縛 第三句薦得 四稜著
地 所以 道 起也海晏河淸行人避路 住也乾坤黯黑日月無光 汝等諸人 何處出氣
如今還有出氣 者麼 有卽出來對衆出氣看 若無山僧今日與爾出氣去也 乃噓一聲
卓拄杖下座 石門聰云 第一句薦得石裏迸出 第二句薦得挨拶將來 第三句薦得 自
救不了."

『임제록』(T47, 497a)과 『인천안목』(T48, 301c)에는 '妙解'로 되어 있다.

26 환성지안, 앞의 책, 「三玄」(韓佛全 7, 460上), "大凡一句中具三玄 一玄中具三要一句
無文綵印 三玄三要 有文綵印 權實玄照用要."

27 회암지소, 앞의 책(T48, 311b), "…臨濟曰 一句語 須具三玄門 一玄門須具三要
大機 大用 其容以句義名數 劈[37]析之邪 諸方問答玄要 亦只言如何是第一第二第
三 汾陽偈 曰 三玄三要事難分 得意忘言 道易親 一句明明該萬像 重陽九日菊花新
至古塔主始 爲體中玄句中玄玄中玄 而三要 則說之不行 付諸瞒肝而已 此篇說臨
濟門頭戶底 則且 從至三玄三要則又墮塔主之覆轍矣 不可不辨."

그 첫 번째로 체중현을 들어 "이는 삼세가 일념이라는 것이고, 둘째로 구중현은 지름길로 잘라 들어가는 언구이며, 셋째 현중현은 침묵하고 몽둥이를 휘두르며 고함을 치는 것을 말한다."[28]고 설한다.

라) 삼요三要, 즉 대기원응大機圓應·대용전창大用全彰·기용제시機用齊施에 대해서는 대혜종고(大慧宗杲, 1089~1163) 선사의 해설을 인용하고 있다.[29] 첫째는 대기가 원만히 응하는 것인 대기원응大機圓應이며, 셋째는 대기와 대용이 가지런히 행해지는 기용제시機用齊施이다. 그 의미는 조용동시照用同時와 이름만 다를 뿐 기機란 기계 장치이니, 하나의 동인으로 기機를 건드리면 백 개의 장치인 관關이 함께 발동하는 것과 같아서 건드리지도 않고 발동하지도 않은 바로 그때를 대기大機라 한다. 이는 원만히 응한다는 뜻으로 대용大用의 기機이다. 건드려서 발동되었을 때에는 대용이라 하고, 이는 곧바로 끊는다는 뜻이기 때문에 이것은 대기大機의 용用이다. 하나의 요要를 얻음에 따라 곧바로 삼현과 삼구를 신속히 초월하게 된다. 이처럼 백장이 얻은 대기와 황벽이 얻은 대용은 마조의 일할을 직접 계승하지 않음이 없어 혁혁하게 임제의 근본 종지가 되는 것이니, 환성지안은 이것이야말로 곧바로 임제의 종지임을 밝히고 있다.[30]

---

28 회암지소, 앞의 책, 「臨濟門庭」(T48, 311b), "…三玄者 玄中玄 體中玄 句中玄 三要 者 一玄中 具三要 自是一喝中 體攝三玄三要也…."

29 환성지안, 앞의 책, 「三要」(韓佛全 7, 460中), "一要照卽大機 二要照卽大用 三要照 用同時…."

30 환성지안, 성재헌 역, 앞의 책, 「三要」, pp.31~32.

삼요에서 청풍이 말하기를 구는 언구의 구이고 구는 차별을 표현하는 것이다. 현은 유현幽玄의 현이니 현은 판단할 수가 없다. 현玄과 요要는 성요省要의 요이니 요에는 많은 것이 없다고 하면서 현과 요는 구에 있고, 방편과 진실은 현에 있으며, 관조와 활용은 요에 있어 각기 마땅한 바가 있으니 함부로 어지럽혀서는 안 된다고 하여, 무릇 조사의 심인을 모든 부처님의 법인이라고도 설하고 있다.[31]

이에 지금 삼요로써 문양을 삼았기 때문에 삼요의 도장이라 하면서 그 실제는 곧 달마께서 전하신 문양 없는 도장을 말하니, 이 도장을 들어 허공에 찍고 뭉개더라도 자취가 없기에 그저 삼요라고 부를 뿐이라 한다. 또한 이를 '조짐도 자취도 없는데 왜 삼요라 하냐'고 호월이 물어, 이에 대해 청풍이 한 차례 '할'을 하고 답하기를 '어느 곳에 떨어졌냐'고 묻고 있다. 호월이 깜짝 놀라 어리둥절해 하자, 청풍은 답하기를 '문양이 없기만 하다면 어떻게 도장이라 하겠는가?' 하면서 '허공에 자취가 남지 않는다면 누가 도장을 받았다고 하겠느냐'고 하고, 이름도 법수도 없는 가운데 삼요를 판별할 수 있어야 하나니 매우 자세히 살펴보아야 한다고 역설한다.[32] 또한 이 한 번의 할이 관조이고 활용이라 설하고 있는데, 이처럼 백장 선사의 대기와 근기가 들어가는 곳은 바로 위음왕불[33] 이전에 있으니, 비로자나불을 초월하여

31 환성지안, 성재헌 역, 앞의 책, 「三要」, pp.32.
32 환성지안, 성재헌 역, 앞의 책, 「三要」, p.33.
33 『妙法蓮花經』「常不輕菩薩品」에 등장하는 부처님. 공겁에 최초로 성불한 부처님으로, 아득한 옛날, 시초란 뜻으로 쓰이며, 宗門에서는 本分向上 實際理地를 뜻한다.

대총지를 얻을 수 있다.[34]

　따라서 제1구에 깨달으면 부처와 조사의 스승이 될 것이고, 제2구에 대해서 청풍은 연이어 할을 하고 말하기를 '몇 번 했는가?' 하자, 호월 선객이 '세 번'이라고 답하자, 청풍은 이에 대해 그런 것은 진실이 아니며 방편이니, 이런 방편문에 나아가 삼현이란 명칭을 수렴하게 된 것이라 설한 바 있다.[35]

　호월이 왜 삼현이라는 명칭을 붙였는지 물었는데, 이에 대해 청풍은 삼요의 도장을 들어, 곧장 물에 찍었을 때 이루어지는 문채를 바로 삼현이라 부르니, 이는 여러 색깔을 섞은 기색으로 청색과 백색을 섞은 것을 창이라 하고, 청색과 검은 것을 현이라 한다고 답한다.[36]

　이것은 이 세 가지가 뒤섞이면 볼 수도 없고 변화시킬 수 없다는 것을 비유한 것이다. 이는 즉 그 방편이 진실을 바로 밝히는 것으로 이를 판별하여 이치로서 성품이 끝이 없고, 현상으로서의 모습밖에 없음을 보게 되면 바른 지각을 갖추게 되어 이른바 제2구에서 깨달으면 인간과 천신들의 스승이 된다고 하니, 호월이 다시 묻기를 '제3구는 무엇인가요?' 하자, 청풍은 '지금 나와 그대가 말하고 들으며 묻고 답하는 것이 일찌감치 제3구에 떨어진 것이니 현과 요도 그 가운데 있다'고 한다. 호월이 다시 '제3구에서 다시 삼구를 말씀하시는 이유는 무엇인지'에 대해 묻자, 이에 대해 청풍이 답하기를 '여기에 이르러 교화의 문을 하나 세워서 번잡하게 법문을 설하여 거꾸로 사용하거나

---

34 환성지안, 성재헌 역, 앞의 책, 「三要」, pp.32~33.
35 환성지안, 성재헌 역, 앞의 책, 「三要」, pp.33.
36 환성지안, 성재헌 역, 앞의 책, 「三要」, pp.33~34.

멋대로 거론하는 것과 같다'고 한다.[37]

이는 원오 스님께서 작가란 삼요의 도장을 지니고 허공에 찍거나 물에 찍거나 진흙에 찍어 사람을 시험하는 자라고 한 것과 같다. 이는 또한 모든 구절 가운데의 일이니 절대 잘못 알지 말 것을 당부하고 있다. 혹여 다른 사람의 말이나 구설에 막혀서 다른 사람의 빛과 그림자를 인지할 수 있다면 자신도 구제할 수 없으니, 이에 대해 앞에서 임제 선사도 설한 바와 같이 소위 삼구에서 깨달으면 자신도 구제할 수 없다고 한다.[38]

마) 사료간四料揀은 구인불탈경奪人不奪境·탈경불탈인奪境不奪人·인경양구탈人境兩俱奪·인경구불탈人境具不奪로 임제와 극부도자(克符道者, ?~?)와의 문답과 남원혜옹(南院慧顒, 860~930)과 풍혈연소(風穴延昭),896~972)와의 문답에 대해 대혜종고의 법문을 발췌하여 수록하고 있다.[39] 이에 대해 『임제록』에는 어떤 스님과의 문답으로만 기록되어 있는데, 『경덕전등록』 권12에는 탁주涿州의 지의화상紙衣和尙과 극부克府의 문답으로 기록되어 있다.[40] "극부 상좌가 무엇이 탈인불탈경奪人不奪境냐고 묻자, 임제 선사가 답하기를 따뜻한 햇살이 생령을 소생시키니 대지가 금빛으로 뒤덮이고 어린아이가 늘어뜨린

---

37 환성지안, 성재헌 역, 앞의 책, 「三要」, pp.33~34.

38 환성지안, 성재헌 역, 앞의 책, 「三要」, p.34.

39 환성지안, 앞의 책, 「四料揀」(韓佛全 7, 460下), "奪人奪境待根 奪境不奪人待中根 人境兩俱奪 待上根 人境俱不奪 待出格人."

40 『景德傳燈錄』 卷12(T51, 295c), "奪人不奪境…涿州 紙衣和尙 克府…."

머리카락이 실처럼 하얗다고 한다. 이에 대해 대혜 선사는 한 구절은 경계를 남겨둔 것이고 한 구절은 사람을 빼앗은 것이라 한다. 또한 무엇이 경계는 빼앗고 사람은 빼앗지 않는 경계인지에 대해 임제 선사는 답하기를 왕의 명령이 이미 온 천하에 시행되니 장군은 변방에서 전쟁을 멈춘다고 하면서, 이에 대해 대혜 선사는 앞 구절은 경계를 빼앗은 것이고 뒷 구절은 사람을 남겨 둔 것이다."라고 설하고 있다.[41]

또한 임제 선사는 사람과 경계를 둘 다 빼앗는 것에 대해 "병주幷州와 분주汾州가[42] 교신마저 끊긴 채 오로지 한 지방만을 차지하고 있다."고 한다. 이에 대해 대혜 선사는 사람과 경계가 있기만 하면 그 면목을 모조리 빼앗아 버린다고 설하며, 또한 임제 선사는 사람과 경계를 모두 빼앗지 않는 것에 대해 임금은 보배 궁전에 오르고 시골 노인은 태평가를 부른다고 하고, 대혜종고는 이에 대해 사람과 경계를 모두 빼앗지 않는 것이라 설하고 있다.[43]

또한 남원南院[44]이 풍혈風穴[45]에게 묻기를 '사료간은 어떤 법을 헤아려 가려내는 것이냐'고 하였는데, 이에 대해 풍혈은 답하기를 '모든 언설에 막힘이 없지만 식정이 곧 성스럽다는 견해에 떨어지는 것이야말로

---

41 환성지안, 성재헌 역, 앞의 책, 「四料揀」, p.36.
42 병주幷州와 분주汾州는 지명이다.
43 환성지안, 성재헌 역, 앞의 책, 「四料揀」, p.37.
44 남원혜옹(南院慧顒, 860~930), 중국의 흥화존장興化存奬의 법을 이어 여주汝州 보응원普應院에서 임제종풍을 널리 선양하였다.
45 풍혈연소(風穴延沼, 896~973)는 중국 스님으로 천태의 교학을 수학한 뒤 경청도부鏡淸道怤에게 참학하고 남원혜옹의 법을 이었다. 후에 汝州 風穴寺에서 개당하여 임제종풍을 선양하였다.

수행자들의 큰 병으로, 선대의 성인께서는 이를 가엾게 여겨서 방편을
설하시기를, 이는 마치 쐐기로 쐐기를 뽑는 것과 같다'고 묘사한다.[46]

바) 사빈주四賓主는 빈중빈賓中賓·빈중주賓中主·주중빈主中賓·주
중주主中主인데, 이에 대해 청허휴정의 『선가귀감』에서 인용하고 분양
선소(汾陽善昭, 947~1024)의 법문을 발췌하여 수록하고 있다.[47] 빈중빈
이란 손님 가운데 손님으로 학인에게 콧구멍[48]이 없으면서도 질문하고
대답도 하는 것을 뜻한다. 분양[49]이 말하기를 '종일토록 붉은 먼지를
날리면서 자기 집 보배는 모르는구나!'라고 한다. 빈중주에 대해서는
손님 가운데 주인으로 학인에게 콧구멍이 있어 주인도 있고 법도
있는 것으로, 분양은 말하기를 '옷 속의 보배를 알아차리면 단정히
앉아 구분할 줄 안다'고 설하고 있다. 주중빈은 주인 가운데 손님으로
스승에게 콧구멍이 없어 질문만 하는 것을 말하며, 분양은 이에 대해
'쇠갈고리를 사해에 던져도 달빛은 등불의 밝음을 이어간다'고 설한다.
주중주에 대해서는 스승에게 콧구멍이 있어 기특함을 방해하지 않는
것으로, 이에 대해 분양은 '해와 달이 높이 또 온 우주를 비추니 웅장한

---

46 환성지안, 성재헌 역, 앞의 책, 「四料揀」, pp.37~38.

47 환성지안, 앞의 책, 「四賓主」(韓佛全 7, p.461上), "賓中賓 學人無鼻孔 有問有答
   賓中主 學人有鼻孔 有主有法 主中賓 師家無鼻孔 有問在 主中主 師家有鼻孔
   不妨奇特."

48 콧구멍(비공鼻孔): 선종에서는 본래면목을 상징한다.

49 분양선소(汾陽善昭, 947~1024): 중국의 太原 출신으로 법명은 선소善昭이고, 시호는
   무덕선사無德禪師로, 수산성념首山省念 회하에서 대오하고 분양의 太子院에 주석
   하면서 임제종의 종풍을 선양하였다.

음성을 크게 떨쳐 초나라의 노래를 부른다'고 설하고 있다.[50]

사) 사조용四照用은 이른바 선조후용先照後用·선용후조先用後照·조용동시照用同時·조용부동시照用不同時로, 『선가귀감』에서 인용하고 낭야혜각(瑯琊慧覺, ?~?)의 법문을 발췌한 것이다.[51] "조照란 안을 관조하여 통달하는 것이고 용用이란 활용이 밖으로 드러나는 것으로, 봉화가 급하게 타오르는 것은 성인의 일이며 오랑캐가 흉흉한 것은 변방의 일과도 같은 것이다. 여기에 선조후용은 먼저 관조하고 뒤에 활용하는 것은 사람이 있는 것이고, 선용후조는 먼저 활용하고 뒤에 관조하는 것은 법이 있는 것이며, 조용동시는 관조와 활용이 동시인 것으로 밭가는 소를 몰고 가버리고 굶주린 자의 밥을 빼앗는 것이고, 조용부동시는 관조와 활용이 동시에 아닌 것으로 질문도 있고 대답도 있는 것을 말한다. 또한 먼저 관조하고 뒤에 활용하는 선조후용은 사자가 발톱과 이빨을 드러내는 것과 같고, 선용후조는 먼저 활용하고 뒤에 관조하는 것으로 거침없는 코끼리 왕의 용맹과 위의를 말하며, 조용동시란 물을 만난 용이 비를 뿌리며 구름을 타고 비상하는 것과도 같다고 한다. 조용부동시는 관조와 활용이 동시가 아닌 것으로 어린아이를 칭찬하고 갓난아이를 쓰다듬듯이 하는 것이라고[52] 낭야琅琊[53]는

---

50 환성지안, 성재헌 역, 앞의 책, 「四賓主」, pp.39~40.

51 환성지안, 앞의 책, 「四照用」(韓佛全 7, 461上), "…先照後用 有人在 先用後照 有法 在 照用同時 驅耕奪食 照用不同時 有問有答."

52 환성지안, 성재헌 역, 앞의 책, 「四照用」, pp.40~41.

53 낭야광조(琅琊廣照, ?~?): 송나라 때 스님으로 생몰연대는 미상이다. 분양선소의

설한다.

또한 『인천안목』에서는 "이것이 고인께서 건립하신 법문으로 이와 같이 합했는지 이와 같이 합하지 못했는지를 묻고, 항우를 피해 유방을 여장시켜 탈출하게 한 기신紀信 장군이 아홉 마리의 용이 끄는 수레에 오르는 격이며, 만일 합하지 못했다면 항우 장수가 천 리를 달린다는 오추마烏騅馬를 잃은 격이니, 어디 이 낭야를 위해 기염을 토할 자가 있는가? 라고 묻고, 없다면 이 산승이 스스로 말하리라 하면서 주장자를 치고 내려왔다."고 예를 들어 설하고 있다.[54]

아) 사대식四大式은 "네 가지 큰 법으로 이는 삼현三玄을 벗어나지 않는다."고 한다.[55] "최고의 이익은 소림에서처럼 면벽하는 부류이고, 평상平常은 화산禾山[56]처럼 북을 두드리는 부류이며, 본분本分은 산승

법을 받아 滁州 琅琊山에서 임제종의 종풍을 선양하였으며, 당시 운문종의 설두중현과 더불어 2대 감로문으로 칭송되었고, 시호는 광조선사廣照禪師이다.

54 회암지소, 『人天眼目』 卷1 「照用問答」(T48, 304中), "…或先照後用 或先用後照 或照用同時 或照用不同時 先照後用 且共汝商量 先用後照 汝也是箇人始得 照用同時 汝 作麼生當抵照用不同時 汝作麼生湊泊 琅琊覺云 先照後用 露師子之爪牙 先用後照 縱 象王之威猛照用同時 如龍得水致雨騰雲 照用不同時 提獎嬰兒 撫憐赤子 此古人建立 法門 爲合如是 不合如是 若合如是 紀信乘九龍之輦 不合如是 項羽失千里之騅 還有 爲琅琊出氣底麼 如無山僧自道去也 卓拄杖下座."

55 환성지안, 앞의 책, 「四大式」(韓佛全 9, 461中), "四大式 此四大式不出三玄 正利少林 面壁類 平常禾山打皷類 本分山僧不會類 貢假達摩不識類."

56 화산무은(禾山無殷, 884~960)은 吉州의 화산 선사를 말한다. 어느 날 무은 선사가 익히고 배우는 것은 聞이요, 배움에 그친 것은 隣이라 하고, 이 두 가지를 모두 넘어선 것을 眞이라 한다고 설하였는데, 한 스님이 무엇을 眞이라 하냐고 묻자

처럼 이해하지 못하는 부류이며, 가짜를 바치는 것은 달마[57]처럼 모른
다고 하는 부류다."[58]라고 밝히고 있다.

자) 사할四喝[59]은 금강왕보검과도 같은 할로 모든 일체 망정과 알음알
이를 한 칼에 잘라버리는 것으로, 이는 체할體喝이며 주인이 사용하는
것이라 설한다.

또한 "이는 마치 웅크린 사자와 같은 할을 꺼내 기염을 토하면
온갖 마귀들의 뇌가 찢어지며, 용할用喝은 손님이 사용하는 것으로
탐색하는 간짓대나 물고기를 유인하는 풀과 같은 것이며, 이는 스승에
게서 계승한 콧구멍이 있는지 없는지를 탐색하는 것이니 손님과 주인
이 함께 사용하면서 하나의 할이 하나의 할로만 작용하는 것이 아니라
는 것으로, 앞의 삼현과 사빈주를 모두 갖춘 것을 말하며 한계가

스님께서는 북을 칠 줄 아는 것이라 답하였고, 연이은 다른 질문에도 계속
북을 칠 줄 아는 것이라야만 한다고 한다.

57 달마대사와 양무제의 문답에서 서로 계합하지 못하자 양무제가 '짐을 대하고
있는 그대는 누구인가?' 하고 물었으며, 달마는 '모르겠다'고 답하여 더 이상의
문답을 허락하지 않았다고 한다.

58 환성지안, 성재헌 역, 앞의 책, 「四大式」, p.42, * 「四大式」의 내용은 4줄뿐이다.
"이 네 가지 큰 법식은 三玄을 벗어나지 않으며, 최고의 이익은 少林에서처럼
面壁하거나 平常은 禾山처럼 북을 두드리는 부류이니, 本分은 산승처럼 이해하지
못하고 가짜를 바치는 것(貢假)은 達摩처럼 모른다고 하는 부류임을 밝히고
있다."

59 환성지안, 앞의 책, 「四喝」(韓佛全 7, 461中), "金剛王寶 劍一刀揮斷一切情解
踞地獅 子 發言吐氣 衆魔腦裂 探竿影草 探其有無師承鼻孔 一喝不作一喝用 具上
三玄 四賓 主等."

98

없다는 것을 뜻한다."고 밝히고 있다.[60]

차) 팔방八棒[61]을 『선가귀감』에 근거하여 요약, 정리하고 있다. 팔방에 대해 『인천안목』에 주석이 있으니 검토하여 읽어보라고 하였으나, 정작 『인천안목』에는 주석을 찾아볼 수 없다.[62]

팔방[63]이란 명령을 위반하고 현지를 거스를 때 쓰는 봉촉령반현棒觸令返玄과 근기를 맞아 망정을 쓸어버리고자 바른 이치에 따라 때리는 방인 접소종정接掃從正이 있으며, 현묘함에 묶여 바른 이치를 손상할 때 때리는 방인 고현상정靠玄傷正과 종지에 순응할 때 때리는 방으로 순종지順宗旨와 허와 실을 점검하려고 때리는 방인 유허실有虛實이 있으며, 봉사나 애꾸눈의 도리깨질과 같은 방으로 맹가할盲枷瞎과

---

60 환성지안, 성재헌 역, 앞의 책, 「四喝」, pp.42~48.

61 환성지안, 앞의 책, 「八棒」(韓佛全 7, 461下), "觸令返玄 接掃從正靠玄傷正 苦責罰棒 順宗旨 賞棒有虛實辨棒 盲枷瞎棒掃除 凡聖正棒…."

62 팔방에 대해 『人天眼目』에 주석이 있다고 하였으나 여덟 가지 방에 대해 설명한 전적은 『禪家龜鑑』(X63, 754a)과 『宗門玄鑑圖』(X63, 748b), 『五家宗旨纂要』卷上(X65, 260b)으로 『宗門玄鑑圖』에는 팔방에 대해 비교적 자세히 설명되어 있으며, 『五家宗旨纂要』에는 三山登來의 설명을 첨부하였는데, 여기에 소개된 팔방은 주로 『禪家龜鑑』의 것과 가장 유사한 내용이다.

63 「八棒」: 명령을 위반하고 현지를 거스를 때 때리는 방(觸令返玄), 근기를 맞이하여 망정을 쓸어 없애고자 바른 이치에 따라 때리는 방(接掃從正), 현묘함에 묶여 바른 이치를 손상할 때 때리는 방(靠玄傷正), 종지에 순응할 때 때리는 방(順宗旨), 허와 실을 점검하려고 때리는 방(有虛實), 봉사나 애꾸의 도리깨질 같은 방(盲枷瞎), 따끔하게 나무라는 방(苦責), 범부와 성인을 쓸어 없애는 방(掃除凡聖)의 8가지 방을 말한다.

따끔하게 나무라는 고책苦責과 범부와 성인을 쓸어 없애는 소제범성掃際凡聖이 있다.[64]

이상으로 『강요』에서는 "삼구와 삼현, 삼요과 팔방 등이 단지 임제종풍의 것만이 아니라 위로는 모든 부처님으로부터 아래로는 모든 중생에 이르기까지 모두에게 해당되는 일이며, 만약 이를 조금이라도 벗어나 법을 설하게 된다면 모조리 거짓말이다."[65]고 하였듯이 임제종풍의 엄정한 가풍에 대해 세세하고도 엄중하게 밝히고 있다.

또한 『강요』의 선종오가에 대한 요지는 앞에서도 논의한 바와 같이 모두가 다 『선가귀감』에서 인용하였다는 것을 밝히고 있는데, 이는 말할 나위 없이 그가 서산휴정 법맥의 적통인 편양언기의 후손으로서 그 계승 의지를 확고히 하고자 함에 있다는 것을 알 수 있다.

나. 운문종

운문종에 대해 환성지안은 "주장자가 펄쩍 뛰어 하늘로 올라가고 찻잔 속에서 모든 부처님을 시설한다."고 밝히고 있다.[66]

첫머리에 밝힌 운문종의 강요 역시 『선가귀감』에서 인용하였으며, 이는 운문의 삼구에 해당하는 운문 스님의 법문과 그 제자 덕산연밀(德

---

64 환성지안, 성재헌 역, 앞의 책, 「八棒」, pp.43~46.

65 환성지안, 앞의 책, 「八棒」(韓佛全 7, 461下), "…三句三玄 乃至八棒等法 非特臨濟 上自諸佛 下至衆生 皆分上事 若離此說法 皆是妄語…."

66 환성지안, 앞의 책, 「雲門宗」(韓佛全 9, 461下), "劒鋒有路 鐵壁無門 掀翻露布葛藤 剪却 常情見解 迅電不及 思量烈焰 寧容湊泊 要識雲門宗麼 柱杖子 踔跳上天 盞子裡 諸佛設法."

山緣密, ?~?)이 정리한 함개건곤函盖乾坤·절단중류截斷重流·수파축
랑隨波逐浪의 삼구를 소개하고 이에 대한 청산수青山叟의 해석은 제자
인 함월이 보완한 것이다. 운문 선사가 눈으로 흝어보고는(고顧),
살펴보라(감鑑) 하고, 혹은 떨쳐 버리라(이咦)고 한 고감이顧鑑咦 '추고
推顧'에 대한 대목[67]은 바로 『인천안목』에서 발췌하여 인용한 것이다.
또한 이러한 질문에 한 글자로 간략히 답했던 운문 선사의 일자관一字關
을 소개하고 있으며, 운문 선사의 제자인 파릉호감(巴陵顥鑑, ?~?)의
삼구를 인용하고 있다.[68]

『선가귀감』에는 선종 5가의 전개 순서가 임제종 다음으로 조동종인
데, 환성지안의 『강요』에는 운문종이 두 번째로 등장하고 있으며
나머지 종파의 순서는 같다. 분량은 『강요』에서도 『선가귀감』과 마찬
가지로 운문종보다 조동종에 더 많은 지면을 할애하고 하고 있다.

다. 조동종

환성지안은 『강요』에서 조동종의 강요를 설하기를 '부처도 조사도
태어나기 전의 공겁 밖이요, 정위와 편위는 있다 없다 하는 틀에
떨어지지 않는다'고 설하고 있다.[69]

---

67 환성지안, 앞의 책, 「雲門宗」(韓佛全 9, 461下). "抽顧. 師每見僧以目顧之 卽曰鑑
或曰咦 而錄者曰 顧鑑咦 後圓明刪去顧字 但曰鑑咦 故叢林目之 曰抽顧." "운문
스님께서는 매번 스님들을 볼 때마다 눈으로 흝어보고는(顧) 곧 '살펴보라(鑑)'라
고 말씀하시고, 혹은 '떨쳐 버려라(咦)'라고 하셨다. 기록한 자가 이를 '고감이顧鑑
咦'라 하였는데, 뒤에 원명圓明이 '고顧' 자를 떼어내고, '감이鑑咦'라고만 하였다.
따라서 총림에서 이를 지목해 '고' 자를 뺐다(抽顧)고 하였다."
68 환성지안, 성재헌 역, 앞의 책, 「雲門宗」, pp.47~54.

또한 『선가귀감』에서 인용한 것으로 편정오위偏正五位인 정중편正中偏·편중정偏中正·정중래正中來·겸중지兼中至·겸중도兼中到를 소개하며 이에 대한 주석은 형계담연(荊溪湛然, 711~782)의 『보경삼매본의寶鏡三昧本義』에서 발췌한 것을 함월이 보완하여 설명하고 있다.[70]

또한 공훈오위(功勳五位: 향시向時·봉시奉時·공시功時·공공시共功時·공공시功功時)에 대한 동산양개(洞山良价, 807~869)의 법문을 소개한다. 아울러 자신이 본디 불성을 갖추고 있다고 보는 향시向時·오로지 수행에 전념하여 받들어 수행하는 봉시奉時·깨달음에 이르는 공시功時·깨달음을 의식하는 공공시共功時·깨달음도 놓아버려 어떠한 것에도 집착하지 않은 자유자재한 공공시功功時를 설하고 있다.[71]

다음으로는 군신오위君臣五位, 즉 군위君位·신위臣位·신향군臣向君·군향신君向臣·군신합君臣合에 대해 해설을 첨부하였다. 여기에 조산본적(曹山本寂, 840~901)의 삼타三墮, 즉 존귀타尊貴墮·이류타異類墮·수처타隨處墮를 소개하고 이에 대한 대양명안大陽明安의 해설을 붙였다. 또한 동산의 세 가지 삼루(洞山三種滲漏), 즉 견삼루見滲漏·정삼루情滲漏·어삼루語滲漏와 이에 대한 해설을 첨부하고, 동산의 삼강요三綱要, 즉 고창구행蠱唱俱行·구쇄현로鉤鎖玄路·불타성범不墮聖凡에 대해 소개하고[72] 해설을 덧붙여 보완하였다.

---

69 환성지안, 앞의 책, 「曹洞宗」(韓佛全 9, 462下), "權開五位善接三根 橫抽寶劍 斬諸 見稠林 妙恊弘通 截萬機穿鑿 威音那畔滿目烟光 空劫已前 要識一壺風月 曹洞宗麼佛祖未生空劫外 正偏不落有無機."

70 환성지안, 성재헌 역, 앞의 책, 「曹洞宗」, pp.56~66.

71 환성지안, 성재헌 역, 앞의 책, 「曹洞宗」, pp.66~71.

102

라. 위앙종

위앙종에 대해서도 환성지안은『강요』에서 "스승과 제자가 함께 노래
하고 아버지와 아들이 한 집에 살면서 옆구리 아래에 글자를 쓰니,
머리에 뿔이 돋고 방안에 사람을 시험하니 사자의 허리가 꺾이고
4구 백비를 끊고 한 방망이로 박살을 내며, 입은 두 개이며 혀는
한 개도 없지만 아홉 구슬 구멍을 통과하는 것과 같다."고 설하고
있다.[73]

이도 역시『선가귀감』에서 인용하였는데,『강요』에서는 삼종생三種
生, 즉 상생想生·상생相生·유주생流注生을 소개하고 이에 관련된 석불
충石佛忠 선사의 법문을 첨부하여 보여준다.[74]

마. 법안종

법안종에 대해서 환성지안은『강요』에서 "말에 메아리가 있고 구절
속에 칼날을 감추었으니 항상 해골이 세계를 어지럽히고, 콧구멍이
가풍을 쓰다듬어 바람에 흔들리는 가지와 달빛이 가득한 백사장이
진심을 드러내고, 비취빛 대나무와 황금빛 국화가 오묘한 법을 설한
다."[75]고 밝히고 있다. 이 또한『선가귀감』에서 인용한 내용 그대로인

---

72 환성지안, 성재헌 역, 앞의 책,「曹洞宗」, pp.71~77.
73 환성지안, 앞의 책,「潙仰宗」(韓佛全 9, 465下), "師北唱和 父子一家 脇下書字
    頭角崢嶸 室中驗人 獅子腰析(*析자는 오자로『禪家龜鑑』에는 折자로 맞게 표기됨)
    離四句絶百非 一搥粉碎 有兩口無一舌 九曲珠通 要識潙仰宗麽 斷碑橫古路 鐵牛
    眠少室."
74 환성지안, 성재헌 역, 앞의 책,「潙仰宗」, pp.78~79.
75 환성지안, 앞의 책,「法眼宗」(韓佛全 9, 465下), "言中有響 句裏藏鋒 髑髏常干世界

데, 여기에서는 『인천안목』에서의 "육상의六相義, 즉 총總·별별別·동同·
이이異·성成·괴壞의 내용을 수록하고 있다."라고 밝히고 있다.[76]

또한 법안문익(法眼文益, 885~958)의 법을 이은 천태덕소(天台德韶,
891~972)의 사료간四料揀, 즉 문문문문聞聞·문불문문聞不聞·불문문不聞聞·
불문불문不聞不聞을 설하면서, 5종의 강요에 대한 총결로서 『벽암
록』의 저자인 원오극근(圓悟克勤, 1063~1135)의 『오종강요五宗綱
要』를 소개하고 있다.[77]

(3) 잡록雜錄

그밖에 잡록에서는 선문의 주요 법문과 용어를 모아 설명하고 있으며,
여러 종파의 스승과 제자에 대한 분양선소(汾陽善昭,947~1024)의 가르
침과 이에 대한 부산원감浮山圓鑑의 법문을 수록하고 있다.

분양汾陽의 삼구三句, 즉 학인착력구學人着力句·학인전신구學人轉
身句·학인친절구學人親切句를 소개하였고, 암두巖頭의 사장봉四藏鋒,
즉 취사장봉就事藏鋒·취리장봉就理藏鋒·입취장봉入就藏鋒·출취장봉
出就藏鋒을 소개하였으며, 선종 동토 6대 조사의 문답에 대해 대혜종고
의 평을 인용하면서 열 가지 무(十無)와 무위국無爲國·무성칭無星秤·
무근수無根樹·무저발無底鉢·무현금無弦琴·무저선無底船·무생곡無生

鼻孔磨觸家風 風柯月渚 顯露眞心 翠竹黃花 宣明妙法 要識法眼宗廢 風送斷雲歸
嶺去 月和流水過橋來."

76 晦巖智昭, 『人天眼目』 卷4, 「論華嚴六相義」(T48, 324a), "…六相義 卽總別同異成
壞…"

77 환성지안, 성재헌 역, 앞의 책, 「法眼宗」, pp.81~84.

曲·무공적無孔笛·무수쇄無鬚鎖·무저람無底籃을 『인천안목』에서 인용하였다고 밝히고 있다.[78]

아울러 "무봉탑無縫塔과 무공추無孔鎚 이류異類에 대한 해석과 함께 누구의 게송인지는 분명하지 않으나 조주趙州의 삼문三門이라 칭한 게송 3수를 소개한다."고 설한다.[79]

3) 가치

함월해원은 『강요』의 내용 대부분이 『선가귀감』과 『인천안목』에서 인용한 것임을 밝히고 있는데, 이러한 내용은 모두 소략하기에 전반적으로 깊이 있게 그 내용이 다루어졌다고는 할 수 없다.

또한 이는 선지를 달리 새롭게 궁구하고 선양했다기보다 환성지안의 제자인 함월해원이 운문 삼구와 조동 오위에 대한 이해를 돕기 위해 청산수 선사와 형계 선사의 주석을 참조해 보완한 것으로. 이는 당송 시대에 활발하게 꽃피운 선종 5가에 대한 기본적인 개론서로 일부 항목은 용어만을 나열했으며 그 내용은 간단하다.

그럼에도 불구하고 『강요』는 환성지안이 살았던 당시 억불숭유의

---

78 환성지안, 성재헌 역, 앞의 책, 「雜錄」, pp.85~96.

79 환성지안, 앞의 책, 「雜錄」(韓佛全 9, 466中~467中), "三種師子話 浮山圓鑑禪師 示衆云汾陽有師子句 其師子有三種一超宗異目二齊眉 共蹋三影響音聞若超宗 異目是過於師可爲種草方堪傳授若齊 眉共蹋見與師齊減師半德若影響音聞 時 干倚勢 異類何 分所以先德付囑云 若當相見 切須子細窮勘 不得鹵莽 恐誤後人之 印可汾陽三句 學人 着力句 嘉州打大象 成佛不動 本位也 學人轉身句 陜(陜은 陜의 오자로 『인천안목』에도 陜으로 되어 있다.) 府灌鐵牛 同凡不染 諸塵也 學人親切 句 西河弄師子 自在隨處 得活也 嚴頭四藏鋒就事藏鋒全事也…."

열악한 불교계의 상황을 감안해 본다면 이는 매우 함축적인 새로운 의미를 지니고 있다. 우선『강요』의 선종 5가의 내용 전반을 청허휴정의『선가귀감』에 수록된 내용만을 인용함으로써 조선의 선종이 청허휴정을 비조로 삼고 있다는 것을 명확히 했다는 점이다.

또한 환성지안은『강요』는 남송 회암지소의『인천안목』에서 그 자료를 수집하였다고 밝히고 있으며,『강요』의 결론에 가서는 원오극근의「오종강요」로 마무리한 점으로 보아 조선의 선종이 임제종으로부터 연원한 것임을 분명히 밝히고자 하였음을 알 수 있다.

한편 환성지안이 제자인 함월해원과 나누는 임제종의 근본 교의에 대한 깊이 있고 긴박감 넘치는 대화는 당시 우리나라에만 볼 수 있는 활발하게 살아있는 선종의 면모를 보여주는 좋은 길잡이가 될 수 있다고 하겠다.

『강요』는 선종 5가에 대한 나름의 독창적인 글이라기보다는 전통적으로 알려진 구절들을 수집하고 발췌하여 간결하게 요약한 것이다. 그러나 이를 발췌하여 정리한 자체가 이미 각 종파에 대한 환성의 입장이라 보았을 때 환성의 사상이 그대로 반영된 결과물이라 하겠다.

이렇듯 환성지안의『강요』는 쇠락한 조선 후기의 불교와 특히 선종을 부흥시키고자 했던 환성지안의 사상을 알 수 있는 귀중한 자료이다. 또한 후대의 백파긍선이『선문오종강요사기』에서 이 책에 대해 비판적인 해설을 한 것을 보아도 이『강요』가 미친 영향력이 지대했음을 알 수 있다.

2. 『환성시집』의 성립 및 내용

1) 성립

앞에서도 언급한 바 있듯이 환성지안은 대선사이면서 교학의 종장이고 뛰어난 문장가이기도 했으나 지금까지 전해지고 있는 저술은 『선문오종강요』 외에 그의 시 144편이 수록된 『환성시집』[80]뿐이다.

이 『환성시집』은 제자들이 그의 열반 후 22년간 편집한 것으로, 1751(영조27)년 5월에 제자인 함월해원과 화월성눌[81]이 함경도 안변의 석왕사에서 간행한 것이다.

『환성시집』을 통해 본 선사의 시작詩作활동은 자신이 살아온 인생을 관조하는 선정 수행이면서 후학들에게 당부하는 노파심절한 경지들의 기록이라 하겠다. 선사에게는 시작활동 자체가 하나의 수증론의 집합이며 자신의 선 수행 과정과 결과를 점검하는 일상이라고 할 수 있다.

선객이 시작활동 등을 문집으로 남기는 일에 대해 권동순(圓法, 2012)은 이러한 시작활동이 조선 후기 고승들의 일반적인 경향이며,

---

80 저본은 乾隆 신미년(1751, 영조 27)에 安邊 석왕사의 개간본으로 서울대학교에 소장 되어 있고, 동일한 판본이 동국대학교 중앙도서관에 소장되어 있다. 동국대 소장본(D218,081, 지61ㅎ3)은 廣興寺 기증본인데 마지막 장인 「門庭目錄」 간기 부분이 누락되어 있다.

81 화월성눌(華月聖訥, 1690~1763): 조선 후기의 스님으로 화월華月 또는 부암斧巖이며, 속성은 이李씨, 평강 태생이다. 14세에 평강 보월사寶月寺의 玉心에게 출가하여 燕雲坦圭에게 수학하였으며, 여러 선지식을 참배한 후에 환성지안 선사의 맥을 이었다. 만년에 보월사에서 은거하다 영조 39년에 세납 74세, 법랍 60세로 입적하였다.

특히 각고의 환성지안의 시는 선적인 언어로 습작의 수준을 넘어 조선 후기 가사문학의 새로운 장르를 형성할 정도의 경지를 보여주고 있다고 평가하고 있다.[82]

또한 그의 시집에는 스님들에게 주는 교화시가 가장 많이 수록되어 있어 그의 수증론을 유추해 볼 수 있다. 또한 지인들과 주고받은 시, 그리고 여행길에 마주치는 자연과 사물에 대한 느낌이나 진솔한 이별에 대한 느낌 등을 읊은 시가 수록되어 있다. 시의 대부분은 선의 정취가 배어 있으며 선지가 드러나 있고, 화두 자체를 시의 소재로 쓰거나 선문답을 인용하고 있는 등 담박하고 명료한 선의 세계를 표현하고 있다.

혹은 후학들에게 수행과 정진을 독려하기도 하고 몇몇의 재가자들에게 출가를 권하기도 하며, 원융무애한 화엄의 세계를 노래하기도 하다가 노년의 쓸쓸함과 이별의 정한도 솔직담백하게 고백하는 진솔함을 느끼게도 한다.

박성자는 노년의 환성지안이 당시 노론을 중심으로 한 유생들의 모함으로 인해 지리산에서 잡혀 무고한 고초를 겪고 제주도에서 입적할 때까지 자연에 묻혀 살면서 자연스럽게 자연으로 회귀하는 삶을 살았다고 한다.[83]

또한 박성자는 노년의 환성지안에게 자연은 부처이며 진리이자 귀의처이며 선사 자신이라 하면서, 환성지안은 산사에서의 그의 일상은 물론이고 후학들에게 전하는 그의 수증론 및 교화관에 대해서도

---

82 권동순(圓法), 앞의 논문, p.151.
83 박성자, 「喚惺志安의 詩世界」, 전남대 석사학위논문, 2003, pp.46~48.

쉽고도 간결한 언어로 교류하였다고 평한 바 있다.[84]

이렇듯 환성지안이 선시를 지어 후학이나 재가자에게 주는 일련의 활동은 대중과 교류하는 대승보살로서 그의 마지막 회향처가 될 수 있었다고 할 수 있겠다.

2) 내용

『환성시집』은 환성지안이 전한 144편의 시를 제자인 함월해원이 그의 행장 및 환성지안의 스승의 스승인 풍담의심과 제자들의 열반게(임종게)와 함께 편찬한 것이다. 『환성시집』의 내용은 주로 깨달음의 세계와 산사에서의 일상과 수행을 담고 있으며, 거의 대부분이 출가 수행자와 재가자에게 주는 교화시이다.

남아 있는 그의 저서가 미미한 상황에서 그가 전한 144편의 시가 그의 깨달음의 세계 및 수증론과 일상의 수행을 잘 드러내고 있어 그나마 다행한 일이라 하겠다.

여기서는 환성지안의 선시들 중 오도송과 후학에게 주는 교화시 및 산사에서의 일상을 표현한 선시 몇 편을 소개하면서 그의 선시들의 특징적인 내용을 살펴보겠다.

다음은 환성지안의 깨달음의 세계를 나타낸 선시로, 이렇게 제목을 붙인 연유는 밝히지 않았지만 『환성시집』에 「청선靑扇(푸른 부채)」[85]이라는 제목으로 실려 있는 그의 오도송이다. 이 선시는 Ⅳ장의 환성지안

---

84 박성자, 앞의 논문, pp.49~51.
85 환성지안, 화월성눌 편록, 앞의 책, 「靑扇」(韓佛全 9, 472中); 환성지안, 화월성눌 편록, 성재헌 역, 앞의 책, p.216.

의 선사상 중 반야(공)사상의 예에서 한 번 더 보도록 하겠다.

이 오도송은 환성지안이 강원도 청평사 백암白岩선원에서 두타행을 하면서 9년째 되던 해의 정오에 한여름 불볕더위 아래 가부좌를 하고 수행하던 중, 학 한 마리가 공중으로 날아가면서 떨어진 깃털이 바람에 나부끼는 것을 보고 활연대오하여 남긴 게송이다.

靑鸞毯尾落雲中 푸른 난새의 긴 꼬리가 구름 속에서 떨어져
五月炎天做雪風 오월 염천에서 눈바람을 일으키네.
一揮何啻欺煩暑 한번 휘두르면 지긋지긋한 더위 속일 뿐이랴!
拂盡山僧名利功 산승의 공명심마저 모두 떨어버리네.

그의 오도송을 학의 깃털과 연관이 있다고 하여 「학우심鶴羽心」이라고도 한다. 이 오도송을 통해 바람에 날리는 학의 깃털에서 몰록 얻게 된 그의 깨달음의 세계를 짐작해 볼 수 있다.

환성지안은 오도송은 있으나 열반송은 남아 있지 않는데, 그 이유는 그의 옥고와 유배로 인한 갑작스런 죽음 때문이라 할 수 있다. 『환성시집』 말미에 그의 제자들의 열반게가 실려 있는데, 정작 그의 열반게는 없는 것이다.

한편 「제소요선사운題逍遙先師韻」[86]은 환성지안의 남종의 계승 의지를 밝힌 대목에서 『강요』를 편록한 목적을 피력하고 있으며, 그가 묵묵히 걸어온 수증의 세계를 짐작할 수 있는 예에 해당하는 주옥같은

---

86 환성지안, 화월성눌 편록, 앞의 책, 「題逍遙先師韻」(韓佛全 9, 471中).

선시다.

이 선시는 앞의 임제종통의 승계에서 『강요』를 저술한 목적이 불조의 혜명과 남종의 맥을 전하기 위함이라고 밝힌 바 있다.

默默全提佛祖令 묵묵히 불조의 혜명을 전제하니
南宗眞脈更生光 남종의 참다운 맥을 다시 빛내네.
門風高峻人難到 문풍이 고준해 사람들 이르기 어려워
寂寞空庭秋草長 적막한 빈 뜰 가을 풀만 우거졌네.

또한 이 선시에서 환성지안은 자신은 비록 편양언기 계의 적통이지만, 서산휴정의 맥을 이은 소요태능 선사야말로 진정한 부처와 조사의 명을 이은 분이라고 소개하고 있다.

이 선시를 통해 환성지안은 이러한 남종의 가풍이 계승되지 못하고 적막해진 이유가 그분의 도가 너무도 높고 고준해서 사람들이 도달하지 못한 까닭이라 밝히고 있는데, 이 선시를 보아도 환성지안의 수행 가풍은 남종선 특히 임제종의 가풍임을 잇고 있다는 것을 확고히 한다.

또한 환성지안의 선시는 수많은 사찰과 산하를 편력하면서 수없이 많은 만남과 이별을 거듭한 그의 감회를 솔직하고 담박하게 표현한 내용도 담고 있다.

다음의 「여자여상인與自如上人」[87]은 자여라는 후학과 헤어지는 자리

---

87 환성지안, 화월성눌 편록, 앞의 책, 「與自如上人」(韓佛全 9, 469下); 환성지안, 화월성눌 편록, 성재헌 역, 앞의 책, p.154.

에서 한 말씀을 청하는 수행자에게 주는 지극히 소박하지만 절절한 당부를 하는 선시로, 그 내용은 당대 빼어난 선지식으로서의 괄목할 만한 표현이나 기상은 거의 찾아볼 수 없다.

行年未六十 나이 육십도 못 되어
便作白頭人 머리털 허옇게 세었나니
莫怪吾衰易 너무 쉽게 늙은 나를 괴상타 마오.
平生送客頻 한평생 손님 자주 보내며 산 탓이라네.

이렇듯『환성시집』에 수록된 144편의 내용은 주로 그의 깨달음의 세계를 나타내는 수증시와 도반 혹은 수좌나 상인, 그리고 학인 등의 출가자와 혹은 일반 재가자들에게 쓴 교화시가 대부분이다.

아울러 그의 선시는 이해하기 어렵고 관념적인 세계를 표현한 내용이 아니라, 그의 인간미와 진솔함을 느끼게 해주는 일상과 자연을 노래하거나, 승속과 남녀노소를 막론하고 조사서래의가 무엇인지 참구하는 이에게 종풍이나 종파 등은 서래의를 구하는 방법일 뿐 도달하고자 하는 곳은 모두 같다고 역설하는 내용으로 일관하고 있는 것이 특징이라 할 수 있겠다.

그런 환성지안의 선시는 선문답의 공안을 바로 시어로 선택하거나 각 종파의 종지를 일목요연하게 시어로 정리하여 여기에 자신의 견해를 조금 덧붙여 보여주기 때문에, 보는 이들로 하여금 다가가기 쉽게 여겨지게 한다.

또한『환성시집』에 수록된 환성지안의 선시 중에는 자연에 대한 일상의 정취를 소박하게 읊은 내용이 다수 수록되어 있는데, 권동순(圓法, 2012)은 앞에서 설명한 바와 같이 이에 대해 한결같이 기심機心을 잊은 상태에서 선취禪趣를 읊는 망기忘機의 선취[88]라고 표현한 바 있다.

이는 언뜻 보기에는 평범한 세속의 일상인 것 같지만 환성지안의 선시가 분별심을 내려놓고 탈속한 선취의 세계를 그 내용으로 하고 있다는 것을 알게 해주는 대목이라 하겠다.

다음의 「유음幽吟」[89]은 자연 속에 살면서도 자연에 도취되지 않으며 망기의 선취로 선정에 들 수 있어야 함을 그 내용으로 하고 있는 대표적인 선시이다.

盡日忘機坐 온종일 기미조차 잊고 앉아 있자니
春來不識春 봄이 찾아와도 봄인 줄 몰랐네.
鳥嫌僧入定 스님이 선정에 드는 것을 새들은 싫은가 봐
窓外喚山人 창문 밖에 산인을 부르네.

권동순은 이 시에 대해 "환성지안이 종일토록 앉아 있어 봄이 와도 망기한 선의 경지를 보여주고 있으며, 이 시에서 기미를 잊는다는 표현은 바로 모든 사사로운 것들을 내려놓고 자연의 변화마저 잊은 경지를 표현하는 것으로 환성 자신이 선정에 든 모습을 표현하고

있다."고 평한 바 있다.[90]

또한 권동순은 이 선시에서 "환성지안은 갑자기 산새 소리가 들린다고 표현하면서, 이에 대해 새가 선정에 든 자신을 미워해서라고 표현하고 있다. 더군다나 선정의 상태로부터 나오기 위함이라고 표현하고 있는데, 이에 대해 망기忘機한 모습과는 판이하게 다른 모습이라 하면서 새는 그저 봄이 와서 우는 것이고, 그 산새야말로 망기한 채 환성지안에게 이 기미幾微에 혐혐嫌을 보태어 새를 바라보고 있으니 이는 이미 기機의 상태에 놓여 있는 것으로, 기미를 잊음과 미워함은 실재로는 이미 상반된 자리에 놓이게 되는 것이기 때문에 환성이 표현한 혐혐嫌은 바로 망기와도 다름이 아닌 것이다."라고 한다.[91]

아울러 권동순은 이때의 혐은 망기와 다름이 아니고 깨달은 이의 분상에서 일으키는 가짜의 이름일 뿐, 여기에 중생심이 느껴질 여지도 없이 이미 그 자연 자체가 망기한 채로 자연에게 봄을 알리는 새의 부름을 듣는 그 자신인 것이라 평하고 있다.[92]

이렇듯 화성지안의 선시는 권동순이 평한 대로 환성지안이라는 대기大器의 관점에서는 이미 가짜의 중생심이 끼일 틈이 없는 자연 자체로 그 자신과 하나인 경지로 몰아일체의 솔직 담박한 내용을 있는 그대로 표현했다고 할 수 있겠다.

이밖에도 『환성시집』에 수록된 144편의 선시는 고인의 시에 운을 따라 지은 선시와 혹은 평생을 떠돈 납자의 빈궁한 살림살이지만

---

90 권동순(圓法), 앞의 논문, p.144.

91 권동순(圓法), 앞의 논문, pp.143~144.

92 권동순(圓法), 앞의 논문, p.144.

그 가운데에서도 자연이나 사찰 등의 아름다움을 느끼는 지혜가 돋보이는 내용을 담고 있다.

또한 그가 열반게 하나 없이 입적할 수밖에 없는 상황을 예견이나 하듯, 대부분 수행하는 수좌나 제자에게 절절한 마음으로 쓴 교화시거나 수재와 거사 혹은 관직으로 불렀던 재가자 등과 교류한 선시 9편을 포함하여, 외국인 혹은 직업에 임한 자 등에게 주는 재가인을 위한 교화시 등 13편 등이 수록되어 있다.

마지막으로 말년의 환성지안의 불교중흥에 대한 꿈을 발원하는 내용으로 한 「제산수병題山水屛」[93]과 같은 선시가 있다. 이 시가 어떤 배경에서 쓰였는지 그 연유는 알 수 없으나, 다분히 해학적이고도 심벌즈를 치는 느낌의 「개석磕石」[94]과 함께 『환성시집』의 말미에 수록되어 있는데, 함월해원은 환성지안의 스승인 월담설제와 월담의 스승

93 환성지안, 화월성눌 편록, 앞의 책, 「題山水屛」(韓佛全 9, 475上); 환성지안, 화월성눌 편록, 성재헌 역, 앞의 책, p.216. "孤舟簑笠老漁父 垂釣閑眠弄碧波 帆夢晚霞歸遠浦 鴈拖秋月下長沙 蚊翔不去經年蝶 結子無成累世花 記得曾行山水態 未圖僧夢與 樵歌." "도롱이 입고 삿갓 쓴 외딴 배 늙은 어부는 낚시를 드리우고 한가히 졸며 푸른 물결 희롱하네. 돛은 저녁놀을 두른 채 먼 포구로 돌아오고, 기러기는 가을 달 끌고 긴 모래밭에 내린다. 날갯짓하여 떠나지 못하는 해 지난 나비와 열매 맺을 일 없는 해묵은 꽃은 다녀본 산천의 모습을 적을 수 있겠지만 승려의 꿈과 나무꾼 노래는 그려내지 못하겠네."

94 환성지안, 화월성눌 편록, 앞의 책, 「磕石」(韓佛全 9, 475上); 환성지안, 화월성눌 편록, 성재헌 역, 앞의 책, p.218. "曾見雲根枕碧霞 幾時針錯到君家 兩輪粉面陰陽合 白日雷聲雨雪花." "지난번 구름 아래서 푸른 노을을 벤 걸 봤는데, 언제 바늘 새기고 낭군님 집에 왔나. 두 바퀴 분바른 얼굴 음양이 합하니, 한낮에 우렛소리 눈꽃이 쏟아진다."

인 풍담의심, 그리고 환성의 제자인 호암의 임종게 등을 편록하여 그 싣고 있다.[95]

이렇듯 『환성시집』에는 모든 사사로움이나 망령됨을 구하지 않으며, 그렇게 애써 구하고자 함도 내려놓고서 자연과 하나 됨으로 일체를 초탈한, 여여한 선사의 삶을 살다 간 환성지안의 깨달음과 일상의 세계를 주 내용으로 한 144편의 선시가 수록되어 있는 것이다.

아울러 이러한 선시를 남긴 환성지안은 선시에 묘사된 경지 자체도 망기한 채 자연을 벗 삼아서 그야말로 인적 드문 곳에 주하며, 오롯이 선정에 들면서도 수행자와 제자들의 교화를 위한 부단한 정진만큼은 멈추지 않았으니, 오늘날까지도 그의 행적은 수행자의 귀감이 되고 있다.

3) 가치

『환성시집』에 수록된 144편의 시들을 살펴보면, 그의 선시는 조선 후기 유생들이 즐겨 쓰던 화려하면서 기교가 넘치는 표현은 볼 수 없다. 또한 한때 종횡무진으로 제방을 섭렵하며 선과 교의 종장으로 위세를 떨치던 거인다운 풍모도 느낄 수 없다. 그러나 이러한 점이 오히려 소박하고 정감이 있다. 그의 시어들은 마치 어린아이의 동요와도 같고, 어떤 때는 정 많은 어르신의 넋두리 같이 느껴지기도 한다. 이런 모습이 거인 환성지안을 보다 돋보이게 한다.

『환성시집』이 더욱 가치를 더하는 까닭은 그의 제자 함월해원이

95 환성지안, 화월성눌 편록, 성재헌 역, 앞의 책, pp.115~119.

쓴 「환성화상행장」의 기록이 있어서이다. 이는 환성지안의 생애와 행장을 알 수 있는 중요한 기록임과 동시에 「문정목록門庭目錄」이 있어 환성지안의 문도를 한눈에 파악할 수 있기 때문이다.

또한 『환성시집』의 서문이라 할 수 있는 오봉鼇峯이 쓴 「제환성시권 題喚惺詩卷」에서 환성지안을 동진의 고사高士인 도연명에 견주어 평하고 있는 것에서도[96] 알 수 있듯이, 환성지안이 조선 후기 선시 문학의 주류였음을 짐작케 한다.

오봉은 환성지안에 대해, 동쪽 울타리 아래 국화를 꺾어 들고 저 멀리 남산을 바라본 듯하다고 한 뜻은 여산의 혜원慧遠만이 알 수 있었으며 그 후로는 묻는 자가 없었는데, 이제 보니 환성지안의 선시야 말로 앞도 삼삼 뒤도 삼삼으로 비로소 멀리 있지 않다고 평하고, 환성지안 선시의 도체道體는 텅 빈 산에 달의 비침이고, 심법心法은 물이 흐르고 꽃이 피어남이라고 표현하고 있다.[97]

이렇듯 『환성시집』에 실린 주옥같은 144편의 선시는 조선 후기 선시 문학의 흐름을 이해할 수 있게 하며, 환성지안의 깨달음과 그의 선사상 및 산사의 일상을 파악할 수 있는 귀한 자료를 제공하고 있다.

---

96 환성지안, 화월성눌 편록, 성재헌 역, 앞의 책, p.114.

97 환성지안, 화월성눌 편록, 앞의 책, 「題喚惺詩卷」(韓佛全 9, 467下), "采菊東籬下 悠然見南山此意當時 唯廬山遠法師能解後遂無問者今 覽喚惺詩乃知 前三三 後 三三弗 遠矣 惺師弟子海源聖訥龍象也訥來 請余言爲四句曰維摩示病非病迦 葉 不言是言乃爾 師之行藏道體山 空月照心法水流花明乃爾 師之文 辭何以多爲訥 乎歸而源也當爲點 辛 未臘月八日丙夜鼇峯 底乾隆辛未安邊釋王寺開刊本(서울 大 所藏本)."

Ⅳ. 『선문오종강요』에 나타난
선리 및 선교관

1. 본분과 신훈

『선문오종강요』(이하 『강요』)에 나타난 환성지안의 선교관을 이해하기 위해서는 이 가문의 비조인 청허휴정의 선교관을 먼저 살펴볼 필요가 있다. 『선가귀감』에는 "일찍이 고인이 일물(一物, ○)이란 하물 何物인가? 소소영령하여 일찍이 생겨난 적도 없고 소멸한 적도 없으며 이름 붙일 수도 없고 형상으로 그릴 수도 없다."[1]라고 한 바 있다. 또한 "고불이 게송으로 설하기를, 일물은 고불이 출세하기 이전부터 분명히 하나의 원상이었으니, 석가세존도 아직 몰랐다는데 가섭이

---

1 休靜, 『禪家龜鑑』(韓佛全 7, 634下). "從本以來 昭昭靈靈 不曾生 不曾滅 名不得
　狀不得也 一物者 何物○." 휴정, 김호귀 역, 『선가귀감』, 하얀연꽃, 2013,
　pp.16~17.

118

어찌 전승할 수 있었겠느냐?"²라고 설하고 있다.

또한 "불법은 일물이고 사람은 중생이니, 불법에는 불변과 수연의 뜻이 있고 사람에는 돈오와 점수의 근기가 있기 때문에 문자와 언설의 방편을 내세우지 않을 수가 없다."³라고 역설力說한다.

이렇듯 『선가귀감』에는 "중생에게 일물이 원만하게 구비되어 있건만 태어나면서부터 지혜의 안목이 없어서 늘 윤회를 겪으니 출세의 지혜가 아니라면 무엇으로 무명을 벗길 수 있겠는가? 이는 모두 대비의 은혜이니 신훈감구의 입장으로 불조의 깊은 은혜에 감사한다."⁴라고 하면서 출세간의 지혜와 신훈의 중요함을 들어 불조의 은혜에 감사함을 표하고 있다.

또한 「선문오종강요서」에는 "대개 가지라면 뿌리 없는 가지가 없고 물줄기라면 샘이 없는 줄기가 없으니, 일법이 나뉘어 양종이 되었고 이 양종은 다시 오파가 되었으니 그 지파본원枝波本源을 진실로 알 수 있다."⁵라고 밝히고 있는데, 이는 앞의 『선가귀감』의 내용과 같다.

---

2 休靜, 앞의 책(韓佛全 7, 634下). "古人頌云 古佛 … 未生前 凝然一相圓 釋迦猶未會迦葉豈能傳 此一物之所以不曾生 不曾滅 名不得 狀不得也." 휴정, 김호귀 역, 앞의 책, pp.17~18.

3 休靜, 앞의 책(韓佛全 7, 635上). "法者 一物也 人者 衆生也 法有不 變隨緣之義 人有頓悟漸修之機 故不妨文字語言之施設也." 휴정, 김호귀 역, 앞의 책, p.20.

4 休靜, 앞의 책(韓佛全 7, 635上). "此所謂官 不容針 私通車馬者也 衆生雖曰圓成 生無慧目 甘受輪轉 故若非出世之金鎞 誰刮無明之厚膜也 至於越苦海而登樂岸者 皆由大悲之恩也 然則恒沙身命 難報萬一也 此廣擧新熏 感佛祖深恩." 휴정, 김호귀 역, 앞의 책, pp.20~21.

5 환성지안, 『禪門五宗綱要』「禪門五宗綱要序」(韓佛全 9, 459上). "盖枝無本之枝 派無無源之派 一法分爲兩宗 兩宗亦爲五派 其枝派有本源…." 「禪門五宗綱要序」

이에 필자는 선종 5가에 대한 『선가귀감』과 『강요』의 내용이 그 신훈과 종지 면에서 같은 것임에 주목해 볼 필요성을 주창하고자 한다.

『강요』는 청허휴정의 적통인 환성지안(1664~1729)의 원고를 제자인 함월해원이 편찬한, 일종의 선종 5가에 대한 강요집으로 일부 내용에 있어서는 독창적인 부분도 있지만, 앞서 논의된 바와 같이 대부분이 남송 회암지소의 『인천안목』과 청허휴정의 『선가귀감』의 연장선이라 평가되고 있다.[6]

그럼에도 불구하고 필자가 보기에 『인천안목』의 경우 각 종파의 교의에 대하여 충실하게 반영하지 못한 점이 있는가 하면 일부는 왜곡된 것조차 인용하여 후대에 와서 문제점이 노출되기도 하는데, 이에 비하면 『강요』는 선종 5가에 대해 비교적 자세하고 정확한 해석을 하고 있다는 점에 대해서 높이 살 만하다.

한편 김호귀는 『선과 선리』에서 환성지안도 그와 같은 점을 감안하면서도 그 입장을 크게 벗어나지 못한 그 까닭을 당시 팽배하던 임제종 우월주의 탓이라 평하고 있다.[7]

이에 대해 필자도 당시 임제종 우월주의에 젖어 한 발 더 앞으로 나아가지 못한 것에는 동의하지만, 한 가지 더 깊이 있게 주목해야 할 점은 환성지안처럼 눈푸른 납자들이 임제종의 활발발한 종지와 그 종통 계승에 생사를 건 위법망구의 정신으로 면면히 이어온 본분과

는 환성지안의 제자인 북해함월이 지은 것이다.

6 환성지안, 김호귀 역, 『선과 선리』, 하얀연꽃, 2013, pp.65~66.

7 환성지안, 김호귀 역, 앞의 책, p.66.

120

신훈을 우리의 것으로 토착화하기 위해 교화와 실천에 주력했다는 점은 간과하지 말아야 한다는 것이다.

또한 『선가귀감』 후반부의 사명종봉(四溟鐘峰, 1544~1610)의 발문을 보아도 "200년 동안 불법이 더욱 쇠미하니 교의 무리들이 각각의 견해를 달리하고 교를 종지로 내세우면서 찌꺼기를 탐닉하여 쓸데없이 모래 숫자만 헤아려 직지인심으로 깨달을 줄 모른다."고 하였는데, 이를 보아도 『선가귀감』의 저술 동기를 파악할 수 있다.

한편 우리에게 사명유정泗溟惟政 혹은 사명종봉四溟鐘峰으로 알려진 송운松雲 사명당泗溟堂은 당시의 선을 종지로 내세우는 자에 대해 "스스로 본래성만 믿고 수증을 무시하고 돈오 이후에 비로소 발심에 계합하여 만행을 수습하는 도리를 모른다고 한 것이니, 이는 『원각경』에서 본래성불의 설법을 듣고서도 본래의 미혹과 깨침도 없다고 하는 것과 같다. 이와 같이 인과를 부정하는 것은 사견으로 수습무명의 설법을 듣고서도 진성이 망상을 피운다고 하면서 성품을 잃어버리는 것과 같은 것으로 이 역시 사견이라는 말이다."[8]라고 하는 『원각경』의

---

8 休靜, 『禪家龜鑑』 「四溟隱峰跋文」(韓佛全 7, 646上). "右編 乃曹溪老和尙退隱師翁 所著也噫二百年來師法益喪 禪敎之徒 各生異見 宗敎者 唯耽糟粕 徒自筭沙 不知 五 敎上有直指人心 使自悟入之門 宗禪者 自恃天眞 撥無修證 不知頓悟後始卽發 心 修習萬行之意 禪敎混濫 沙金罔分 圓覺所謂聞說本來成佛 謂本無迷悟 撥置因 果 則便成邪見 又聞修習無明 謂眞能生妄 失眞常性 則亦成邪見 者是也." "이상의 글은 조계의 노화상인 퇴은 선사가 지은 것이다. 조선 200년 동안 불법이 쇠락하여 선과 교의 무리들은 각각의 견해를 달리하고 있는데, 교를 종지로 내세우는 이들은 오직 찌꺼기만 탐닉하니 쓸데없이 모래 숫자만 헤아려 오교에 직지인심하여 스스로 깨치는 길이 있는 줄도 모른다. … 선을 종지로 내세우는 이들은

종지에 대해 밝히면서 선의 종지가 이와 다르지 않다고 밝히고 있다.

또한 "정법안장의 불법이 전승되지 못한 것이 이토록 심심한지, 면면히 근근하게 한 올의 실을 천근 올을 들어 올리듯이 이상의 중요한 대각의 관문에 들 수 있도록 노파심 절절하였건만, 그들은 어찌 그리도 어리석어 오히려 법문이 어렵다고 하면서 병이 생겨버리게 된 것이니, 이러한 연유로 스승께서는 그들을 불쌍히 여겨 주석을 달고 혈맥처럼 상통하게 하여 팔만대장경의 요지와 오종의 근원을 여기에 빠짐없이 담아 치우친 것을 원만토록 하고 막힌 것은 통하게 하니, 선교의 거울이요 수증의 양약을 삼도록 하였다."고 설하고 있다.[9]

스스로 본래성만 믿어 수증을 무시하고 돈오 이후에 비로소 발심에 계합하여 만행을 수습해야 하는 도리를 모른다. 그러니 선과 교가 뒤섞여서 모래와 금을 분별하지 못한다. 소위 『원각경』의 본래성불의 설법을 듣고 본래미혹과 깨침도 없다고 하면서 인과를 부정하는 것은 사견일 뿐이고, 또한 반대로 수습무명의 설법을 듣고서 진성이 망상을 피운다고 말하면서 진상의 성품을 잃어버린 것 역시 사견일 뿐이다."

9 休靜, 『禪家龜鑑』 「四溟隱峰跋文」(韓佛全 7, 646上). 嗚呼始哉 斯道之不傳 何若是 其 甚也綿綿涓涓 如一髮引千鈞 幾乎落地無從矣 賴我師翁 住西山一十年 鞭牛有 暇 覽五 十本經論語錄 間有日用中叅決要切之語句 則輒錄之 時與室中二三子 詢 詢然誨之 一 如牧羊之法 過者抑之 後者鞭之 驅入於大覺之門 老婆心得徹困 若是 其切也 奈二三子 鈍根也 返以法門之高峻爲病焉…." 청허휴정, 이종익・심재열 강설, 『禪家龜鑑』, 보성문화사, 1999, pp.360~362. 휴정, 김호귀 역, 『禪家龜鑑』, 하얀연꽃, 2013, pp.152~156. "아! 정법안장의 불법이 전승되지 못하는 것이 어찌 이렇게 안타까운가! 면면하고 근근이 짠 한 올의 실로 천 근을 들어올리듯 이 땅에 닿을락 말락 하는도다. 다행스럽게 우리 스승께서 서산에 10년을 주석하며 후학을 양성하는 틈틈이 50여 권의 경론을 열람하였는데, 그 가운데 일상의 공부에서 중요한 어구가 있으면 뽑아 두었다가, 때때로 실중의 몇몇 제자에게

김호귀는 북해함월이 붙인 「선문오종강요서」에도 임제종 우위의 견해가 나타나 있다고 하면서도 다른 종파보다 임제종의 내용을 많이 할애한 것도 언급하였으나, 여기에서 환성지안은 이러한 임제종 우월주의의 맹점을 그대로 수용하지는 않았다고 평한 바 있다.[10] 덧붙여 임제종뿐만 아니라 조동종의 교의에 대해서도 자세하게 언급한 예를 들어 『강요』가 선대의 『선가귀감』을 잇고 후대로 와 조선 후기 백파긍선과 초의의순의 『선문수경禪文手鏡』과 『선문사변만어禪門四辯漫語』를 통해 오랫동안 제기되었던 선문 논쟁의 중심이 될 수 있었다고 평한다.[11]

이렇듯 『선가귀감』과 『강요』의 편찬 목적이 둘 다 모두 억불숭유 하에 스러져가는 조선 불교를, 특히 임제종풍의 선지를 중심으로 다시금 일으키게 하는 데 목적이 있다고 하겠다. 이에 대해 필자는 청허휴정의 적통인 환성지안이 절대 이를 간과하지 않았을 것이고, 면면히 내려오던 그 가풍을 이어가야만 했으니 두 분 다 열반에 이르기 까지 이를 위해 신명을 다했다는 점에 주목해 볼 필요가 있다고 본다.

앞에서도 논의한 바와 같이 『강요』는 제자인 함월해원이 운문의 3구와 조동오위에 대한 이해를 돕기 위해 청산수와 형계의 주석을

자상하게 가르쳐주셨다. 이는 마치 양을 치듯이 지나치면 억제시키고 더디면 북돋우어 대각의 관문에 들게 하였으니, 노파심으로 애쓰는 모습이 이처럼 간절하였건만, 그들은 어찌나 어리석었던지 오히려 법문이 높고 어렵다 하여 병이 생겨버렸다.…"

10 환성지안, 김호귀 역, 『선과 선리』, 하얀연꽃, 2013, pp.65~66.
11 환성지안, 김호귀 역, 앞의 책, p.66.

참조해 보완했다는 것 외에는 전반적으로 깊이 있게 다루지는 않았다. 오히려 내용이 더 간결하여『선가귀감』처럼 납자들이 언제나 간편하게 소지하여 수행의 귀감으로 삼아 볼 수 있게 편찬된 것이다.

또한『강요』의 내용은『인천안목』과『선가귀감』에서 발췌한 것이거나, 대부분 소략하여 별달리 새로운 선지禪旨를 궁구하고 선양하지는 않는다.

이에 대해서는 성재헌(2017)도 평했듯이[12]『선가귀감』과『강요』가 선종 5가의 강요를 표방하고 있는데, 필자도 역시 환성지안이『강요』에서 청허휴정의『선가귀감』에 수록된 내용을 채택한 것으로 보아 조선의 선종이 청허휴정을 비조로 삼아 그 정신을 계승하고 있다는 것을 명백히 하고자 했다는 점을 말하고자 한다.

또한『강요』「잡록」[13]에서도 밝힌 바와 같이『강요』의 내용이 남송 회암지소의『인천안목』의 자료를 수집하고『벽암록碧巖錄』의 저자인 원오극근(圓悟克勤, 1063~1135)의『오종강요五宗綱要』로 마무리했다는 점을 밝힌 것을 보아도 조선의 선종이『선가귀감』에서도 적통으로 밝힌 바 있는 임제종 중에서 특히 양기파陽岐派 계보에 연원한 것이며, 이를 단지 중국의 선종에만 국한시키지 않는다는 것을 세세하게 밝히고 있다는 것을 알 수 있다.

이에『선가귀감』과『강요』는 청허휴정과 환성지안이 각각 처했던 그 당시 불교계의 열악한 상황을 배경으로 하였을 때, 어떻게든 임제종 가풍으로 내려온 토착화된 한국불교의 활발한 선풍을 중흥하고자

---

12 환성지안, 성재헌 역, 앞의 책, pp.13~14.

13 환성지안, 성재헌 역, 앞의 책. p.83.

했던 두 대사의 의지를 다시금 각인하게 해주는 저술이라 하겠다.

아울러 『강요』는 후대에 가서 선문 논쟁의 중심이 된 환성지안의 후손인 백파긍선(白坡亘璇, 1767~1852)의 『선문오종강요사기禪門五宗綱要私記』와 초의의순(草衣意恂, 1786~1866)의 『선문사변만어禪門四辨漫語』 등을 낳게 하였는데, 이들은 본분과 신훈 면에서 환성지안의 『강요』의 정신을 면면히 계승하고 있다는 점을 밝히고 있다.

2. 선禪과 교敎의 융합

1) 청허휴정의 선교관(捨敎入禪)

환성지안의 선교융합적인 선교관을 살펴보기 위해서는 먼저, 환성지안이 청허휴정 문파에 속하기 때문에 사교입선捨敎入禪을 주창했던 청허휴정의 선교관을 살펴볼 필요가 있다.

『도서都序』에는 "세존의 삼처전심이 선지가 되고 평생의 설법은 교문이 되었으니, 선禪은 부처의 마음이고 교敎는 부처의 말씀이라."[14]고 설하였는데, 『선가귀감』에는 "삼처란 다자탑에서 세존과 자리를 나누어 앉은 것"[15]이 첫째이며, "영취산 법회에서 꽃을 든 것"[16]이 둘째이

---

14 圭峯宗密, 『禪源諸詮集都序』 卷上之一(大正藏 48, 400b); 如㲎, 『緇門警訓』 卷8(大正藏48, 1040b). "世尊三處傳心者 爲禪旨 … 禪是佛心 敎是佛心."

15 佛陀耶舍·竺佛念 共譯, 『長阿含經』 卷11(大正藏 1, 66c). "三處者 多子塔半分座 一也."

16 休靜, 앞의 책(韓佛全 7. 635), 晦巖智昭, 『人天眼目』 卷5(大正藏 48, 325b). "…靈山會 上擧拈花二也…." 휴정, 김호귀 역, 앞의 책, pp.23~24.

며, "사라쌍수 아래서 두 발을 내보인 것"[17]이 셋째로, 이는 이른바 가섭이 별전한 선의 등불에 대해 밝히고 있다고 한다.

또한 "세존께서 평생 동안 설법한 오교는 첫째 인천교이고, 둘째 소승교이며, 셋째로 대승교, 넷째는 돈교이며, 다섯째는 원교이다. 이는 아난이 유통한 교법을 말한다. 그러므로 선과 교의 근원은 세존이 며, 선과 교의 분파는 가섭과 아난으로 이는 무언으로 무언에 이르는 것은 선이고, 유언으로 무언에 이르는 것은 교이니 마음은 선법이고 언설은 교법인 것이다. 법은 비록 일미이지만 견해는 곧 천지만큼이나 현격하다. 이것은 선과 교의 차별을 판별한 것"[18]이라 설한다.

이러한 까닭에 "언설에 집착하게 되면 염화미소도 모두 교의 자취가 되어 버리고, 마음을 깨치게 되면 세간의 미주알고주알 떠드는 말조차 모두 교외별전의 선지가 될 수 있다."고 한다.[19]

이는 바로 선과 교의 깊고 얕음을 설명한 것으로, 법이란 것이 딱히 명칭이 없어 언설로도 어찌할 수가 없고, 법은 형상이 없으니 마음으로 어찌할 수가 없다는 말이다. 언설로 하면 본심에서 멀어지게 되는 것이며, 세존이 꽃을 들어 보인 뜻과 가섭의 미소 또한 진부하고 쓸모없는 말로 전락하게 된다는 것을 뜻한다.

---

17 休靜, 앞의 책(韓佛全 7, 635中). "三 雙樹下槨示雙趺 三也." 휴정, 김호귀 역, 앞의 책, p.24. "사라쌍수 아래서 두 발을 내보인 것이라."

18 休靜, 앞의 책(韓佛全 7, 635中~下). 휴정, 김호귀 역, 앞의 책, p.24. "一代者 四 十九年間 所說五敎也 人天敎一也 小乘敎二也 大乘敎三也 頓敎四也 圓敎五也 … 禪敎之派者 迦葉阿難流 通敎海者此也 … 此辯禪敎二途."

19 休靜, 앞의 책(韓佛全 7, 635下). 휴정, 김호귀 역, 앞의 책, p.25. "是故若人 失之於口則拈花微笑 皆示敎述 得之於心 卽世間麤言細語 皆是敎外別傳禪旨."

그러나 마음을 깨치게 된다면 지저귀는 새들의 소리나 세간의 잡다한 언어까지도 교외별전의 선지가 되는 깊은 법문이 될 수 있다는 것이다.

또한 "교문에서는 일심법을 전하고, 선문에서는 오직 견성법을 전한다."[20]고 하였으니 "마음이 거울의 본체라면 성품은 거울의 광채로, 성품은 본래 청정하므로 깨치는 즉시 본래심을 터득한다."고 설하고 있는데,[21] 이는 찰나의 깨침을 더 중요시함을 말한 것으로 선교의 근원을 밝힌 일종의 교상판석敎相判釋으로, 선과 교의 근원은 세존이고 선과 교의 갈래는 가섭과 아난이니 말 없음으로써 말 없는 데 이르는 것은 선이고, 말 있음으로 말 없는 데 이르는 것은 교임을 밝힌 대목이기도 하다.

이렇듯 청허휴정의 선교관은 선을 주主로 교를 종從으로 하여 깨달음으로 나아간 것으로, 선을 교보다 우위에 두는 선교우위의 입장을 기반으로 하고 있는 것이 사실이다. 하지만 법은 비록 일미一味이나 그 뜻은 하늘과 땅처럼 동떨어진 것이니, 선교의 관계에 대하여 교는 세존의 가르침으로 먼저 모든 법을 가려서 보이며, 그 다음에 공空의 이치를 가르치는데 이 공의 이치에 곧바로 들어가서 체득하는 것이 선이라 할 수 있으니, 특히 조사선祖師禪은 그 자취가 뜻의 자리에서 끊어진 마음의 근원에서 이루어지게 된다고 요약해 볼 수 있겠다.

---

20 休靜, 앞의 책(韓佛全 7, 636上). 휴정, 김호귀 역, 앞의 책, p.28. "敎門惟傳一心法 禪門惟傳見性法."

21 休靜, 앞의 책(韓佛全 7, 636上). 휴정, 김호귀 역, 앞의 책, p.28. "心如鏡之體 性如鏡之光 性自淸淨 卽時豁然 還得本心 此秘重得意一念."

청허휴정의 교에 관한 정의를 다섯 가지로 요약해 보면 다음과 같다

첫째로 선은 부처의 마음이고 교는 부처의 말씀이라는 것(禪是佛心 敎是佛語)이고, 둘째는 증득함이 없는 선지는 교의 흔적일 뿐이니 마음을 얻은 자는 교문뿐 아니라 시정의 헛된 수작까지도 먼지가 된다는 것이다. 셋째로 선이란 분별이 없는 경계를 뜻대로 오가는 천지간의 한가한 도인(閑道人)으로 교문의 8만 4천 법문은 일심一心에 귀착되어 일념一念으로 회광廻光하여 심성心性을 꿰뚫는 견성일의見性 一義에 귀결된다. 넷째로 교문은 공空에 대한 설파로 유상有相의 집착을 버리게 하기 위한 것이니, 조사선의 목적은 언하言下에 활연대오豁然大 悟하여 돈오頓悟함으로써 언어와 문자에 잡힌 분별심을 끊고 소소영령 한 영광靈光이 천지에 비치게 하기 위한 것을 그 목적으로 한다는 것이다. 다섯째는 조사의 격외선지格外禪旨로 마치 직선의 활줄과 같아서 모든 차별을 여의고 일체의 중생에게 모두 불성이 있다는 일미一味로 직입直入할 수 있게 하는 것이라고 한 점 등을 들 수 있겠다.

그러나 이러한 청허휴정의 선교관이 그대로 온전히 모두 받아들여진 것은 아니었으므로 청허휴정은 선교 양종을 제도상으로 통합하기 위한 토대로서 선교관을 정립할 필요를 느껴『선교석禪敎釋』을 저술하게 된다.

이에 청허휴정은 옛사람의 어록을 인용하면서 독단을 피하고 자기의 주장에 반대하는 이론을 논리정연하게 설득시키면서 선이 주이고 교는 선에 추종追從한다는 이론을 정립한 의미 깊은 저술들을 통해 선적인 통일 불교의 토대를 굳혀 재래 선문의 소의경전을 타파한다.

나아가 전통을 전수하고 답습하는 데에 그치지 않고 본지를 구명함에 있어서 자신의 주장을 내세우며 자신의 의지를 담는다.[22]

그 예로 청허휴정은 "『능엄경』을 선의 소의경전으로 삼아 오던 종래의 전통을 한낱 갈잎에 불과하다 하니, 『반야경』의 성문을 위한 방편문이 어찌 선종의 종주가 될 수 있겠느냐?"고 반문하면서 반야(공)의 지혜를 강조한 점을 들 수 있겠다.[23]

또한 청허휴정은 『선교석』에서 "교만 중히 여기고 마음을 가벼이 본다면 비록 수많은 겁劫을 닦는다 하더라도 천마외도를 지을 뿐"이라는 고덕의 말을 인용하면서 경고하고 있다.[24] 아울러 "필경의 이치인 선의 본지本指, 즉 부처님의 본심에 대하여 자기의 본분 위에는 본래 명자名字가 없지만 방편으로 그것을 정법안장正法眼藏·열반묘심涅槃妙心이라 한다."고 설하기도 한다.[25]

이렇듯 청허휴정 또한 선과 교의 차이를 논하면서도 선과 교를 통합하려고 애를 썼으며, 선교일치의 입장보다는 교를 버리고 선에 드는 사교입선捨敎入禪을 고수한 점에 주목해 보고자 한다.

아울러 청허휴정은 『선가귀감』에서 "상근기를 지닌 지혜로운 자는 말에 한정되지 않으며, 중하근기를 지닌 자는 꼭 이와 같은 과정을 거쳐야만 하니 교의의 경우는 불변과 수연과 그리고 돈오와 점수로서

---

22 휴정, 연관 역, 『선문촬요』, 희양산 봉암사. 2017, p14.

23 휴정, 연관 역, 앞의 책, p27.

24 休靜, 『禪敎釋』(韓佛全 7, 656中). "故古德云 重敎輕心 雖歷多刧 盡作 天魔外道."

25 休靜, 『禪敎釋』(韓佛全 7, 657上). "其理如何 禪者曰自己分上 本無名字方便 呼爲 正法眼藏 涅槃妙心."

선후가 있다."[26]라고 역설하고 있다.

그러나 "선법은 찰나에 불변과 수연과 성상과 체용이 모두 동시라 밝히면서 즉卽도 초월하고 비非도 초월하면서 아울러 시是에도 즉卽하고 비非도 즉卽하게 되는 것이니, 명안종사는 법에 의거하되 언설을 초월한 직지일념으로 견성성불을 하여 교의를 초월해야 한다는 것은 바로 이러한 이유 때문이라."라고 밝히고 있다.[27]

또한 청허휴정은 『청허당집淸虛堂集』에서도 상근인上根人을 위하여 설하면서 "만약 마음을 보고자 하면 이 마음이 곧 부처이니 마음이 정토淨土이며 자성自性으로 곧 미타彌陀"[28]라고 하였는데, 이는 자성미타가 자심정토로 이룩된다는 것을 강조하는 유심정토사상唯心淨土思想으로 그가 설한 바 있는 선교의 초월을 뜻하는 선지와 상통하는 것이다.

그러나 청허휴정은 선과 교를 대립적으로만 규정하지는 않고 선을 우위에 놓고서도 교를 아우르는 선주교종禪主敎從의 입장을 주장하고

---

26 休靜, 『禪家龜鑑』(韓佛全 7, 636中). "上根大智 不在此根 中下根者 不可獵等也 敎義者 不變隨緣 頓悟漸修 有先有後." 휴정, 김호귀 역, 앞의 책, pp.32~33.

27 休靜, 앞의 책(韓佛全 7, 636中). "禪法者 一念中 不變隨緣 性相體用 元是一時 離卽 離非 是卽非卽 故宗師據法離言直指一念 見性成佛耳放下敎義者以此." 휴정, 김호귀 역, 앞의 책, pp.32~33.

28 休靜, 『淸虛堂集』卷之四(韓佛全 7, 703上). "若欲見佛性 知心是佛性 若欲免三途知心是三途 精進是釋迦 直心是彌陀 明心是文殊 圓行是普賢 慈悲是觀音 喜捨是勢至." "불성을 보고자 하면 마음이 불성임을 알고, 삼도를 면하고자 하면 마음이 삼도임을 알라. 정진하는 마음이 석가불이요, 올곧은 마음이 미타불이요, 밝은 마음이 문수보살이요, 원만한 행동이 보현보살이요, 자비의 마음이 관세음보살이요, 희사의 마음이 대세지보살이니라."

있다. 이러한 그의 주장은 그의 저서인 『청허당집』·『선가귀감』·『선교석』·『선교결』·『심법요초心法要抄』 등에 전개되고 있다.

한편 손선화(梵見)는 청허휴정이 밝힌 수행체계가 수행자의 근기에 따라 선과 교 또는 염불 등의 겸수를 밝힌 "선교융합"[29]의 면모를 지니고 있다고 밝힌 바 있다.

이렇듯 사교입선의 청허휴정에게 선교융합적인 면모가 없는 것은 아니나, 필자는 그가 사교입선의 관점, 특히 화두참구에 몰두할 것을 권하는 조사선의 사교입선의 입장에 있다는 점과 근기에 따른 선교융합의 예를 예외적으로 보여주고 있다는 것을 밝히고자 한다.

2) 환성지안의 선교관(禪敎融合)

환성지안의 선교관도 역시 그가 사교입선을 주창한 청허휴정계의 최대 문파이자 적전의 정통 계보를 잇는 편양언기 법맥상의 적통이라는 점을 간과할 수는 없다. 그러나 본격적인 선교융합의 움직임은 앞에서도 논의된 바와 같이 청허휴정의 제자인 편양언기 때부터다.

청허휴정은 선교우위의 사교입선을 주창하였으나 염불과 교학 면에서 선교융합의 수행법을 제시한 바 있고, 그의 제자인 편양언기는 이를 체계화하였으니, 이러한 수행 가풍과 시절인연으로 하여 환성지안의 선교융합적인 선사상과 수증론이 형성될 수밖에 없었던 것은 필연적일 결과라 하겠다.

편양언기 계열의 적통인 환성지안은 『강요』와 함께 화엄의 강학과

---

29 孫善花(梵見), 「『禪家龜鑑』의 간화선 연구」, 동국대대학원 석사학위논문, 2019, p.18.

대규모 화엄법회를 개최하였고, 재가자와 스님들에게 주는 그의 선시에서도 볼 수 있듯이 조선 후기에 유행하던 선교융합을 실천한 선승이자 교학의 종장이기도 하다.

이에 점을 들어 필자는 환성지안 역시 선을 우위에 놓고 사교입선을 주창한 서산휴정의 적통으로 같은 관점을 계승하였다고 본다. 그러나 환성지안이 조선 후기 불교의 특징이자 시절인연이라 할 수 있는 선교겸수 또는 선교융합의 입장에서 중생교화의 방편으로 당시 유행하던 화엄교학과 조선 후기의 문화적 매개체인 선시를 선택하게 되었다는 것을 밝히고자 한다.

환성지안이 살았던 조선 후기는 선과 함께 교학도 중요시하는 분위기였고 선시 문화가 유행하던 때이기도 하다. 이러한 경향은 환성지안의 문파뿐만 아니라 다른 문파에서도 찾아볼 수 있다.

예를 들어 조선 중기로 거슬러 올라가 살펴보면, 벽송지엄은 선과 교를 겸학하였으며 간화선 우위의 선풍을 선양하면서도 『법화경』과 『화엄경』 등의 대승경전을 강설하고 아미타불을 염하기도 했다. 벽송지엄의 법맥은 부용영관에게 전해졌고, 이러한 선교겸수의 가풍은 바로 청허휴정에게 이어져 정립되기에 이른 것이다.

이렇듯 교는 변하지 않는 근본과 인연에 따라 변화하는 현상이 있으며, 단박에 깨닫는 돈오와 점차로 수행해 가는 점수의 선후가 있지만, 선은 한 생각에 모든 것이 동시에 갖추어져 있어 한 생각을 직지하면 견성성불한다는 것이다. 그러나 상근기의 경우에는 교학을 하지 않아도 상관없지만 중하근기의 경우에는 한계가 있다는 말이다. 그러나 어느 단계가 되면 결국은 교학에 매이지 않는 화두 중심의 선으로 나아가야 됨을 설하고 있다.

앞에서도 논의된 바와 같이 청허휴정이 지향한 사교입선을 바탕으로 한 간화선 우위의 수행관과 근기에 따라 제시된 선교융합의 선교관은 환성지안을 비롯한 그의 문도들에 의해 조선 후기 수행체계의 전형으로 자리매김하게 된다. 청허의 말년 제자이자 그의 심법을 이은 편양언기는 이러한 선교겸수의 이론을 체계적으로 완성하게 되었고, 그 뒤를 이은 월저도안(月渚道安, 1638~1751)은 화엄의 종장으로 이름을 드날렸으니, 그들의 뒤를 이은 상봉정원과 환성지안이 선과 교를 겸수하면서 화엄법회를 개최하는 등 활발한 강학활동을 펼친 바 있다.

이러한 선교겸수의 경향은 후대로 갈수록 교학을 중시하는 분위기로 흘러갔는데, 이러한 추세는 조선 후기 청허휴정 계열과 양대 세력을 이룬 부휴선수(浮休善修, 1543~1645)를 중심으로 한 부휴 계열에서도 일어난다. 부휴선수는 부용영관의 막내 제자로 청허휴정과는 나이 차이가 많은 동문 사형사제 사이지만 너무나 밀접한 관계를 유지하였기 때문에 가풍에도 별다른 차별성이 없고, 부휴선수 역시 청허휴정과 마찬가지로 선교겸수를 강조한다. 부휴선수 또한 '무자 화두를 통한 간화선 수행을 강조'[30]하면서 『화엄경』과 『법화경』, 『원각경』에도 해박한 이해가 있었다. 그의 문손인 백곡처능(白谷處能, 1617~1680)도 선교겸수를 강조하였으며, 부휴선수의 3대손인 백암성총(柏庵性聰, 1631~1700)과 그의 제자인 무용수연(無用秀演, 1651~1719)은 불서간 행사업을 주도한 바 있다.

---

30 浮休, 『浮休堂大師集』 卷4(韓佛全 8, 18上). "趙州無字起疑團 十二時中着意看…"

이렇듯 조선 후기는 선교겸수의 수행체계에 있어 청허계와 부휴계가 별다르지 않았으며 임제종 위주의 화두참구 수행과 교학도 모두 중요시되는데, 이러한 시절인연과 함께했던 환성지안 역시 선교겸수의 수행체계 속에서 더 나아가 선시를 주고받는 문화적 교류를 통한 중생구제의 실천으로 선교융합의 수행체계를 구축할 수밖에 없었을 것이다.

나아가 환성지안은 19세기 선 논쟁에 나타나는 선종우위론과 선교일치론의 대비를 통해 선과 교의 조화와 융합을 위한 수행체계를 구축한 분이다. 아울러 조선 후기 활발한 선 논쟁의 중심이었던 백파긍선과 초의의순 역시 둘 다 환성지안의 후손으로, 백파긍선은 환성지안의 『강요』에 대해 『선문오종강요사기』를 저술하게 된다.

이후 백파긍선은 6조 혜능 이후 선종 5가 중 기와 용을 밝힌 임제종이 가장 수승하다 하고, 이를 계승한 문도임을 밝히며 환성지안의 정통론을 충실히 계승하게 된다. 한편 자료는 빈약하지만 초의의순의 선과 교에 대한 관점은 환성지안의 선과 교에 대한 이해를 유추해 볼 수 있는 귀한 단초가 될 수 있다. 이러한 초의의순의 입장도 선교겸수의 전통과 교학의 중시라는 시대적 경향에 보다 계합되는 것이라 하겠다.

김용태도 "초의와 백파 이 두 사람이 벌인 선 논쟁이 임제 법통과 간화선 그리고 선교겸수와 화엄교학이라는 조선 후기 수행체계의 이중구조에 파생된 것"이라 하면서 이를 "선 우위론과 선교 병행론의 경합이다."[31]라고 평하고 있다.

---

31 김용태, 「환성지안의 宗統 계승과 禪敎融合」, 『남도문화연구』 36집, 순천대 남도문화연구소, 2019, p.55.

또한 김용태는 이 논쟁의 이면에 "환성지안의 임제종 가풍을 우위로
한 선교 조화 및 병행론이 흐르고 있다."고 하면서 그 당시 환성지안은
화엄의 종장으로서 선과 교의 모순 없는 양립과 실천을 위한 선교융합
의 문제를 직면하고 있었을 것[32]이라고 주장한 바 있다.

이렇게 환성지안은 당대 최고의 종통 계승자이면서도 선과 교의
조화를 추구하였으며, 또한 편양파의 적전 계보를 이어 설송연초,
호암체정, 함월해원 등으로 하여금 그 혜맥을 잇게 한다. 특히 필자는
기라성 같은 환성지안의 제자들 중에서도 설송연초가 편양파와 사명파
의 교법을 함께 계승하면서 통합적 법맥 인식을 대흥사와 통도사의
전통으로 자리매김하게 한 계기를 마련한 것에 주목해 볼 필요가
있다고 본다.

아울러 환성지안은 임제 가풍의 정통을 계승한 선승이며 교학의
종장으로, 선과 교를 융합한 선교관의 입장을 바탕으로 한 수행과
선시를 통한 대중 교화를 통해 그야말로 화엄에서 설하는 대승 보현보
살의 행원을 몸소 실천한 분이라 하겠다.

3. 우리나라에 토착화된 한국적 임제종풍의 계승 의지

선종 5가 중 환성지안이 계승하고자 한 것은 불조의 정신이 중국을
거쳐 우리나라의 것으로 '정착하여 면면히 이어져 내려온 한국적 정통
을 계승한 임제종풍'인데, 그 계승 의지를 밝히기 위해서는 청허휴정이

---

32 김용태, 앞의 논문, pp.55~56.

설한 바 있는 임제종풍의 본분과 신훈부터 살펴볼 필요가 있다.

청허휴정은『선가귀감』에서 무릇 수행납자라면 가장 먼저 그 종파의 가지부터 상세하게 알아야 한다고 설파하면서 "옛적에 마조도일이 한번 할을 하면 백장회해는 귀가 멀었고, 황벽희운은 혀가 뽑혔다."[33]라고 임제종의 가지에 대해 밝힌다.

이렇게 청허휴정은 "이 할이야말로 세존 염화의 소식이었고 달마 조사서래의의 면목이니, 이것이 바로 임제종지의 연원이다."라고 하면서 임제종을 선종 5가 중 가장 우선순위로 밝히고 있다.[34]

아울러 청허휴정은 "법을 아는 자는 두려워해야 하니 답을 하면 곧 얻어맞게 된다. 마디 하나 없는 주장자 하나를 밤길 행인에게 남몰래 쥐어 준다."라고 역설한다.[35]

한편 청허휴정 계열 중 편양언기의 문파에 속한 환성지안과는 다른 사명당 종봉도『선가귀감』의 말미에 수록된 발문에서 "임제종지를 이은 정법안장의 불법이 제대로 전승되지 못함이 심하여 면면히 그리

---

33 道原 纂,『景德傳燈錄』卷6(大正藏 51 249c). "馬祖一喝也 百丈耳聾 黃蘗吐舌."

34 休靜,『禪家龜鑑』(韓佛全 7, 644上). "大抵學者 先須詳辨宗途 昔馬祖一喝也 百丈 耳聾 黃蘗吐舌 這一喝 便是拈花消息 亦是達摩 初來底面目 吁 此臨濟宗之淵源." 휴정, 김호귀 역, 앞의 책, p.117. "대저 학자는 먼저 종문의 갈래에 대해서 자세히 알아야 한다. 옛날에 마조가 한번 할을 하매 백장은 귀가 먹었고, 황벽은 혀가 빠졌다. 이 하나의 할이야말로 부처가 꽃을 들어 보인 소식이니, 달마가 처음 중국에 건너온 면목이라 할 것이다. 바로 이것이야말로 임제종의 연원이 된다."

35 休靜,『禪家龜鑑』(韓佛全 7, 644上). "識法者懼 和聲便打 杖子一枝無節目 慇懃分付 夜行人." 휴정, 김호귀 역, 앞의 책, pp.117~118.

고 근근하게 한 올의 실로 천근을 올리듯이 땅에 닿을락 말락한다고 하면서, 다행스럽게도 청허휴정이 서산에 10년을 주석하면서 후학을 양성하기 위한 경론과 어록을 열람하였다."[36]고 밝히고 있다.

또한 환성지안의 문도이면서 임제 가풍의 전통을 이은 백파긍선白坡 亘璇은 환성지안의『강요』를 비판적으로 평가하면서도『선문오종강 요사기』[37]에서 임제종의 경우 향상과 존귀를 터득하였기 때문에 당연 히 불조의 스승이 되어 삼처전심을 원만하게 구족한 정맥임을 확철하

---

36 休靜,『禪家龜鑑』「四溟隱峰跋文」(韓佛全 7, 646上). 휴정, 김호귀 역, 앞의 책, pp.153~155. "…師翁愍其迷蒙 各就語句下 入註而解之編次而繹之 鉤鎖連環 血 脉相通 萬藏之要五宗之源 極備於此 言言見諦 句句朝宗向之偏者圓之 滯者通之 可謂禪敎之龜鑑 解行之良藥也 然師翁常 與論這般事 雖一言半句 如弄劍刃上事 恐上紙墨 豈欲 以此流通方外 誇衒己能也哉 … 曹溪宗遂 四溟隱峰惟政 拜手口訣 因爲謹跋." "…그러자 우리 스승께서 이들을 불쌍히 여겨 어구마다 주석을 달고 해설하여 단락마다 요점을 달았다. 이는 마치 고리처럼 연결이 되고 혈맥처럼 상통하여 팔만대장경의 요지와 오종의 근원이 여기에 빠짐없이 담겨 있다. 또한 말씀마다 도리에 맞고 구절마다 종지에 부합되며, 치우친 것은 원만하게 하고 막힌 것은 통하게 하였으니 선교禪敎의 거울이요 수증의 양약이라 할 수 있다. 그러나 우리 스승께서는 늘 그 도리를 말씀할 때 비록 일언반구일지라도 칼날 위를 거닐듯 조심하고 종이에 기록되는 것을 경계하라 하였으니, 어찌 이를 밖으로 유통하여 자신의 능력을 과시하려 했겠는가? … 조계 후손 사명중봉 유정은 구결에 절하고 이에 삼가 발문을 쓰다."
37 『선문오종강요사기』는 환성지안의『선문오종강요』에 후손인 백파긍선이 주석을 붙인 것이다. 여기서는 일본 고마자와(駒澤) 대학의 100면 분량 되는 1면당 20자 10행의 세로쓰기 필사본에 의거한다. 누락된 삼요와 사료간의 일부분에 해당되는 2쪽 분량에 대해서만 동국대도서관 김환응金幻應 필사본 8쪽과 9쪽을 보충한다. 백파는 환성지안의『선문오종강요』및『인천안목』을 그대로 계승하였 으며, 선종 5가의 강요에 대해서는『선가귀감』의 내용을 그대로 수용하고 있다.

게 밝힌다.

아울러 백파긍선은 『선문오종강요사기』에서 "선문오종 가운데 임
제종과 운문종의 두 종파만이 제일구의 조사선이고, 조동종과 위앙종
법안종의 이 세 종파는 제이구의 여래선이다."라고 하였으며, "제삼구
의 의리선은 5종파에 들어가지도 못한다."[38]고 설하고 있다.[39]

이에 따르면 조사선과 여래선의 두 선을 깨친 자는 모두 불조의
적자이고, 두 선을 깨치지 못하여 무릇 의리선만 투득한 자는 단지
서자일 뿐이라고 한다. 그래서 하택신회는 남종의 돈법이면서도 오히
려 서자가 되었으니, 하물며 북종의 신수는 오직 점수뿐이었으므로
논할 필요가 없고, 5종의 심천深淺은 분명하여 더 이상 말할 여지가
없다고 한다.[40]

또한 백파긍선은 "혹 고금의 전설에 조동종도 조사선으로 간주한
적이 있기는 하나 『선문강요집』과 『인천안목』에도 이와 같이 뛰어난
종파부터 하열한 종파에 이르기까지 편록되어 있는데, 『선가귀
감』에 운문종을 조동종 뒤에 배열한 것은 도저히 이해할 수 없다."라
고 평한다.[41]

아울러 백파긍선은 『선문오종강요사기』에서 "조동종을 여래선으
로 간주하면서 위앙종과 법안종의 두 종파까지 조사선으로 간주한
것을 이해할 수 없으며, 만약 위앙종과 법안종이 조사선이라면 어찌하

38 환성지안·백파긍선, 김호귀 역, 『선과선리』, 하얀연꽃, 2013, pp.80~81.
39 환성지안·백파긍선, 김호귀 역, 앞의 책, pp.80~81.
40 환성지안·백파긍선, 김호귀 역, 앞의 책, pp.81~82.
41 환성지안·백파긍선, 김호귀 역, 앞의 책, p.83.

여 조동종을 위에다 편록을 하였는가?" 하는 등의 의문점을 제기하면서 각 종파의 법체를 더욱 자세히 살펴볼 필요가 있다고 설하고 있다.[42]

이렇게 『선문오종강요』의 선종 5가에 대한 간략한 종지를 요약해 살펴보았는데, 비록 선종 5가에 대해 두 저술 모두 자세한 내용을 수록하지 않고 각 종파의 순위는 다르지만, 『강요』도 『선가귀감』과 마찬가지로 임제종의 종지를 확고히 계승하고 있다는 점을 확인할 수 있다.

아울러 청허휴정과 환성지안 두 분 모두 스러져가는 선문禪門의 활발한 중흥을 위한 간절한 발원으로 저술하였다는 것은 명백하다.

42 환성지안·백파긍선, 김호귀 역, 앞의 책, p pp.82~83.

V. 『선가귀감』 및 『선문오종강요사기』와
『선문오종강요』의 내용 비교

『선문오종강요』의 보다 면밀한 이해를 위해 환성지안이 속한 문파의 비조인 청허휴정의 『선가귀감禪家龜鑑』, 환성지안의 후손인 백파긍선의 『선문오종강요사기禪門五宗綱要私記』를 살펴볼 필요가 있다.

『강요』의 경우 선종 5가에 대한 86쪽의 분량 가운데 임제종을 가장 먼저 소개하는데, 42쪽 분량으로 가장 많은 지면을 할애하고 있다. 선문오종의 경우 임제종에 가장 많은 지면을 할애하고 있는 것은 『선가귀감』도 같다. 그러나 『선가귀감』과 달리 『강요』에서는 운문종을 임제종 다음으로 소개하고 있는데, 운문종에 대해서는 9쪽에 해당하는 지면을 할애하고 있다.

가장 눈에 띄는 특징은 『선가귀감』에서 조동종이 두 번째로 소개되어 있는 데 반해, 『강요』에서는 조동종이 세 번째로 30쪽 분량으로 소개하고 있는데, 두 번째로 소개하고 있는 운문종보다 조동종에 대해 좀 더 자세한 설명을 하고 있다는 점이다. 위앙종과 법안종의 경우는 각각 3쪽의 분량을 할애하여 구성되어 있다.[1]

1. 『선가귀감』과 『선문오종강요』의 과목

『선가귀감』과 『강요』의 과목을 비교하기에 앞서 『선가귀감』의 간행사항을 간략하게나마 살펴보도록 하겠다.

『선가귀감』은 단장문斷章文 형식으로 최초의 한문본인 1579년 본(송광사 기묘본) 82장과 1633년 본(용복사본) 81장, 그리고 1610년 언해본(송광사본) 153장이 있다. 언해본과 한문본의 70장 정도의 차이는 원래 『삼가귀감三家龜鑑』의 불교편의 내용이 언해본을 이룬 뒤에, 한문본이 만들어질 때 기존의 내용을 정선하는 과정에서 발생한 것이다.

그러나 한문본이나 언해본이나 분량의 차이만 제외하고 사상적 내용이나 전체의 구성은 크게 다르지 않다. 다만 면밀한 연구에는 언해본에서 더욱 풍부한 자료를 얻을 수 있는데, 언해본은 단장문 형식으로 특별히 품과 절이 나누어져 있지 않아서 학자에 따라 그 과목을 약간씩 다르게 하고 있다. 박제양·배규범의 경우 과목을 매우 간략하게 6종으로 구분하는 반면, 우정상·신법인은 8종으로 나누고 있으며, 김영욱은 13종으로 상세한 분류를 하고 있는데,[2] 본 연구에서는 『강요』의 과목과 김영욱의 과목이 비교 분류하기에 적절하기 때문

---

1 환성지안·백파긍선, 김호귀 역, 앞의 책, pp.219~220.
2 김영욱, 『정선 휴정』, 대한불교조계종, 2010, pp.69~247.

에 이를 따르고자 한다.

특히 김영욱의 경우에는 분류의 소제목에서 스님의 자세와 경책 또는 각 종파의 법계와 법문의 특징, 특히 임제종지 등과 같이 과목의 내용을 보다 알기 쉽게 풀어쓰고 있다.

우정상·신법인의 경우 7단에서 지도자론과 실증묘득문이 있는데, 이를 제외하면 분류 형식과 과단의 제목까지 비슷하여 차이점을 찾기 어렵다.[3] 이에 본 연구에서는 김영욱과 우정상 등이 분류한 과목 등을 참조하여 분류하고자 한다.

다음의 표4는 성재헌이 옮긴 『선문오종강요』[4]의 과목을 분류하여 정리한 것이다.

표4를 보면 『선가귀감』과 『선문오종강요』의 과목科目 및 구성構成이 둘 다 임제종이 제일 순위이고, 다음 순위만 다르다는 것을 알 수 있다.

표4. 『선가귀감』과 『선문오종강요』의 과목科目[5]

청허휴정의 『선가귀감』	환성지안의 『선문오종강요』
1. 서문	1. 서문
2. 본문	2. 임제종
1) 일물(본분과 신훈)	1) 三句(삼구)
2) 불조론(교외별전과 선교의 차별)	2) 三玄(삼현)
3) 화두참구와 그 요소	3) 三要(삼요)
4) 마음의 근원(신해문)	4) 四料揀(사료간)

3 李定炫, 「『禪家龜鑑』의 禪思想과 看話修行法 硏究」, 동국대학교대학원 석사학위 논문, 2013, pp.14~15.

4 환성지안, 성재헌 역, 앞의 책, pp.5~119.

142

『선가귀감』에는 임제종-조동종-운문종-위앙종-법안종의 순
으로 배열하였으며, 『강요』에는 임제종-운문종-조동종-위앙종-
법안종의 순으로 기록하고 있다. 이는 대개 『인천안목』의 연장선으로
파악할 수 있다.

그러나 김호귀는 환성지안의 『강요』의 내용이 『인천안목』의 내용을
요약하였으며, 일부의 내용에 대해서 독창적으로 덧붙이기도 하고
왜곡된 종파의 교의를 피력하거나 이를 충실하게 반영하지 못한 문제
점을 인식하였지만, 그와 같은 입장을 크게 벗어나지는 못했다고
평하고 있다.[6]

김호귀는 앞에서도 논의한 바와 같이, 제자인 북해함월이 쓴 『강
요』의 「서문」을 예로 들어 이것이 당시에 팽배한 임제종우월주의
때문이라 어쩔 수 없었다고 하는데, 이에 대해서 필자는 면면히 내려오
던 우월주의라기보다는 임제종의 수행 가풍과 신훈을 절절하게 강조하
고자 한 환성지안의 심중을 간파해야 할 필요가 있다고는 것을 피력하
고자 한다.

김호귀는 또한 『강요』가 조선 후기 환성지안의 제자들인 백파긍선
의 『선문수경』과 초의의순의 『선문사변만어』 등을 통한 선禪 논쟁의
근거가 되었다는 것에 큰 의미를 부여한 바 있다.[8]

---

5 환성지안, 성재헌 역, 앞의 책, pp.20~21과 김영욱, 『정선 휴정』, 대한불교조계종,
  2010, pp.69~247의 과목을 비교 분류하여 표로 정리하였다.
6 휴정, 김호귀 역, 앞의 책, pp.65~66.
7 휴정, 김호귀 역 앞의 책, p.66.
8 휴정, 김호귀 역, 앞의 책, p.6.

이와 같이 환성지안이 『강요』를 집필한 동기는 임제종의 종지 및 신훈의 계승 의지와 불교 중흥의 대원에서 시작된 것이라고 보는 것이 더욱 타당하다고 여겨진다.

임제종에 대해 『선가귀감』에는 "옛적에 마조의 일할에 백장회해는 대기를 터득했고 황벽은 대용을 터득하였으니, 대기는 원만하게 상응한다는 뜻이고 대용은 곧바로 절단한다는 뜻이다."라고 설하고 있으며, 이에 대해 "『경덕전등록』[9]에 수록되어 있다."고 분명히 밝히고 있다.[10] 또한 『선가귀감』에는 선종 5가에 대해 "무릇 조사의 종파에는 다섯 갈래가 있는데, 임제종과 조동종과 운문종 그리고 위앙종과 법안종이다."라고 설하고 있다.[11]

이와 같이 『선가귀감』이 선종 5가 적전의 계보와 가풍을 상세하게 설하고 있다면, 『강요』는 선종 5가의 내용을 더욱 자세하게 다루고 있으며, 앞에서 논의한 바와 같이 둘 다 임제종을 가장 우선순위에 놓고, 내용 또한 가장 많이 할애하고 있다는 점은 같다고 하겠다.

또한 선종 5가의 나열 순위가 『선가귀감』의 경우 두 번째 순위를 조동종으로 하고 있는 반면에, 『강요』에는 두 번째 순위에 운문종을 소개하고 있으며, 그 순위는 다르지만 임제종에 이어 조동종에 많은

---

9 道原 纂, 『景德傳燈錄』 卷6(大正藏 51, 249c). "馬大師一喝 得三日耳聾眼黑 黃蘗聞 擧不覺吐舌…"

10 休靜, 『禪家龜鑑』(韓佛全 7, 644上). 휴정, 김호귀 역, 앞의 책, p.118. "昔馬祖一 喝也 百丈得大機 黃蘗得大用 大機者 圓應爲義 大用者 直截爲義 事見傳燈錄."

11 休靜, 『禪家龜鑑』(韓佛全 7, 644中). 휴정, 김호귀 역, 앞의 책, p.118. "大凡祖師 宗途有五曰臨濟宗 曰曹洞宗 曰雲門宗 曰潙仰宗 曰法眼宗."

분량을 할애한 점은 같다.

『선가귀감』에서는 임제종의 적전을 본사 석가모니불부터 제 33세 육조혜능 대사에 이르러 6조 하에 직전되었다고 한다. 이 적전의 계보는 남악회양(南嶽懷讓, 677~744) ─ 마조도일(馬祖道一, 700~788) ─ 백장회해(百丈懷海, 749~814) ─ 황벽희운(黃蘗希雲, ?~850) ─ 임제 의현(臨濟義玄, ?~867) ─ 흥화존장(興化存獎, 830~888) ─ 남원혜옹(南 院慧顒, 896~973) ─ 풍혈연소(風穴延沼, 896~973) ─ 수산성념(首山省 念, 926~993) ─ 분양선소(汾陽善昭, 947~1024) ─ 자명초원(慈明楚圓, 986~1039) ─ 양기방회(楊歧方會, 992~1049) ─ 백운수단(白雲守端, 1025~ 1072) ─ 오조법연(五祖法演, ?~1104) ─ 원오극근(圓悟克勤, 1063~1135) ─ 경산종고(徑山宗杲, 1089~1163) 등이다.[12]

김호귀는 『선문오종강요』를 번역한 『선과 선리』와 『선가귀감』에서 "임제종을 제외한 종파는 모두 육조혜능 밑에서 방전[13]되었으며, 운문 종은 마조도일 밑에서 방전되었고, 위앙종은 백장회해 밑에서 방전되 었으며, 법안종은 설봉의존 하에 방전되었다."[14]고 밝히고 있다.

이렇듯 『선가귀감』과 『강요』에 각 종파의 가풍을 묘사하고 있는데,

---

12 休靜, 『禪家龜鑑』(韓佛全 7, 644中). 휴정, 김호귀 역, 앞의 책, p.118. "本師釋迦 佛至三十三世 六祖慧能大師下直傳 曰南嶽懷讓 曰馬祖道一 曰百丈懷海 曰黃蘗 希運 曰臨濟義玄 曰興化存獎 曰南院道顒(남원혜옹으로 오기 수정함) 曰風穴延沼 曰首山省念 曰汾陽善昭 曰慈明楚圓 曰楊歧方會 曰白雲守端 曰五祖法演 曰圓悟 克勤 曰徑山宗杲禪師等."

13 청허휴정은 선종 5가 가운데 임제종을 제외한 그 밖의 다른 종파는 모두 방계로 보고 있다.

14 휴정, 김호귀 역, 앞의 책, 2013, p.13.

먼저 임제종의 가풍을 우선순위로 두면서 "맨손에 칼 하나를 들고 부처를 초월하면서 조사를 초월한다."고[15] 묘사하고 있다. 이를 위해 "삼세의 고금을 삼현과 삼요로 변별하고 용과 뱀의 학인을 주빈으로 실험하니, 금강보검을 들고 나무에 붙은 정령들을 쓸어버리며, 사자의 위용을 떨쳐 여우와 너구리의 간담을 찢어버린다."[16]라고 한다. 그리고 『인천안목』에서는 임제종을 "맑은 하늘에 벼락이 치고 평지에 파도가 일어난다."[17]고 설하고 있다.

또한 김호귀는 조동종에 대해 『강요』에는 조동종의 가풍을 세 번째 순위로 설하고 있는데 『선가귀감』에서는 조동종을 두 번째로 설하고 있다고 평한다.[18] 이 또한 "육조혜능 하에 방전되었다."[19]라고 밝히고 있다.

『선가귀감』에는 조동종의 가풍에 대해 "방편으로 오위를 내세워 세 근기를 제대로 제접하니 보검을 비켜 차고서 모든 사견의 수풀을 잘라버리며 묘협을 널리 펴서 온갖 반연에 천착하는 것을 절단해버리니, 이는 위음왕불 이전의 소식으로 두 눈에 가득 펼쳐지는 공겁 이전의 소식이 항아리에 담긴 달처럼 분명하다."[20]라고 설하고 있으며,

---

15 休靜, 『禪家龜鑑』「臨濟家風」(韓佛全 7, 644下). 휴정, 김호귀 역, 앞의 책, pp.119~122. "臨濟家風 赤手單刀 殺佛殺祖."

16 休靜, 『禪家龜鑑』「臨濟家風」(韓佛全 7, 644下). 휴정, 김호귀 역, 앞의 책, pp.119~122. "辨古今於玄要 驗龍蛇於主賓 操金剛寶劍 掃除竹木精靈奮獅子全威 震裂狐狸 心膽 識臨濟宗麼."

17 晦巖智昭, 『人天眼目』卷2(大正藏 48, 311b). "…靑轟霹靂 平地起波濤."

18 휴정, 김호귀 역, 앞의 책, pp.13~14.

19 휴정, 김호귀 역, 앞의 책, pp.29~32.

이에 대해 『인천안목』에서는 "불조의 출현 이전 공겁을 벗어나 정과 편이 두루 유무에 걸림이 없다."[21]로 요약하고 있다.

운문종에 대해 김호귀는 '『강요』에서는 두 번째 순위에 해당한다'고 하였으며,[22] 운문종의 가풍에 대해 『선가귀감』에서 "칼과 창끝에 길이 있고 철벽에는 관문이 없고, 그 칼끝이 천하에 드러난 갈등을 뒤엎어 흔들며 분별식정의 견해를 잘라버리고, 전광석화와 같은 지혜는 분별 사량을 벗어나 있어 활활 타오르는 불꽃 속에서 어찌 안주하게 할 수 있겠는가?"[23]라고 묘사하고 있다고 평한 바 있다. 이에 대해 『인천안목』에서는 "주장자가 도리천에 뛰어오르고, 찻잔 속에는 삼세의 제불이 설법한다."[24]고 설한다.

다음으로 위앙종의 가풍에 대해 『선가귀감』에서는 "스승과 제자가 서로 노래로 화답하니, 아버지와 아들이 함께 일가를 이루네. 옆구리에 글자가 쓰여 있고 머리의 뿔이 높이를 다투니, 실중室中에서 제자를 제접하여 사자의 허리가 부러진다."[25]라고 한다.

---

20 休靜, 『禪家龜鑑』 「曹洞家風」(韓佛全 7, 644下). 김호귀 역, 앞의 책, pp.122~124. "曹洞家風 權開五位 善接三根 橫抽寶劍 斬諸見稠林 妙恊弘通 截萬機穿鑿 威音那畔滿目烟光 空劫已前一壺風月 要識曹洞宗麼."

21 晦巖智昭, 『人天眼目』 卷3(大正藏 48, 311c). "佛祖未生空劫外 正偏不落有無機."

22 휴정, 김호귀 역, 앞의 책, p.126.

23 休靜, 『禪家龜鑑』 「雲門家風」(韓佛全 7, 644下). 휴정, 김호귀 역, 앞의 책, p.126. "雲門家風 劍鋒有路 鐵壁無門 掀翻露布葛藤 剪却常情見解 迅電不及思量 烈焰寧容湊 泊 要識雲門宗麼."

24 晦巖智昭, 『人天眼目』 卷2(大正藏 48, 313b). "柱杖子跳上天 盞子裏諸佛說法."

25 休靜, 『禪家龜鑑』 「潙仰家風」(韓佛全 7, 645上). "潙仰家風 師資唱和 父子一家 脇下書字 頭角崢嶸 室中驗人 獅子腰折." 휴정, 김호귀 역, 앞의 책, pp.126~128.

또한 "사구를 여의고 백비를 단절하여 한주먹에 쳐부수며, 입은
두 개이고 혀는 없지만 구곡九曲에 구슬이 널리 통하였으니, 그대
위앙의 종지를 알고자 하는가?"[26]라고 하여 이를 위앙종의 종지로
소개한다. 위앙종에 대해『인천안목』에서는 "파손된 비석이 고로古路
에 나뒹굴고, 철우鐵牛는 옹골방에서 잠만 자네."[27]라고 한다.

마지막으로 법안종의 가풍에 대해서『선가귀감』에서는 "언言 속에
메아리가 있고 구句 속에 칼날을 감추고 있으니, 촉루로 항상 세계를
방어하고 콧구멍으로 가풍을 갈아내니, 바람을 일으키는 도리깨와
달빛을 머금은 모래섬에서 진심을 드러내어 푸른 대나무와 노란 꽃은
묘법을 뚜렷하게 드러낸다."[28]라는 대목을 통해 그 종지를 밝히고
있다. 또한『인천안목』에서는 그 종지를 "바람에 밀려난 조각구름이
멀리 고개를 넘고, 달빛 머금은 물은 다리 밑을 흘러간다."[29]라고
요약한다.

이와 같이『선가귀감』에서는 선종 5가의 가풍을 간략하게 법안종에
대해 설한 다음에 별도로 임제종의 종지를 설명하고 있는데,『강요』는
앞에서 살펴본 바와 같이 좀 더 세세한 설명을 첨가하고 있다. 아울러
『인천안목』에는 "무릇 일구에 삼현이 들어 있고, 일현에는 삼요가

---

26 休靜,『禪家龜鑑』「潙仰家風」(韓佛全 7, 645上). 휴정, 김호귀 역, 앞의 책,
    pp.126~128. "離四句絶 百非 一搥粉碎有兩口無一舌 九曲珠通 要識潙仰宗麼."
27 晦巖智昭,『人天眼目 卷4(大正藏 48, 323c). "斷碑橫古路 鐵牛眠少室."
28 休靜,『禪家龜鑑』「法眼家風」(韓佛全 7, 645上). 휴정, 김호귀 역, 앞의 책,
    p128~130. "法眼家風 言中有響 句裏藏鋒 髑髏常干世界 鼻孔磨觸家風風柯月渚
    顯露眞心翠竹黃花 宣明妙法 要識法眼宗麼."
29 晦巖智昭,『人天眼目』卷6(大正藏 48, 331a). "風送斷雲歸嶺去 月和流水過橋來…"

들어 있다."라고 한다.[30]

한편 삼요에 대해 청허휴정은『선가귀감』에서 "일구一句는 무늬 없는 도장이고, 삼현三玄과 삼요三要는 무늬 있는 도장이며, 방편과 진실은 현玄이고, 점검과 제접은 요要라 한다."[31]고 하였는데, "삼구는 제일구에서 몸을 잃고 목숨을 상실하며, 제이구에서는 말하기도 전에 그르치고, 제삼구는 똥 치우는 빗자루다."라고 묘사하고 있다.[32]

삼요에 대해『선가귀감』에서는 "제일요가 점검이 곧 대기이고, 제이요는 점검이 곧 대용이며, 제삼요는 점검과 제접이 동시다."라고 설한다.[33]

삼현에 대해『선가귀감』에는 "체중현은 삼세가 찰나이고, 구중현은 경절의 언구이며, 현중현은 양구와 방과 할이다."라고 한다.[34] 이에 대해『인천안목』에서는 "체중현은 삼세와 일념이고, 두 번째 구중현은 경절언구 등이며, 세 번째 현중현은 양구와 방할 등이다."라고 하면서 이를 각각 체중현體中玄, 용중현用中玄, 의중현意中玄이라고 이름하고

---

30 晦巖智昭,『人天眼目』卷1(大正藏 48, 302b). "大凡一句中具三玄 一玄中具三要…"

31 休靜,『禪家龜鑑』「別明臨濟宗旨」(韓佛全 7, 645上). 휴정, 김호귀 역, 앞의 책, p.135. "別明臨濟宗旨 大凡一句中具 三玄 一玄中具三要 一句無文綵印 三玄三要 有文綵印 權實玄照用要."

32 休靜,『禪家龜鑑』「三句」(韓佛全 7, 645上). 휴정, 김호귀 역, 앞의 책, p.136. "三句 第一句喪身失命 第二句 未開口錯 第三句 糞箕掃箒."

33 休靜,『禪家龜鑑』「三要」(韓佛全 7, 645上). 휴정, 김호귀 역, 앞의 책, p.136. "三要 一要照卽大機 二要照卽大用 三要照用同時."

34 休靜,『禪家龜鑑』「三玄」(韓佛全 7, 645上). 휴정, 김호귀 역, 앞의 책, p.137. "三玄 體中玄 三世一念等 句中玄 徑截言句等 玄中玄 良久棒喝."

있다.[35]

사료간四料揀[36]에 대해서도 마찬가지로 청허휴정은『선가귀감』에서 "첫째는 주관을 부정하고 객관을 긍정하는 것은 하근기를 제접하는 것이며, 둘째는 객관을 부정하고 주관을 긍정하는 것은 중근기를 제접하는 것이고, 셋째는 주관과 객관을 모두 다 부정하는 것은 상근기를 제접하는 것이고, 넷째는 주관과 객관을 모두 다 긍정하는 것은 출격인을 제접하는 것"[37]이라고 한다.

사빈주四賓主[38]에 대해서도 역시 청허휴정은 "첫째는 빈중빈으로 수행납자에게 콧구멍이 없는 것으로 질문도 있고 답변도 있다고 하고, 둘째로 빈중주는 수행납자에게 콧구멍이 있는 것으로 주인공도 있고 법도 있는데, 셋째로 주중빈은 스승에게 콧구멍이 없으니 질문만 있다고 하였으며, 넷째로 주중주는 스승에게는 콧구멍이 있는 것으로 일체의 기특한 것을 긍정한다."고 설한다.[39]

또한 청허휴정은『선가귀감』에서 사조용四照用[40]에 대해 "첫째로는

35 晦巖智昭,『人天眼目』卷1(大正藏 48, 301c~302a). "三玄… 體中玄用中玄意中玄."

36 晦巖智昭,『人天眼目』卷1(大正藏 48, 300b~300c). "四料揀 奪人不奪境."

37 休靜,『禪家龜鑑』「四料揀」(韓佛全 7, 645上~645中). 휴정, 김호귀 역, 앞의 책, p.137. "奪人不奪境 待下根 奪境不奪人 待中根 人境兩俱奪 待上根 人境俱不奪 待出格人."

38 晦巖智昭,『人天眼目』卷1(大正藏 48, 303a~303b). "四賓主賓中賓賓中主主中賓主中主."

39 休靜,『禪家龜鑑』「四賓主」(韓佛全 7, 645中). 휴정, 김호귀 역, 앞의 책, p.138. "四賓主 賓中賓 學人無鼻孔 有問有答 賓中主 學人有鼻孔 有主有法 主中賓 師家無鼻孔 有問在 主中主 師家有鼻孔 不妨奇特."

40 晦巖智昭,『人天眼目』卷1(大正藏 48, 304a~304c). "四照用 先照後用先用後照照用

먼저 점검하고 나중에 제접하는 것으로 사람을 내세운 것이라 하고, 둘째로는 먼저 제접하고 나중에 점검하는 것인데 이는 법을 내세운 것이며, 셋째로는 점검과 제접을 동시에 하는 것은 밭가는 소를 빼앗고 배고픈 사람의 밥을 빼앗는 것이라 하며, 넷째는 점검과 제접을 따로 하여 질문도 있고 답변도 있는 것"이라 설하고 있다.[41]

다음의 사대식四大式[42]은 삼요를 크게 벗어나지 않는데, 이에 대해 청허휴정은『선가귀감』에서 "첫 번째인 정리正利는 소림면벽류이고, 두 번째인 평상平常은 화산타기류[43]이며, 세 번째인 본분本分은 산승불회류이고, 네 번째인 공가貢假는 달마불식류다."[44]라고 하여 이를 4가지로 분류한다.

同時 照用不同時."

41 休靜,『禪家龜鑑』「四照用」(韓佛全 7, 645中). 휴정, 김호귀 역, 앞의 책, pp.139. "四照用 先照後用 有人在 先用後照 有法在 照用同時 驅耕奪食 照用不同時 有問有答."

42 사대식의 첫째인 정리는 소림 면벽한 달마와 좌선은 깨침의 모습으로 좌선 그대로 정전正傳의 자세이며, 둘째로 평상의 경우는 천차만별의 다양한 행위 속에서 향상의 도리를 보여주는 행위로 평상성의 현현으로 본래성불의 모습을 나타낸다. 셋째로 본분은 알고 모르는 것과는 관계가 없이 그저 그렇게 완전하다는 것이다. 넷째로 공가는 보리달마의 일화에서 볼 수 있는 모습을 말한다.

43 화산禾山은 앞의『禪門五宗綱要』의 내용에서도 밝힌 바와 같이 화산무은(禾山無殷, 884~960)을 말하며, 화산타기禾山打鼓는 화산해타기禾山解打鼓라고도 하는데, 화산은 누가 무엇을 묻든지 해타기解打鼓라고만 하였다고 하는데, 이는 모든 사실은 하나의 진실로 통한다는 뜻이다.

44 休靜,『禪家龜鑑』「四大式」(韓佛全 7, 645中). 김호귀 역, 앞의 책, p.140. "四大式 正利少林面壁類 平常禾山打鼓類 本分山僧不會類 貢假達摩不識類."

사할四喝에 대해 『선가귀감』에는 "첫째로 금강왕보검의 할을 휘둘러 일체의 정해情解를 끊어버리는 것"[45]이며, "둘째로 거지사자의 할은 말을 하고 기를 뿜어내어 모든 마구니의 뇌를 파열하는 것"[46]이고, "셋째로 탐간영초의 할은 그 유무를 찾아내어 스승의 정법안장을 잇는 것"[47]이며, "넷째로 일할이 일할로만 작용하는 것이 아닌 할은 위의 삼현과 사빈주를 구비해야 한다."라고 설하고 있다.[48]

마지막으로 팔방八棒에 대해서도 『선가귀감』에서는 "촉령반현방과 접소종점방과 고현상정방과 고책벌방과 순종지상방과 유허실변방과 맹가할방과 소제범성정방이 있으며, 이와 같은 법은 꼭 임제종풍에만 국한되는 것은 아니라 위로는 제불과 아래로는 중생의 모든 깜냥에

---

45 이는 체할體喝로 주가용主家用이다. 학인이 지해정량知解情量에 얽매여 명상언구에 빠져 있을 때 대기를 발휘하여 할을 하는 경우를 말한다.

46 이는 용할로 빈가용賓家用이니, 곧 학인이 스승의 역량을 떠보려고 하거나 소기소견을 노출할 때 스승이 위엄을 나타내 할을 하는 것을 말한다. 마치 사자의 포효에 야천뇌열野千腦裂하듯이 대기대용大機大用을 발휘하는 것을 뜻한다.

47 이는 체용구할體用俱喝로 빈주가용賓主假用을 뜻한다. 이는 곧 스승이 학인의 수행을 이끌기도 하고, 반대로 학인이 스승의 역량을 떠보려고 할을 하는 감험勘驗의 경우를 말한다.

48 休靜, 『禪家龜鑑』 「四喝」(韓佛全 7, 645中). 휴정, 김호귀 역, 앞의 책, pp.141~142. "金剛王寶劍 一刀揮斷 一切情解 踞地獅子 發言吐氣 衆魔腦裂 探竿影草 探其有無師承鼻孔 一喝不作一喝用 具上三玄四賓主等."
*이는 구경할究竟喝, 곧 전할全喝로 위의 금강왕보검의 할, 거지사자의 할, 탐간영초의 할 등 어느 곳에도 포함되지 않으며, 그 세 가지 할을 모두 포함할 뿐 아니라 나아가서 저 앞의 삼현과 사빈주 등을 모두 구비하여 무한한 공덕을 획득하는 작용의 할이다. 그래서 향상向上 나변那邊의 할이라고도 한다.

이르기까지 모두에게 해당되니, 그러므로 만약 이 설법을 벗어나게 된다면 모두 망어가 되는 것이다."[49]라고 밝히고 있다.

이에 대해 『강요』에서는 팔방의 내용이 『인천안목』에 있으니 이를 살펴보라고[50] 하였지만, 사실 『인천안목』 그 어디에도 해당되는 부분을 찾아볼 수 없다.

그리고 『강요』에서는 팔방의 명칭을 "촉령반현방觸令返玄棒·접소종정방接掃從正棒·고현상정방靠玄傷正棒·순종지방順宗旨棒·유허실방有虛實棒·맹가할방盲枷瞎棒·고책방苦責棒·소제방掃除棒·범성방凡聖棒"[51]이라 하여 그 명칭에서 소소한 차이를 보이고 있다. 촉령반현방이란 명령을 위반하고 현지를 거스를 때 때리는 방이며, 접소종정방은 근기에 맞게 망정을 쓸어 없애고자 바른 이치에 따라 때리는 방이다. 고현상정방은 현묘함에 묶여 바른 이치를 손상할 때 때리는 방을 말하며, 순종지방은 종지에 순응할 때 때리는 방이다. 유허실방은 허와 실을 점검하려고 때리는 방이고, 맹가할방은 봉사나 애꾸의 도리깨질 같은 방을 말하는 것이다. 그리고 고책방은 따끔하게 나무라

---

49 休靜, 『禪家龜鑑』 「八棒」(韓佛全 7, 645中). 휴정, 김호귀 역, 앞의 책, p143. "八 棒 觸令返玄 接掃從正 靠玄傷正 苦責罰順宗旨 賞棒有虛實辨棒 盲枷瞎棒 掃除凡聖 正棒此等法 非特臨濟宗風 上自諸佛下至衆生 皆分上事 若離此說法 皆是妄語."

50 환성지안, 앞의 책, 「八捧」(韓佛全 9,461下). "八捧 註在眼目 檢而說之." 휴정, 성재헌 역, 앞의 책, pp.43~46.

51 환성지안, 앞의 책(韓佛全 9 461下). 환성지안, 성재헌 역, 앞의 책, pp.43~46. "觸令返玄接掃從正 靠玄傷正 虛實盲枷瞎苦責 掃除凡聖 上三句三玄 乃至八捧等 法 非 特臨濟風上自諸佛 下至衆生 皆分上事若離此說法 皆是妄語."

는 방이며, 소제범성방은 범부와 성인을 모두 쓸어 없애는 방으로 범부 혹은 성인이라고 하는 분별심을 불식시키고 나아가 본분자리를 자각하도록 이끌어주기 위해 내리는 방을 말한다.

앞에서 살펴본 바는 『선가귀감』「별용임제종지別用臨濟宗旨」의 내용인데, 『강요』에서는 『선가귀감』보다 선종 5가의 각 종파에 대해 좀 더 세세한 주석을 첨가하고 있다. 한편 『선가귀감』은 임제종에 대해서 더욱 각별하고 세세하게 설하고 있으며, 조동종에도 비교적 많은 지면을 할애하고 있다.

또한 『선가귀감』의 「별용임제종지」에서는 "임제의 할과 덕산의 방은 모두 무생법을 철저하게 증득한 것으로, 머리끝에서 발끝까지 투철하게 대기와 대용이 시공에 자재하여 전신으로 출몰하고 전신으로 감당하니 이는 문수와 보현과 같은 대인의 경계라도 물리쳐버리며, 이러한 사실을 논하게 되면 임제와 덕산도 역시 다툼을 좋아하는 귀신을 면하지 못한다."[52]라고 하면서 이를 엄중히 경고한다. 그리고 임제종지에 대해서 "늠름하고 예리한 지혜의 칼인 취모검으로 서슬 퍼런 칼끝조차 건드리지 말고, 번뜩이는 빛은 아름다운 물방울과도 같으며, 구름 걷힌 밤하늘에 고요한 달빛만 비추고 있다."[53]라고 묘사하

---

52 休靜, 앞의 책, 「別用臨濟宗旨」(韓佛全 7, 645下). 휴정, 김호귀 역, 앞의 책, p.144. "臨濟喝 德山棒 皆徹證無生 透頂透底 大機大用 自在無方 全身出沒 全身 擔荷 退守文 殊普賢大人境界 然據實而論 此二師 亦不免儻 心鬼子凜凜吹毛 不犯 鋒鋩 爍 爍寒光珠 寥寥雲散月行天."

53 休靜, 앞의 책, 「別用臨濟宗旨」(韓佛全 7, 645下). 휴정, 김호귀 역, 앞의 책, p144. "凜凜吹毛 不犯鋒鋩 爍爍寒…."

고 있다.

이와 같이 『선가귀감』과 『강요』의 내용을 비교해 보면, 앞에서도 살펴본 바와 같이 둘 다 선종 5가 중 임제종을 가장 우선순위에 놓고 가장 많은 지면을 할애하는 등 임제종을 우위에 둔 것이 공통점이라 할 수가 있는데, 이는 청허휴정과 환성지안이 다 임제종의 종지를 계승한 선사이며, 이러한 종풍에 대한 투철한 계승 의지를 드러낸 것이라고 생각된다. 그리고 환성지안은 『강요』라는 제목에서도 이미 밝히고 있듯이 각 종파에 대해 『선가귀감』보다 더욱 면밀한 설명을 더하고 있는 것을 볼 수 있다.

한편 김보혜는 『선가귀감』에서 석가세존께서 설한 내용에 대해 "선은 부처의 마음이고 교는 부처의 말씀(禪是佛心선시불심 教是佛語교시불어)이며, 이와 같은 정의는 모든 사람에게 불성이 있기에(一切衆生悉有佛性일체중생실유불성) 누구나 마음을 닦으면 부처가 될 수 있다는 성도문으로 석가모니로부터 내려오는 전통적인 불교관에 바탕을 두고 있다."[54]고 하였다.

따라서 김보혜도 "삼처전심이나 살활의 문제 등 모든 문제를 해결하려 한 것은 백파긍선의 법손인 설두유형의 방향"[55]이라 하였는데, 이는 필자의 관점에서 볼 때도 바르게 판단한 것이라 하겠다. 또한 사변四辨인 조사선과 여래선, 그리고 격외선과 의리선의 구조로도 해결할 수 없는 면이 있지만 여래선과 의리선이 일치할 수 없다는

---

54 김보혜, 「백파의 삼종선에 관한 초의의 비판에 대한 고찰」, 『동서철학연구』 90권, 한국동서철학회, 2018, pp.80~85.

55 김보혜, 앞의 논문 pp.82~85.

것을 밝히고, 조사선과 격외선이 일치한다고 볼 수 없으니, 조사선이 진귀 조사의 원천을 지닌 것이라면 부처의 선법도 진귀 조사에게서 배운 것이기 때문에 조사선의 중시가 옳다는 선법임을 밝히고 있다. 격외선이 삼처전심에 의거했다고 하지만 이는 부처가 진귀 조사에서 선법을 배운 것은 방법이지 핵심적인 내용은 아니기 때문에 부처의 선법은 깨달음의 필수인 것이며, 따라서 오로지 부처의 선법만이 깨달음에 이를 수 있는 선법이라고 주장할 수 있게 된다고 밝히고 있다.[56]

이렇듯 필자도 여래인 불타가 삼처전심을 행했으나 조사선이어야만 한다는 모순은 그대로 인정될 수밖에 없었을 것이라 본다. 그래서 전통적인 신념으로 보아 백파긍선의 편에 손을 들 수밖에 없으나, 바로 이 점이 균형을 잃은 신념이라는 점에서 당시 신진들은 크게 반발했을 것이며, 그 반대의 구체적인 방법은 초의의순과 추사에 의해 이루어졌을 것이다. 이런 점으로 보았을 때 필자는 선계의 두 논쟁은 한번쯤 거쳐야 할 과제이나 이 또한 그러한 논쟁에만 머물러서도 안 될 것임을 피력하고자 한다.

한편 김호귀는 삼처전심과 오교에 대해, 앞에서 간략하게 논의한 바 있는데, 다음과 같이 요약하고 있다.

삼처전심이란 선지(禪旨, 선의 뜻)의 근원을 밝힌 것으로, 석가모니께서 첫째로 다자탑 앞에서 자리를 절반 나누어 앉은 것(多子塔前分半座 다자탑전반분좌)이며, 둘째로 영산회상에서 꽃을 들어 보인 것(靈山會上

56 김보혜, 앞의 논문, pp.88~90.

擧拈花영산회상거염화)이고, 셋째는 사라쌍수 밑에서 관 밖으로 두 발을
내보인 것(沙羅雙樹槨示雙趺사라쌍수시상부) 등의 세 가지를 말한다.[57]

또한 교의 근원은 석가모니가 49년 동안 설법한 가르침으로, 오교는
인천교를 비롯해서 소승교와 대승교 그리고 돈교와 원교 등의 다섯
가지를 말한다. 선과 교의 근원은 석가모니로, 가섭존자는 삼처전심을
통해서 선의 등불을 이어받았고, 교를 널리 전파한 사람은 아난존자이
다. 선교의 근원에 대한 청허휴정의 교상판석에 따르면 청허휴정은
말 없음으로써 말 없는 데 이르는 것은 선이고, 말 있음으로써 말
없는 데 이르는 것은 교이니, 마음은 선법禪法이고 말은 교법敎法이라
고 하여 선을 교보다 우위에 두어 선법을 채택하고 있다.[58]

이와 같이 청허휴정은 선교 양종을 제도적으로 통합하기 위한 이론
을 세울 필요에 의해 『선교석』을 저술했는데, 이 책은 선이 교에
우선한다는 선교관을 정립하고 있다.[59] 청허휴정은 선 수행에 들어가기
위한 방편으로써만 교학의 필요성을 인정하면서 선과 교를 통합하였으
며, 선교일치보다는 사교입선(捨敎入禪, 교를 배운 후에 버릴 수 있어야
선에 들 수 있음)의 입장을 밝히고 있다.

청허휴정은 또한 임제종의 간화선(看話禪, 화두를 들고 수행하는 참선
법)을 가장 중요시했으며 화두로는 '구자무불성狗子無佛性'을 강조하고
있다.[60]

---

57 휴정, 김호귀 역, 앞의 책, p.23.
58 휴정, 김호귀 역, 앞의 책, pp.23~25.
59 청허휴정, 『禪敎釋』(韓佛全 7, 655上). "…所謂 三也 此敎外別傳之旨 … 狗子無佛性…."

아울러 근기에 따라 교와 유심정토사상에 기초한 염불문도 들고
있다. 청허휴정 이후 경전 공부와 선과 염불이 불교계의 공통된 수행방
법으로 자리하게 되었다. 휴정은 유교와 불교 그리고 도교가 모두
이름뿐이니 그 근본적인 가르침이나 궁극적 목적은 같다는 삼교일치를
주장하기도 하였다. 또한 성리학의 의리적 도통관道統觀에 대하여도
불교의 법통관法統觀을 제시하고, 『선가귀감』을 통해 선종 5가 7종의
한 종파인 임제종의 법통 계승을 역설하기에 이르게 된다.[61]

또한 환성지안의 『강요』「임제종」중「삼요」등에는 이 말 없는
언어도단의 세계에 대해 '풍 장로와 호월 선객의 문답'에서 설하기를
"호월 선객이 청풍 장로에게 1구가 무엇인지를 물었을 때 풍 장로는
무릇 조사의 심인 혹은 모든 부처님의 법인을 바로 삼요로써 문양을
삼았기에 삼요의 도장이라 하는데, 이는 곧 달마께서 전하신 문양
없는 도장(無文印)이니, 혹 이 도장을 허공에 찍고 뭉개더라도 끝내
조짐이나 자취가 없기에 단지 그것을 삼요라 한다."[62]라고 밝히고
있다.

---

60 휴정, 앞의 책(韓佛全 7, 636下). "祖師公案 有一千七百則 如狗子無佛性 庭前栢樹
子麻三斤 乾屎橛之流也 雞之抱卵 暖氣相續也 猫之捕鼠 心眼不動也 至於飢思
食 渴思水 兒憶母 皆出於眞心 非做作底心 故云切也 叅禪無此切心能透徹者 無
有是處."

61 휴정, 앞의 책(韓佛全 7, 644上). "大抵學者 先須詳辨宗途 昔馬祖一喝也 百丈耳瓏黃
蘗吐舌 這一喝 便是拈花消息 亦是達摩 初來底面目 吁 此臨濟宗之淵源."

62 환성지안, 앞의 책, 『臨濟宗: 三要』(韓佛全 9, 460中). "月禪客問第一句 如何 風曰
夫祖師心印 亦名諸佛法印 今以三要爲文 故稱三要印…." 환성지안, 성재헌 역,
앞의 책, p.31.

이어서 호월이 아무런 조짐이나 자취도 없는데 왜 삼요라고 이름하
느냐고 묻자, 청풍 장로는 한 차례 할을 하고 묻기를 '어느 곳에 떨어졌
냐?'고 도리어 묻고는 '문양이 없기만 하다면 도장이라 하겠는가?'
하면서 '허공에 자취가 없다면 누가 도장을 받았다고 하겠느냐'고
답한다. 이는 이름도 법수도 없는 가운데 삼요를 판별할 수 있어야
하는 것이니, 이 한 번의 할은 바로 관조이고 활용으로, 이러한 근기는
곧 위음왕불 이전에 있는 것으로 비로자나불을 초월하여 대총지를
얻게 되며, 따라서 제1구에 깨닫게 되면 부처와 조사의 스승이 된다고
설한다.[63]

또한 환성지안은 『강요』에서 "허공에 도장을 찍는 제1의 조사선과
수면 위에 도장을 찍는 제2의 여래선은 모두 의리를 벗어난 격이기
때문에 단지 달자들만이 서로 밀의를 전수하며, 다만 허공에 도장을
찍는다거나 수면에 도장을 찍는다고 하는 비유로 표현될 뿐 현玄이나
요要라 하는 명칭이 있을 뿐이다. 그런즉 상사가 들으면 허공에 도장을
찍는 1구에 직입直入하고, 중사가 들으면 수면 위에 도장을 찍는 2구에
능입能入하게 되며, 하사下士는 아직 의리의 지혜를 벗어나지 못했으니
비록 허공이나 수면에 도장을 찍는다 해도 그 언어에 막혀버리게

---

63 환성지안, 앞의 책, 『臨濟宗: 三要』(韓佛全 9, 460中). "月禪客問第一句如何風曰
夫祖印亦名諸佛法印今以三要 爲文故稱三要印其實則達麼所 傳無文印字也或
提此印 向虛空 裡搭破了無朕迹直名三要 月問 朕迹旣無何名三要風喝一喝 云落
在甚處月矍然 風曰若但 無文何名爲印空若無迹執云 受搭無名數中當辨三要大
須 審細我此一喝是照 也是用也 如百丈得大機云云如前所引 此機所入 直在威音
已前毘盧向上得大揚持…." 환성지안, 성재헌 역, 앞의 책, pp.28~35.

된다."[64]라고 설하고 있다.

『강요』도『선가귀감』과 마찬가지로 선종 5가에 대한 종지와 내용 대부분을『인천안목』에서 가져온 것이다.[65] 또한『강요』가『선가귀 감』에서 제시한 신훈과 수행의 자세를 거울삼아 선대의 종지를 그대로 잇고 있다는 것을 밝히고 있다는 점은 주목할 만하다.

『강요』가 내용면에서『선가귀감』보다는 선종 5가의 과목에 대해 좀 더 세세한 설명과 주석을 첨가하였다는 것 말고는 별다른 차이점은 없다. 하지만『강요』가 선종 5가 중 활발한 수행납자를 가장 많이 배출한 임제종풍을 계승하고자 하는 의지를 보이고 있다는 점과 스러 져가는 선불교의 중흥을 꾀하기 위한 간절한 의지로 편찬되었다는 관점에서 보면, 청허휴정이 저술한『선가귀감』의 선종 5가에 대한 내용뿐 아니라 임제 가풍의 종지를 이어온 그 뜻을 함께한 것이라 할 수 있겠다.

또한『강요』는 선종 5가에 대한 간략한 요지만을 소개하고 있기 때문에 달리 환성지안만의 선사상이라 할 수 있는 내용은 거의 없다. 하지만 이 말 없는 언어도단인 선禪의 세계에서 그가 구태여 말로 표현할 필요가 없었을 것이라 여겨진다.

---

64 환성지안, 앞의 책(韓佛全 9, 460下). "月間第三句中復云 三句者何以 風日至此建化 一門旁施午説倒用横拈如 圓悟云 作家漢將三要印印空 印水印泥以驗人者在師 家邊云 也 大慧云 上士聞道如印印空中下例知 就賓家邊云耳比皆此句中 事切莫 錯會或若滯他 言句認他光影尙不能自救是 所謂第三句薦得自救不了." 환성지 안, 성재헌 역, 앞의 책, pp.30~35.
65 김호귀는『선과 선리』에서『인천안목』에서 인용된 부분이 적어도 약 120회 이상이라고 밝히고 있다.

그럼에도 불구하고 필자는 환성지안의 『강요』가 우리나라에서 간행된 선종 5가에 대한 종합적인 강요서로는 최초라는 점에 그 의미를 부여해 보고자 한다.

『강요』는 선종 5가 중 임제종을 가장 우선순위에 둔 것은 『선가귀감』과 같으며, 다음 순위는 『선가귀감』이 조동종을 2순위로 둔 것과는 다르게 날카로운 가풍인 운문종을 조동종보다 앞 순위에 소개하면서 차이점을 보이고 있다.

아울러 『강요』는 선종 5가에 대해 『선가귀감』보다 중점을 두고 세세하게 다루고 있는데, 이는 후일에 백파긍선의 『선문오종강요사기』를 낳게 하였고, 초의의순과 같은 탁월한 두 문손으로 인하여 조선 후기 선 논쟁의 시발점이 되게 하는 등의 지대한 업적을 남길 수 있게 되었다고 평가할 수 있겠다.

2. 『선문오종강요사기』의 선종 5가에 대한 관점

『강요』의 선종 5가禪宗五家에 대한 관점을 살펴보기 위해 먼저 백파긍선의 『선문오종강요사기』에서 정리한 내용을 살펴볼 필요가 있는데, 김호귀는 다음의 표5로 정리한 바 있다.

표5를 보면 백파긍선의 『선문오종강요사기』 역시 청허휴정의 『선가귀감』과 환성지안의 『강요』에서와 마찬가지로 임제종을 가장 우선순위로 하는 등 선대의 임제종풍의 전통을 그대로 잇고자 하는 관점을 보인다.

『선문오종강요사기』는 임제종의 대기대용을 중심으로 선종 5가에

대한 교의를 전반에 걸쳐 해석하고 있는 것을 특징으로 하고 있다.[66]

또한 당시의 선종 5가에 대한 개별적인 설명을 한눈에 파악할 수 있도록 정리하였으며, 선종 5가에 대해 종지를 밝힌『강요』에 대한 나름의 평을 붙인 주석서라 하겠다.

그리고 조동종의 경우『선문오종강요사기』에 동산洞山의「삼종강요三種綱要」와「잡록」이 있는 등 환성지안의『강요』에 대해 더욱 자세한 주석을 덧붙이고 있다.[67]

표5. 『선문오종강요사기禪門五宗綱要私記』의 선종 5가 내용[68]

임제종	운문종	조동종	위앙종	법안종
임제종지	운문종지	조동종지	위앙종지	법안종지
삼구	운문삼구	편정오위	삼종생	육상
삼현	추고	동산의 공훈오위	원상	천태덕소의 사료간
삼요	일자관	조산의 군신오위		
사료간	파릉삼구	조산의 삼타		
사빈주		동산의 삼종삼루		

---

66 환성지안·백파긍선, 김호귀 역,『선과 선리』, 하얀연꽃, 2013. p.228.
   김호귀는 백파긍선이 기타의 저술에서 나름대로 하나의 원칙을 정해 해석을
   가했다고 평하고 있다. 예를 들어 56세 때 저술한『수선결사문修禪結社文』은
   수많은 인용문헌을 바탕으로 하여 수선의 원칙을 기준으로 삼았으며, 60세에
   저술한『선문수경禪文手鏡』은 본분과 신훈을 중심으로 하였으며, 79세에 저술한
   『육조대사법보단경요해六祖大師法寶壇經要解』는 진공묘유眞空妙有를 기준으로
   한 점을 들어 설하고 있다.
67 白坡亘璇,『禪門五宗綱要私記』(日本 駒潭大學 필사본 pp.8-9). "總敍宗旨 明機用者
   … 標擧宗旨 卽明大機大用則 具足三要 … 亦攝在於三要等也 早已括盡當宗語句
   也." 백파긍선, 김호귀 역, 앞의 책, pp.70~71.
68 환성지안·백파긍선, 김호귀, 앞의 책, p.220.

사조용	동산의 삼종강요		
사대식			
사할			
사방			
팔방			

잡록
원오극근의 오가종요
삼종사자三種師子 이야기
분양선소의 삼구
암두전활의 칼날을 감추는 네 가지 사장봉四藏鋒
육대조사六代祖師의 문답
십무十無의 문답
네 가지 다툼과 같음 이류異類
조주종심의 삼문三門

임제종에 경우에도 백파긍선은 임제종의 총체를 설명하면서 "처음의 두 구는 무릇 기機를 설명한 것이고 다음의 두 구는 기機와 용用을 합하여 설명하고 있다. 상구에서는 삼현과 삼요를 설명하면서 삼현과 삼요는 모두 고금을 변별한 것으로 그 심천이 같지 않고, 고금이 삼현에 있을 때는 체로 아직 미도未到이므로 2구가 되고, 고금이 삼요에 있을 때는 기와 용이라 하는데 이는 능도能到이므로 일구가 된다."[69]라고 하여 『강요』보다 더욱 자세한 주석을 덧붙인다.

또한 하구의 사빈주를 설명하면서 "제자를 제접할 때 빈중주와

---

69 白坡亘璇, 『禪門五宗綱要私記』(日本 駒潭大學 필사본 pp.8-9). "總敍宗旨 明機用者 ··· 標擧宗旨 卽明大機大用則 具足三要 ··· 亦攝在於三要等也 早已括盡當宗語句 也." 백파긍선, 김호귀 역, 앞의 책, pp.70~71.

주중주의 경우는 용에 해당하고, 빈중빈과 주중빈의 경우는 뱀이다."[70] 라고 비유하고 있다.

다음의 표6은 『강요』와 『선문오종강요사기』의 선종 5가에 대한 내용을 비교하기 위해 그 내용을 표로 정리해 본 것이다.

표6. 『선문오종강요』와 『선문오종강요사기』의 선종 5가의 내용

『선문오종강요』	『선문오종강요사기』
1. 임제종	1. 임제종
1) 三句(삼구)	1) 臨濟宗旨(임제종지)
2) 三玄(삼현)	2) 三句(삼구)
3) 三要(삼요)	3) 三玄(삼현)
4) 四料揀(사료간)	4) 三要(삼요)
5) 四賓主(사빈주)	5) 四料揀(사료간)
6) 四照用(사조용)	6) 四賓主(사빈주)
7) 四大式(사대식)	7) 四照用(사조용)
8) 四喝(사할)	8) 四大式(사대식)
9) 八棒(팔방)	9) 四喝(사할)
	10) 八棒(팔방)
2. 운문종	2. 운문종
1) 三句(삼구)	1) 雲門宗旨(운문종지)
2) 推顧(추고)	2) 雲門三句(운문삼구)
3) 一字關(일자관)	3) 推顧(추고)
4) 巴陵(파릉)이 三句(삼구)로 雲門(운문) 의 법 계승	4) 一字關(일자관)
	5) 巴陵三句(파릉삼구)

---

70 白坡亘璇, 앞의 책(日本 駒潭大學 필사본 pp.5~9). "…總敍宗旨 明機用者 標擧 宗旨 卽明大機大用則 具足三要 故爲第一句祖師禪正脈也 … 卽驗人手段賓中主 主 中主爲龍 賓中賓主中賓爲蛇也…." 백파긍선, 김호귀 역, 앞의 책, pp.70~71.

3. 조동종 　1) 偏正五位(편정오위) 　2) 功勳五位(공훈오위) 　3) 君臣五位(군신오위) 　4) 曹山(조산)의 三墮(삼타) 　5) 洞山(동산)의 三漏(삼루)	3. 조동종 　1) 曹洞宗旨(조동종지) 　2) 偏正五位(편정오위) 　3) 曹山의 功勳五位(조산의 공훈오위) 　4) 洞山의 君臣五位(동산의 군신오위) 　5) 曹山의 三墮(조산의 삼타) 　6) 洞山의 三種三漏(동산의 삼종삼루) 　7) 洞山의 三種綱要(동산의 삼종강요)
4. 위앙종 　1) 三種生(삼종생)	4. 위앙종 　1) 潙仰宗旨(위앙종지) 　2) 三種生(삼종생) 　3) 圓相(원상)
5. 법안종 　1) 六相(6상) 　2) 德韶 國師(덕소 국사)의 四料揀(사료간) 　3) 圓悟(원오)의 五宗綱要(오종강요)	5. 법안종 　1) 法眼宗旨(법안종지) 　2) 六相(6상) 　3) 天台德韶(천태덕소)의 四料揀(사료간)
6. 잡록 　1) 세 종류 師子(사자)에 관한 말씀 　2) 分陽(분양)의 3구 　3) 巖頭(암두)의 네 가지 칼날을 감춤 　4) 육대조사의 문답 　5) 열 가지 無(무)에 관한 문답 　6) 네 가지 異類(이류) 　7) 趙州(조주)의 三門(삼문) 　　- 文殊面目(문수면목) 　　- 觀音妙唱(관음묘창) 　　- 普賢妙用(보현묘용)	6. 잡록 　1) 원오극근의 오가종요 　2) 三種師子(삼종사자) 　3) 분양선소의 삼구 　4) 암두전활의 四藏鋒(사장봉) 　5) 육대조사의 문답 　6) 십무의 문답 　7) 네 가지 다름과 같음(四異類 : 사이류) 　8) 조주종심의 三門(삼문)

　표6에서 보듯이 『선문오종강요사기』는 기초적인 강요서로서, 그 내용과 구성 에서 『강요』의 범위를 크게 벗어나지 않는다.

　또한 앞의 『선문오종강요사기』의 과목에서도 논의된 바와 같이 삼현三玄에 대해서도 "삼현은 단지 살인도와 진금포와 여래선으로 다자탑전 분반좌 소식일 뿐으로, 무릇 임제[71]도 조구이니 곧 일구마다 반드시 삼현문三玄門이 갖추어져 있고,[72] 이 또한 "제삼구를 가리키는 것으로 신훈과 중도로써 교화문을 드러낸 것이니, 마치 스승이 노래하고 제자가 그에 화답한 것과 같은 것이며, 일구마다 반드시 삼현문이 갖추어져야 하고, 삼구에는 무릇 신훈의 삼구만 갖추어져 있는데, 2구에서도 삼현을 설할 수 있으므로 일현一玄마다 삼요三要가 갖추어져 있다."[73]라고 설하고 있다.

이는 궁극에 가서 『임제록』과 『인천안목』 그리고 『강요』의 종지를 같이하고 있음을 밝히고 있으니, 부처도 진귀 조사로부터 선 수행법을 배워서 대오할 수 있었기 때문이다.

---

71 임제가 설한 무릇 종승을 거론하자면 일구마다 반드시 삼현문이 갖추어져야 하며 일현마다 반드시 삼요가 갖추어져 있으니, 그래서 권權도 있고 실實도 있으며, 조照도 있고 용用도 있다고 하였다. 첫째 체중현體中玄은 양구良久와 봉棒·할喝 등이니, 이를 각각 체중현·용중현用中玄·의중현意中玄이라고도 한다는 내용이다.

72 환성지안, 앞의 책(韓佛全 9, 450上); 회암지소, 『人天眼目』 卷1(大正藏 48, 302a); 임제의현, 『鎭州臨濟慧照禪語錄』(大正藏 47, 477a). *이는 『禪門五宗綱要』(韓佛全 9, 450上)의 원문으로 『人天眼目』과 『臨濟錄』도 같은 내용이다. "大凡擧唱宗乘一句中 須具三玄門 一玄中須具三要有權有實 有照有用 汝等作麼生會 一體中玄 三世一念 等 二句中玄 徑截言句等 三玄中玄 良久捧喝等 亦名體中玄 用中玄 意中玄."

73 白坡亘璇, 앞의 책(日本 駒潭大學 필사본 pp.1~10, 동국대 필사본 pp.8~9). "卽權明實 又明權實上 故但爲殺人刀眞金鋪如來禪卽分座消息也 … 一句中須具三玄門." 환성지안·백파긍선, 김호귀 역, 앞의 책, pp.71~81.

즉 조사선도 큰 깨달음도 큰 스승, 즉 조사가 있어야만 가능하다는 뜻으로, 백파긍선 역시 청허휴정과 환성지안으로 이어져 내려오던 조사선 중심의 전통선 수행을 고수[74]하고 있다는 말이기도 하다. 백파 긍선을 중심으로 전개된 이

선문 논쟁은, 영·정조 시대에 실학의 물결이 일반 서민들에게까지 깊이 파고들었던 시기인 1790년에서 1926년에 이르는 약 1세기를 넘는 동안에 호남의 대흥사계大興寺系와 선운사禪雲寺를 중심으로 조선조 말기를 장식하게 된다.

이 시기 선 논쟁은 불교계의 거대한 물결에 비유할 정도로 열띤 양상을 보였다. 더구나 이 시기는 전통사상의 흐름을 반성하게 하는 외래사상과 실오라기 정도의 과학사상이 우리나라에도 이해를 촉구하는 시대였다. 이러한 시대적 배경 속에서 초의의순이 추사 김정희와 다산 정약용 등의 유학인들과 교류하면서 선가의 전통을 계승한 백파 긍선의 이론을 반성하고자 선 논쟁이 이루어지게 된 것이다.[75] 초의의순이 주창한 논의는 당시의 시절인연에는 더욱 부합되고, 지금 여기의 인연에 충실한 것이라 하겠다.

김보혜는, 백파긍선이 청허휴정과 환성지안으로 이어진 사선 중심의 전통선 수행을 고수한 이라 한다면, 같은 환성지안 계열의 후손인

---

74 白坡亘璇, 앞의 책(日本 駒潭大學 필사본 pp.1~10. 동국대 필사본 p.9). "故但爲殺人刀眞金鋪如來禪卽分座消息也 ⋯ 一句中須具三玄門." 환성지안·백파긍선, 김호귀 역, 앞의 책, p.125.

75 김보혜, 「백파의 삼종선에 관한 초의의 비판에 대한 고찰」, 『동서철학연구』 90권, 한국동서철학회, 2018. pp.80~85.

초의의순은 서양 과학이 알려진 그 당시 현실에 맞게 합리적 설명이 필요한 선 수행으로 개혁하자고 주장한 이라고 평하고 있다.[76]

이는 부처도 진귀 조사로부터 선 수행법을 배워서 대오할 수 있었기 때문에 조사선도 큰 깨달음도 큰 스승, 즉 조사가 있어야만 가능하다는 말이다.

이에 김보혜는 부처가 큰 깨달음을 얻는 데에 진귀 조사의 수행법을 따르긴 했으나 이를 부처뿐만 아니라 여러 사람들이 배웠으며 오직 부처만이 대오한 것은 전통 수행의 방법을 자기화할 수 있었기에 가능할 수 있었던 것이라 한다. 또한 부처처럼 대오하려면 조사 중심이 아닌 부처의 수행법을 따라야 하지만 부처와 조사들로부터 전해 내려오는 전통적 체험 중심의 방법만 주장하게 된다면 부처의 수행법은 결코 현대화될 수 없는 고정관념에 사로잡히게 된다고 덧붙이고 있다.[77]

한편 김보혜는 이 시기에 대해 다음과 같이 간략하게 요약하고 있다. 첫째로 이 시기는 신구 세력의 교체기라 하였으며, 둘째로 호락논쟁湖洛論爭과 실학의 큰 물결이 일어나기 시작한 때라 하였고, 셋째로는 묵은 가치를 뒤엎고 나오는 신흥종교와 서학의 물결이 함께 조용히 싹터오는 시기라 하면서도 백파긍선과 초의의순의 입장은 단순히 한두 사람의 주관에서 나타나는 선 논쟁에 그친 것은 아닌 것으로, 적어도 이는 고려 말 이후 한국선의 전통적 이해를 통해 새롭게 펼쳐져야 할 문제점[78]이라 지적하고 있다.

---

76 김보혜, 앞의 논문, pp.81~83.
77 김보혜, 앞의 논문, pp.83~84.

이렇듯 환성지안뿐만 아니라 초의의순과 백파긍선이 속한 문도의
비조인 청허휴정이 설한 선문의 이해를 위해서 고려 말『선문보장
록』과 합절한『선문강요집』이 공식적으로 받아들여지고, 청허휴정의
『선가귀감』과『선교석』등이 소개되면서『선문촬요』에서도『보장
록』과『선문강요집』등을 금과옥조의 기본문으로 인정하면서 조선조
후대 선禪 계열의 학자들은 이를 반드시 지켜야 할 전통처럼 받아들이
게 된다.

이러한 현상은 조선 후기 단지 백파긍선뿐만 아니라 청허휴정의
『선가귀감』과 환성지안의『강요』가 선가 5종을 평가하는 대표적 자료
로 자리하고 있었기 때문에 있을 수 있는 일이라 하겠다.

필자도 역시『강요』가 중국의『인천안목』의 뒷받침 속에 이루어진
것이라 하나, 토착화된 한국선의 전통을 잇는 청허휴정과 환성지안으
로 이어지는 선사상의 맥락으로 볼 때 초의의순보다는 백파긍선의
입장이 더 정론에 가깝다고 한 것이 타당하다고 본다. 하지만 초의의순
역시 환성지안의 문손임에 더 주목해 볼 필요가 있다는 것을 피력하고
자 한다.

물론 부분적으로는 삼종선이 삼구에 근거해서 이루어진다고 한
데에는 초의의순 등이 문제 삼고 있는 백파긍선 특유의 주장도 있기는
하다. 하지만 이러한 백파긍선의 논리는 합리성을 띠고 선을 새롭게
이해하려는 초의의순과 우담홍기와 축원진하의 사상을 끝내 설득시키
지 못했고, 도리어 초의의순의 주장이 옳다고 여기는 데에도 부인할

---

78 김보혜, 앞의 논문, pp.84~86.

수 없는 설득력이 있다.

김보혜 역시 그럼에도 불구하고 여전히 백파긍선의 논리는 선문의 정로이고, 일반적으로 선계에서 간주하는 그의 전통성 또한 부인할 수는 없다고 하였듯이,[79] 선가의 종통의 계승과 그 전통을 잇는다는 것은 무엇보다 중요한 의미를 지닌다.

백파긍선 이후 이들의 논란은 중요한 논지를 띠고 있는데, 첫째로 삼처전심의 문제와 둘째로 살과 활 그리고 삼구 등 소위 선학 전통을 추리하고 심성과 연결하여 논술하는 문제라 하겠다.

또한 필자는 오늘날 전통적 선을 추구하고자 하는 것이 비록 근거 없는 전설이 될지라도 이를 그대로 묵수하는 것이야말로 선지의 실천 이 되는 길임을 피력하고자 한다. 아울러 조사선 위주의 수행 가풍에 깊게 깔려 있는 핵심은 스승의 전심사상으로, 대담하게도 불타의 대각보다도 진귀 조사가 불타에게 조사선을 전심했다는 설이야말로 당시 한국 선사상의 중대한 전통으로 확립된 것이다.

환성지안이 『강요』에서 임제종에 대해 설할 때에도, 「삼요」에 대해 청풍淸風 장로와 월月 선객의 문답의 비유를 들어 일구一句에 대한 설명을 할 때에도 공空이라는 용어로 표현하고 있는데, 이에 달한 자들의 허공에 도장을 찍는다고 한 것은 바로 다음 장에서 논의될 환성지안 선시의 핵심인 무분별지無分別智의 반야(공)를 뜻한다.

마지막으로 『강요』에서는 선가의 언어도단의 세계에서 보여 지는 반야(공)사상을 간략하게 볼 수 있다. 이는 『환성시집』에 나타난

---

79 김보혜, 앞의 논문, pp.84~86.

환성지안의 선사상 중에서 선가의 언어도단의 무분별지에 대한 반야
(공)사상과도 일치하는 것으로, 다음의 『환성시집』에서 더욱 자세하
게 다루도록 하겠다.

또한 『강요』 「잡록」의 조주삼문趙州三門 중 '문수의 면목'에서 반야
(공)의 의미에 대해 더욱 명확히 밝히고 있다.[80] '문수의 면목' 게송의
첫 구절인 '약위문수모若謂文殊貌'는 선종 5가의 종지를 쉽게 풀어
쓴 『오가종지찬요五家宗旨纂要』(작자미상, 1857)에 '약위문수호若謂文
殊戶'로 되어 있어 어느 정도 유사하기는 하나 일치하는 것은 아니며,
『오가종지찬요』의 동종洞宗, 곧 조동종으로 여기에서는 삼해탈문이라
표현하고 있다.[81]

이에 대해 백파긍선의 『선문오종강요사기』 「잡록」에서도 「조주삼
문」에 대해 "문수는 대기원응을 문으로 하고, 보현은 대용직절을 문으
로 삼아 모두 묘용妙用으로 방참傍參하니 낱낱이 모두 삼요三要를
갖추고 있다."[82]고 하면서 「문수의 면목」에 대해 좀 더 상세하고 분명한

---

80 환성지안, 앞의 책(韓佛全 9, 467上). "趙州三門未詳誰頌 文殊面目 若謂文殊貌
頭頭路不阿 東林靑鬱密 南岳碧嵯峨 天際懸空月 庭中帶雨莎 更尋玄妙相 箭已過
新羅." "문수의 모습을 말해 보자면, 어느 길에서건 아첨하지 않나니 동쪽 숲은
푸르러 울창하고, 남쪽 산은 시퍼렇게 치솟았구나! 하늘 끝에는 허공에 매달린
달, 뜰에는 비에 젓은 베짱이여. 또다시 현묘한 모습을 찾으려 한다면, 화살은
이미 신라를 지나버렸구나!"

81 작자미상, 『五家宗旨纂要』 卷中(卍續藏經 65, 276b). "趙州三門未詳誰頌 文殊面目
若謂文殊大智戶⋯曹洞宗 三解脫門⋯."

82 白坡亘璇, 『禪門五宗綱要私記』 卷4 「雜錄」(日本 駒潭大學 필사본 pp.95~100).
"文殊大機圓應 普賢大用直截 觀音機用齊施爲門 如是而妙在傍參 故一一皆具三
要." 환성지안·백파긍선, 김호귀 역, 앞의 책, pp.212~213.

주석을 더하고 있다. 또한 "문수는 보현·관음 중 첫 번째로 등장하며, 백파도 문수의 면목이 대지大智라고 하여 모든 사람이 본래로 구족하고 있으니 일체의 색법에 즉한다."라고 하여 문수의 면목을 설한다.[83]

문수의 면목을 설하는 대목에서 푸른 산 허공의 달과 비 맞은 베짱이 등은 모두 형형색색이라는 뜻으로 이 또한 문수의 모습을 나타내고 있는데, "문수는 두 가닥으로 머리를 땋았고, 두 구는 대기의 면목이 두두물물에 드러나지만 조금도 왜곡된 도리가 없으니, 이는 곧 온갖 색이 그대로 드러나듯이 조사의 뜻도 여실하게 드러나기 때문이다. 동림에 푸른 숲이 울창하여 푸르게 우뚝 솟아 두 구는 기와 용을 여법하게 설명하니 상구는 대용이고, 하구는 대기이며, 다음의 하늘가 에 달이 매달려 있어 마당엔 비를 맞은 베짱이가 있다는 것은 기와 용이 회호하고 방참한 연유를 설명한 것"[84]이라 묘사하고 있다.

아울러 백파긍선은 『선문오종강요사기』에서 "상구는 상 가운데(허 공)에 활이 갖추어져 있어 매달려 있는 달로 대기원용을 뜻하며, 하구는 활(마당에 내리는 비) 가운데 살이 갖추어져 있으니 대용직절이라 하며, 이 상구의 내용은 바로 알 수가 있고, 하구에서 마당은 곧 목전에 드러난 경계이니 용이며, 비는 만물을 윤생하게 하므로 용이 되고,

83 白坡亘璇, 『禪門五宗綱要私記』 卷4 「雜錄」(日本 駒潭大學 필사본 pp.95~100).
   "大智故爲機 是人人本具之面目也", 환성지안·백파긍선, 김호귀 역, 앞의 책,
   pp.212~213.
84 白坡亘璇, 『禪門五宗綱要私記』 卷4 「雜錄」(日本 駒潭大學 필사본 pp.95~100).
   "卽一切法明之 靑林 碧岳 空月 雨莎 皆色也. 文中初二句標指大機面目 頭頭現
   露…回互傍參." 환성지안·백파긍선, 김호귀 역, 앞의 책, pp.213~214.

베짱이는 광명이 없어 무기력하여 기이며, 이 중간에 있는 사구 이하에 있는 이구 또한 같다고 한다. 이들은 또다시 현묘한 모습으로 화살은 이미 신라를 지나갔다고 했으니, 여기에서도 일체 색의 경계를 벗어나 다시 대기의 묘한 면목이 없음을 결론적으로 드러내고 있기 때문에 또다시 이를 벗어나 달리 문수의 면목을 얻으려 한다면 곧바로 어그러지고 만다."[85]라고 설하고 있다.

이에 대해 필자는『강요』「잡록」에 수록된「조주삼문」중「문수면목」에 대해 환성지안의 후대인 백파긍선은『선문오종강요사기』「잡록」의「조주삼문」중 문수·보현·관음 중 첫 번째로 등장하는「문수의 면목」이 곧 대지라고 분명히 밝히는 점을 들어, 이는 곧 다음 장에서 논의될 전통적인 선가의 선사상인 반야(공)사상으로 귀결되는 것임을 밝히고자 한다.

이에 대해서는『선문오종강요사기』를 저술하여 임제종지를 선양한 선의 종장인 환성지안의『강요』에 대한 비평과 이해를 심화한 백파긍선의 또 다른 저서인『선문수경』에서도 언급하고 있다. 백파긍선은 "유무有無에 빠지지 않고, 빠졌다는 생각조차도 없는 무분별지의 반야(공)에 대해 설한 진공묘유眞空妙有"[86]로『강요』에 나타난 환성지안의

---

85 白坡亘璇,『禪門五宗綱要私記』卷4「雜錄」(日本 駒潭大學 필사본 pp.95~100). "上句殺中(天祭空) 具活(懸月) 故爲 大機圓應 下句活中庭中雨 具殺(帶莎) 故爲 大用直截上句可知…此一切色境界外 更無大機玄妙之面目 故離此別覓 則差過 也." 환성지안·백파긍선, 김호귀 역, 앞의 책, pp.213~214.

86 白坡亘璇,『禪文水鏡』(韓佛全10 515中). "道者 處處無碍淨機 光用是齊施 上妙有三 要 三卽一 皆空而無實 有此眞空一竅 山僧今日見處 與佛祖不." 환성지안·백파긍선, 김호귀 역, 앞의 책, pp.213~214. "도란 어느 곳에서나 걸림 없는 청정한(이

선사상을 요약하고 있는 것을 보아도 알 수 있다.

부분은 기틀[機]을 설명하는 것임) 빛의 부분은 작용(用)을 설명하는 것으로(이
부분은 기틀[機]과 작용[用]을 아울러 설명한 것임), 이상은 묘유의 삼요(妙有三要)를
설명한 것이니, 이 셋(부처·법·도)은 모두 같은 것으로 빈 이름일 뿐이고 실체가
있는 것은 아니다. 이것은 진공의 한 구멍인 진공일규(眞空一竅)를 설명한 것으로
진정 도를 배우는 사람이라면 한순간도 생각에 끊어짐이 없어야 한다."

VI. 『환성시집』에 나타난 선사상

1. 환성지안 선시의 선사상적 분류

『환성시집』에는 환성지안의 선시 143편과 여기에 환성지안의 「행장」
을 쓴 제자 함월해원이 스승의 선시에 차운한 선시 1편을 포함한
144편의 시가 수록되어 있다.

여기에 오봉이 환성지안의 선시를 도연명의 시에 비추어 쓴 「서문」
과 끝부분에 실린 스승 월담설제의 「월담찬관촉관음대상月潭讚灌燭觀
音大像」과 월담설제와 풍담의심의 「임종게」와 호암체정의 임종게 등
이 실려 있으나, 정작 환성지안의 갑작스런 입적으로 인해 그의 임종게
는 볼 수 없다. 대신 이를 미리 예견하듯 제자들에게 남긴 다수의
선시가 있다.

제자인 화월성눌이 편찬한 『환성시집』에 흐르고 있는 그의 선사상
을 대별하여 요약하면, 선객으로서 환성지안의 무분별지의 세계를

묘사하고 있는 반야(공)사상과 화엄의 종장으로서 원융무애圓融無碍 사상이라 할 수 있겠다.

환성지안의 선시는 자연과 하나가 되는 깨달음의 경지를 표현하여 그의 시적 경지를 도연명에 견주기도 하며, 또한 선어록의 화두를 바로 시의 소재로 쓰는 등 선과 시가 둘이 아닌 물아일여의 경지를 볼 수 있다.

환성지안의 선시는 수행자의 일상으로 세발洗鉢하고 향 사르는 그 이면의 세계, 즉 말과 글로 표현할 수는 없는 언어도단의 세계임에도 선시를 통해 물아일여의 경지로 승화하고 있다.

다음의 표7는 『환성시집』에 수록된 선시 144편을 분류한 것으로, 오도시와 격외시 및 유식과 여래장 사상 등을 무분별지의 반야(공)사상으로, 대승불교의 양대 실천사상인 화엄과 법화 사상으로, 기타 선시들을 후학에게 전하는 교화시 및 산거시와 시의 운을 따라 지은 선시로 분류하여 그 예를 살펴본 것이다.

환성지안의 선시에는 선문답의 공안을 직접 소재로 채택하여 선사상을 그대로 집약한 선시, 탈속한 산사의 일상과 자연과의 교감을 읊은 선적시禪迹詩와 시의 형식에 맞춰 자연스럽게 있는 그대로를 표현하거나 고인의 시를 차운한 선시, 이별의 정한과 후학들에게 전하는 교화시 및 도반이나 제자들에게 인간적인 감회를 교류한 선시 등이 있다.

이처럼 『환성시집』에 수록된 144편의 선시를 선사상으로 분류하여 고찰하는 것 자체로 큰 의미를 가지고 있다고 하겠다.

표7. 환성지안 선시禪詩의 분류

*내용이 분류상 중복된 선시의 경우는 한 곳에만 해당됨.

선사상 및 선시의 종류		오언절구	칠언절구	오언율시	칠언율시	계
般若(空)의 무분별지(오도와 격외도리 또는 유식 및 여래장 등)		8	4	1	.	13
화엄(상즉상입 및 원융무애)		4	2	.	1	7
법화(법화경을 권하여 이를 실천함)		.	1	.	.	1
禪問答(화두 및 공안을 소재로 하여 선시에 선사상을 집약함)		8	1	1	.	10
*기타선시	− 탈속한 산사의 일상에 대한 山居詩 및 자연과 사찰의 풍광을 노래한 禪迹詩	6	16	11	4	37
	− 운을 따라 자연스럽게 탈속한 정신세계를 선시의 형식에 담아 선시로 노래하거나 또는 古人의 선시에 차운한 선시 *(제자 함월해원이 스승의 선시에 차운한 선시 1편이 포함됨)	6	12(*1)	3	1	22(*1)
	− 이별의 정한과 인간적인 감회를 솔직 담박하게 표현한 교류시와 후학에게 전하는 교화시	26	24	.	4	54
*기타 선시의 소계		38	2(*1)	14	9	113(*1)
계		58	60(*1)	16	10	144(*1)

표7로 환성지안의 144편의 선시를 사상적으로 분류하고자 하였지만, 선시 문장의 구절구절마다 꼭 이것이라고 표현할 수 없는 언어도단인 무분별지의 정신세계를 사상적으로 분류한다는 것은 사실 단순한 언어표현의 접근만으로는 어려운 점이 있다.

『환성시집』에는 선객으로서 환성지안의 선시에 흐르는 탈속한 무상과 무아의 세계를 노래하며 담박한 일상사를 기록한 그의 무분별지 또는 반야(공)사상과 그가 종횡무진으로 전국에 개설하였던 화엄법회에서 설한 원융무애의 사상이 깃들어 있음을 볼 수 있다.

아울러 『환성시집』에 수록된 그의 선시들 중에는 제자에게 교화를 실천하는 과정에서 『법화경』과 『능가경』 등을 필독할 것을 권유했던 선시가 각각 1편이 있다. 『능가경』 부분은 반야(공)사상의 영역으로 포함시켰으며, 단지 1편의 선시만 등장하고 있다 해도 환성지안이 후학에게 『법화경』 실참을 권하고 있는 점에서, 그리고 법화사상이 화엄사상과 더불어 대승의 양대 실천사상이라는 점에서 『법화경』의 선사상으로 분류하였다.

다음으로는 선문답의 과정에서 화두나 공안 등을 직접 선시의 소재로 선택하여 그의 선사상이 압축된 선시들을 분류한 후 기타의 선시를, 첫째로 환성지안의 선시 가운데 탈속한 산중의 일상사를 읊은 산거시山居詩 또는 사찰의 절경을 노래한 선적시禪迹詩로 분류하고, 둘째로 오언절구나 칠언절구나 율시 등의 시의 형식을 빌려 언어 이전의 정신세계를 표현한 선시 혹은 고인의 선시에 차운을 붙인 선시와, 셋째로 선객으로서 이별의 정한이나 인간적인 감회를 소박하게 표현한 교류시나 후학들에게 전하는 교화시로 분류하여 그 예를 살펴보고자 한다.

이제 환성지안의 선시 전반에 흐르고 있는 무분별지의 정신세계 혹은 반야(공)사상에의 접근을 위해 반야사상에 대한 개요를 간략하게나마 살펴보겠다.

1) 반야(공)

환성지안의 사상을 한마디로 요약하라 하면 그 핵심은 반야(공)사상이
라 하겠다. 반야는 공성空性을 파악하는 지혜로 무분별지라고도 하며,
공은 무집착을 뜻하므로 이 두 개념은 손등과 손바닥처럼 하나를
이루어 대승사상의 핵심을 이루고 있다.

불교의 번뇌를 끊어내는 능력은 오직 무루의 지혜, 즉 무루지 또는
무루혜만이 가지고 있으며, 유루혜, 즉 세속적인 지혜인 문혜(聞慧,
들어서 생겨난 지혜)·사혜(思慧, 스스로 생각하여 생겨난 지혜)·수혜(修慧,
수행을 통해 생겨난 지혜)의 3혜는 번뇌를 약화시킬 수는 있어도 끊어내지
는 못한다.

하지만 이들 3혜는 무루혜를 이끌어내거나 증득할 수 있게 하는
방편이기 때문에 범부가 반드시 닦아야 하는 지혜이다. 특히 5계五戒·
10선十善의 계율을 지키면서 출세간을 지향하여 이들 3혜를 닦으면
반드시 어느 날 무루혜가 현전하게 되며, 비로소 진정한 성도(聖道,
성인들의 길과 무루의 길 그리고 출세간의 길로, 즉 부처의 지위인 완전한
깨달음에 이르는 길)에 들어서게 된다.[1] 이는 곧 성인만이 가지는 지혜인
무루혜를 완전히 증득해 가는 실제적인 단계인 부파불교의 견도위見道
位, 혹은 대승불교의 통달위通達位의 출발점이라 할 수 있겠다.

학자들은 대승사상을 이 반야와 공 두 사상을 합친 것으로 이해하는
데, 이는 반야와 공사상이 마치 손등과 손바닥의 관계처럼 불가분의
관계에 있음을 뜻한다. 하지만 선의 언어도단의 세계는 언어나 문자로

---

1 강명희, 「유식 논서에 나타난 통달위의 전개과정과 양상」, 『禪學』 36호, 한국선학
회, 2013, pp.160~189.

표현할 수 없다. 우리나라의 반야(공)사상도 이러한 과정을 거쳐
지금에 이르게 된다.

따라서 『대반야바라밀다경大般若波羅蜜多經』 또는 『마하반야바라
밀다심경摩訶般若波羅蜜多心經』과 『대지도론大智度論』 등에서 부르는
마하반야摩訶般若·대반야大般若·대지大智·대지혜大智慧를 향해 가는
현성賢聖, 즉 최소한 10신의 계위를 벗어난 수행자나 실제 불교의
길에 들어선 수행자의 모든 대승불교적 수행과 그 수행으로 증득한
깨달음을 얻은 수행자로 통칭했을 때, 선사로서 환성지안은 이러한
반야(공)의 정신을 확철하게 표명하고 있다. 그리고 이를 조선 후기
선문禪門을 중심으로 활발하게 꽃피운 분이라 할 수 있다.

이렇듯 환성지안은 선사로서 선 수행을 통해 체득한 무분별지 및
중도 연기적 선사상을 궁극적으로 중생에게 회향하는 실천적인 대승보
살의 삶을 살다 간 이라 할 수 있다.

(1) 반야(공)사상의 개요

환성지안의 반야(공)사상을 살펴보기에 앞서 반야(공)사상에 대한
개요를 간략하게나마 살펴보고자 한다. 일체개공설一切皆空說은 반야
사상을 천명한 중관학파中觀學派가 성립되기 이전부터, 즉 대승불교
초기에도 나타난다.[2]

공(空, Śūnyatā)이란 존재물 그 자체에 실체인 아我가 없이, 즉 머무르
는 바 없이 그 마음을 내는 것을 뜻한다.[3] 이는 세존 당시 초기불교에서

---

2 각묵 스님 역, 『금강경역해』, 불광출판사, 2001, pp.318~332.

3 唐三藏法師 玄裝 譯, 『能斷金剛般若波羅蜜多經』, 「般若部」 三(大正藏 7,

모든 현상이 인因과 연緣이 임시로(假的으로) 화합하여 생겨난 인연소
생因緣所生이기 때문에 거기에는 아我라고 하는 것의 실체가 존재하지
않는, 제법무아諸法無我라고 하는 불교의 근본 입장을 밝힌 것이다.[4]

공空은 아공我空과 법공法空, 즉 실체로서 자아가 없다고 보는 인공人
空과 존재하는 모든 것이 인연에 의하여 생하기 때문에 자아는 실체가
없다는 법공法空으로 나누어진다. 이를 합해서 인법이공人法二空이라
는 초기 대승불교의 반야사상[5]이 싹트게 된 것이다.

이는 부파불교시대에 상좌부 계통의 설일체유부[6]를 중심으로 주장
된 법유法有의 입장을 신랄하게 비판하면서 일체의 존재를 상의상대相
依相待라는 입장으로 파악하고 일체의 아집我執을 배격한 자유무애自
由無碍의 세계를 전개하면서 시작된다. 이 공의 사상은 용수龍樹와
제바提婆와 라후라발타라羅睺羅跋陀羅에 의해서 확립되기에 이른다.[7]

용수는 반야사상뿐 아니라 대승불교사상의 기반을 확립하였기에
후세에 중국이나 우리나라 등의 대승불교권에서 8종宗의 조사祖師로
존숭을 받고 있다. 용수는 『반야경』 중에서 가장 오래된 부류에 속하는
『대품반야경大品般若經』을 초록하여 당시의 여러 사상이나 전설, 그리
고 교단의 규정 등을 공의 입장에서 비판하고 해설하면서 보살의
실천수행 방법인 육바라밀六波羅蜜에 대하여 상세하게 설명한 『대지도

980a~985b), "是故善現 菩薩如是都無所住應生其心…."

4 각묵 스님 역, 앞의 책, pp.3~20, pp.188~193.

5 나카무라 하지메(中村元), 남수영 譯, 『용수의 중관사상』, 여래, 2010, pp.22~46.

6 나카무라 하지메(中村元), 앞의 책, pp.72~93.

7 나카무라 하지메(中村元), 앞의 책, pp.49~57.

론大智度論』을 저술하였다.[8]

용수의 제자인 제바(提婆, 179~270)는 그의 저술 『백론百論』에서 여러 견해를 파석破析한다고 설하였다.[9] 제바의 뒤를 이은 라후라발타라는 『중론송』의 팔불八不을 주석하였는데, 이상 세 사람의 사상을 중심으로 한 학파를 중관파中觀派라 한다. 이때까지 중관파는 다른 학파와 대립하지 않는다. 중관파라는 명칭은 용수의 『중론송』에서 불생불멸不生不滅, 불상부단不常不斷, 불일불이不一不異, 불거불래不去不來의 팔불[10]에서 주장하고 있는 것처럼, 상대적으로 대립하고 있는 어느 한 편에도 집착하지 않는 입장을 취하여 중도中道라고 한 데서 유래한 것이다.[11] 이 중관파는 각각 용수의 『중론송』에 독자적인 주석을 가하였으며 대승불교에 큰 영향을 끼친다.[12]

한편 중국으로 넘어온 반야사상은 삼론종三論宗을 중심으로 전개되는데, 이 삼론종은 용수의 『중론』과 『십이문론』에 제바의 『백론』을 더한 삼론을 소의논서所依論書로 한다. 삼론종은 반야(공)의 사상을 교리의 근본으로 삼고 있기 때문에 중관종中觀宗·공종空宗·무상종無相宗·무득정관종無得正觀宗이라고도 한다. 이 삼론은 도안道安의 권유로 쿠차국에서 초빙된 구마라습鳩摩羅什에 의하여 한역漢譯되었고, 그것이 제자들에 의하여 연구되어 삼론학파가 형성된다.[13] 이는 유有에

---

8 龍樹菩薩, 김성철 역, 『중론』, 경서원 1993, pp.19~22.

9 김성철, 『중관사상』, 민족사, 2006, pp.276~297.

10 龍樹菩薩, 김성철 역, 앞의 책, pp.194~201.

11 나카무라 하지메(中村元), 앞의 책, pp.200~221.

12 나카무라 하지메(中村元), 앞의 책, pp.200~226.

도 치우치지 않고 공空에도 치우치지 않은 중도의 진리를 설하여 무소득공無所得空을 나타내고자 한 것으로, 파사破邪란 모든 유소득有所得의 삿된(邪) 견해를 파함으로써 무소득공의 중도의 진리가 나타나게 됨을 뜻하고 있다. 또한 파사를 떠나서 따로 현정顯正이 없으니 파사하는 것이 그대로 현정인 것을 설한다.

또한 제법이 인연에 의하여 유有로 됨을 속제俗諦라 하며, 일체가 필경공畢竟空인 것을 진제眞諦라고 하여, 이 이제二諦를 통하여 수행자들을 진공묘유眞空妙有의 세계로 인도한다고 하고 있다.[14] 이는 곧 유에 집착하는 자에게는 진제를 설하고, 공에 집착하는 자에게는 속제를 설하여 이를 통해 중도로 나아간다는 뜻이다.[15] 또한 팔불중도란 인간의 미혹이 생生·멸滅·단斷·상常·일一·이異·거去·래來라는 여덟 가지의 유소득의 견해에서 비롯된다고 보고, 불생·불멸·부단·불상·불일·불이·불거·불래의 팔불을 설하여 여덟 가지 미혹을 파함으로써 무소득중도無所得中道의 진리를 나타내고자 한 것이다.[16]

이 삼론종 7사師의 맥은 구마라습 → 승조 → 법도 → 승랑 → 승전 → 법랑 → 길장으로 이어진다. 특히 이 7인의 정통파 가운데 고구려 승랑은 중추적 역할을 하였는데, 우리나라 승려 중 중국에서 불교를 가르친 최초의 인물이 될 정도로 중국 불교계에 미친 그의

---

13 나카무라 하지메(中村元), 앞의 책, pp.228~234.

14 남무희, 『고구려 승랑 연구』, 서경문화사, 2011, pp.87~106.

15 김성철, 「禪과 반야중관의 관계」, 『불교학연구』 32호, 불교학연구회, 2012, pp.243~278.

16 나카무라 하지메(中村元), 앞의 책, pp.194~306.

영향은 지대하다. 그의 대표적인 반야사상은 이제합명중도설二諦合明
中道說로, 이제란 세제世諦와 진제眞諦의 둘을 의미한다.[17]

　한편 원효도『대혜도경종요』로 반야사상의 핵심을 요약하고자 하였
는데, 그 대의는 반야의 진공眞空을 아는 것이 묘유妙有의 일면을
나타내는 것이라 하겠다.

　원효는 또한 반야에 문자반야文字般若·관조반야觀照般若·실상반야
實相般若 등 이 셋을 열거하면서도 문자반야를 극복하여야 실상반야나
관조반야의 세계로 들어가게 되어 두려움이 없는 자유의 길이 열리게
되는 것이라고 강조한다. 특히 그가 실상반야를 여래장설如來藏說로
해석한 것은 주목할 만한 특징이다. 그는 교판敎判에서 경전사經典史
상의 반야사상의 위치를 정할 때 오시교五時敎 중의 무상교無相敎라는
설과 삼시교三時敎 중의 공교空敎라는 설이 모두 잘못된 것이라고
논파하면서, 반야사상은 무쟁처無諍處에 해당하기 때문에 화엄華嚴
등의 사상과 조금도 다를 바 없다는 획기적인 해석을 내리고 있다.

　하지만 원효는 반야사상만을 중요시하지 않았으므로 꼭 반야 계통의
인물이라고 볼 수는 없다. 원측과 원효가 그러하듯이 반야계의 저술을
남긴 신라승 경흥憬興·의적義寂·둔륜遁倫·태현太賢 등이 모두 유식唯
識 등 불교의 여러 사상들을 함께 섭렵하고 있기 때문에 신라에는
반야사상만을 전문적으로 연구한 학파나 종파가 성립되지는 않는다.
신라에 널리 유통되고 있었던 반야계 경전으로는『반야심경』·『인왕반
야경』·『백론』·『대반야경』·『금강경』·『중론』·『십이문론』·『반야이

---

17 장석영,「승랑의 삼론학과 고구려 교학과의 관련성 대한 소고」,『구산논총』
　　11집, 보조사상연구원, 2006, pp.143~160.

취분경』 등이 있다.[18]

고려시대로 와서 불교교학이 화엄종華嚴宗과 법상종法相宗, 천태사상天台思想을 중심으로 발전함에 따라 오히려 반야사상은 자연 도태된 것으로 보인다. 다만 고려 중기 조계산 수선사修禪社의 개산조인 지눌智訥이 대중들에게 권하여 지송持誦하게 할 때에 반드시 『금강경』으로 입법立法하게 함으로써 『금강경』을 중심으로 한 반야사상이 다시 흥행된다. 지눌의 법을 이은 혜심慧諶은 『금강경찬金剛經贊』 1권을 저술한다. 지눌의 제자 혜심은 그의 문집을 통해서 일체의 부처님과 모든 부처님의 위없는 깨달음이 모두 이 『금강경』에서 나온다는 구절에 대하여, 그렇다면 이 경은 어디로부터 나온 것인가? 하는 등의 의문을 제기해서 이 경을 선禪에 입각한 의문으로 제시하고 있다. 이와 같이 선문禪門에 『금강경』을 중심으로 한 반야사상이 다소 관심의 대상이 되기는 하였으나, 교종에서는 크게 연구된 바 없다.

다음으로, 조선시대에 반야사상은 『금강경』을 중심으로 전개된다. 이 중 『오가해설의』는 기화의 불교사상을 여러 가지로 반영하고 있는데, 그중에서 특히 주목되는 것은 그의 현실적 반야관이다. 『오가해』는 『금강경』에 대한 종밀宗密의 찬요纂要와 부대사傅大士의 찬贊과 혜능慧能의 구결口訣과 야부冶父의 송頌과 종경宗鏡의 제강提綱을 모아 하나의 책으로 만든 것이다.

기화가 설의說誼를 붙이고 있는 것은 『금강경』 본문과 야보의 송과 종경의 제강에 대한 것뿐으로, 이는 기화가 야보나 종경의 선적이고

---

18 전호련(해주), 「元曉의 和諍과 華嚴思想」, 『한국불교학』 24, 1998, pp.155~163.

186

시적인 반야관에 깊은 관심을 가졌기 때문이라 할 수 있으며, 그의 반야관이 매우 현실적이라는 것을 나타내는 일면이기도 하다. 후에 『오가해설의』는 강원의 사교과四敎科에서도 교재로 편정編定되는데, 정확한 연대는 알 수 없으나 조선시대 중기의 월담설제에 이르러서 확정되었다는 것이 일반적인 견해이다.[19]

현재 우리나라의 반야사상은 『금강경』과 『반야심경』을 중심으로 전개되고 있다. 『반야심경』은 사원 및 일반 신도의 법회의식에서 항상 염송되고 있으며, 『금강경』은 대한불교조계종의 소의경전일 뿐만 아니라 불교단체 126개소의 소의경전이 되고 있다.

반야와 공은 손등과 손바닥처럼 한가지이다. 반야는 세속적인 지혜와 구별되는 의미를 살리기 위해 반야 혹은 반야지般若智의 개념을 그대로 사용한다. 이러한 의미에서 『섭대승론攝大乘論』 등에서는 반야의 완성을 무분별지無分別智라고 부른다.[20] 초기불교에서 반야지의 증득은 바로 열반을 의미할 만큼 중시되었으며 대승불교에서도 불성을 완성하기 위해 정진하는 보살의 수행덕목인 보시布施·지계持戒·인욕忍辱·정진精進·선정禪定·반야般若의 육바라밀 중 반야바라밀을 가장 중요시하고 있다. 이는 눈 뜬 사람이 장님을 이끄는 것처럼 반야바라밀이 다른 바라밀을 이끄는 관계이기 때문이다. 대승의 반야가 수승한 이유는 인무아人無我뿐만 아니라 법무아法無我, 즉 법공法空을 포함하고 있기 때문이다. 그러므로 대승의 반야는 사물들에조차 자성自性과

19 이능화, 이병두 譯, 『朝鮮佛敎通史』 下, 혜안, pp.117.

20 세친·현장 漢譯, 권오민 飜譯, 「阿毘達磨俱舍論」(K955, 27a~453c), 권오민, 『아비달마불교』, 민족사, 2003, pp.47~121, 174~358.

자아自我가 결여된 색즉시공色卽是空을 이해하는 공성空性의 의식 상태
이다.[21]

대승불교에서는 성인의 지혜인 무루혜 중에서도 가장 궁극의 지혜로
서 부처가 가진 지혜를 가리켜 흔히 반야般若라고도 한다. 이러한
뜻에서의 반야는 모든 사물(事)이나 도(理)를 명확하게 꿰뚫어보는
깊은 통찰력을 말한다. 반야는 일반의 세속적인 지혜 또는 주관과
객관의 상相을 떠나지 못한 상태 또는 떠나지 않은 상태에서의 지혜인
유분별지有分別智가 아니며, 아직 부처의 상태에 이르지 못한 다른
성인들이 증득한 여러 무루혜 또는 무분별지보다도 더 뛰어난 진여를
바르게, 그리고 전면적으로 깨우친 지혜인 부처의 무분별지無分別智이
다. 무분별지는 주관과 객관의 상相을 떠난 평등한 지혜로, 성인이
가지는 갖가지 무루혜의 근본이 되는 유무를 떠난 지혜라 하겠다.

불교의 교의에 따르면 진여는 언어나 문자로서는 어떻게 묘사할
수도 분별할 수도 없으므로 주관과 객관이 분리된 분별심의 상태에서
는 진여를 알 수가 없다. 모든 생각과 분별을 떠난 모양(相) 없는
참된 지혜의 상태에서만 진여를 완전히 알 수 있다는 말이다. 이러한
이유로 진여를 전면적으로 깨우친 지혜 또는 진여의 완전한 지혜를
부처의 무분별지라 한다. 이러한 의미에서 불교에서는 반야를 얻어야
만 성불하며, 반야를 얻은 이를 곧 부처라 한다.[22]

대승불교의 중관학파에서는 단지 반야라는 말로써 부처가 가지는

---

21 강성진, 『반야심경 강술』, 조계종출판사, 1997, pp.42~43.

22 無着, 眞諦 譯, 『攝大乘論』 下卷, 「依慧學勝相」(大正藏 31, 128c), "無分別智卽是般
若波羅密 名異義同."

무분별지를 가리키는데, 이에 비해 대승불교의 유식유가행파에서는 이 무분별지를 특히 보리菩提와 대보리大菩提 또는 대원경지大圓鏡智라 부르기도 한다.[23] 유식유가행파의 교학에 따르면 대원경지는 제8아뢰 야식에 대해 전의轉依, 즉 식識이 지智로 변형되는 질적 전환을 얻을 때 증득되며, 이와 동시에 제7말나식에 대한 전의도 완전히 성취되어 모든 존재를 평등하게 보며 대자대비심을 일으키는 무루지인 평등성지 平等性智도 그 전체가 증득되는 것이다. 마찬가지로 이와 동시에 제6의 식에 대해 전의가 성취되어 묘관찰지妙觀察智가 증득되고, 전5식에 대해 전의가 성취되어 성소작지成所作智가 증득된다. 때문에 이들 4가지 지智를 불과4지(佛果四智 : 성불할 때 증득되는 과보로서의 4가지 지혜)라 하고 간단히 사지四智라고 한다.

반야는 대승불교에서는 보살이 수행하는 보시·지계·인욕·정진· 선정·지혜의 육파라밀 중 반야바라밀(prajñā pāramitā) 또는 지혜바라 밀로 설법되고 있으며 나머지 다섯 바라밀을 성립시키는 근거로 여겨 져 중요시된다. 선정바라밀은 반야바라밀이 발현되게 하는 직접적인 수단 또는 원인이 된다. 또한 반야는 모든 부처(諸佛)의 어머니, 즉 성불의 원인이라 설하고 있다. 이러한 교의는 『반야경』을 비롯한 수많은 대승경전이나 논서에서 널리 강조되고 있다. 예를 들어 대승불 교의 논서인 『대지도론』에서는 육안·천안·혜안·법안·불안의 오안 을 얻고자 한다면 반야바라밀을 닦아야 한다는 불교 경전의 진술을 인용해 이를 해설하고 있다.[24]

---

23 護法, 玄奘 漢譯, 『成唯識論』 7卷(大正藏 31, 39b), "現量證時不執爲外 後意分別妄 生外想."

한편 유식유가행파에서는 반야 또는 마하반야 대신에 대보리大菩提
라는 명칭을 사용한다. 유식유가행파의 소의논서인 『성유식론成唯識
論』에 따르면 법공法空의 경지에 다다르면 법집法執인 소지장所知障이
소멸되어 대보리(大菩提: 대지혜인 완전한 깨달음)가 성취되고, 그러면
부처가 된다고 한다.[25]

또한 『인왕경』에서는 반야바라밀을 닦는 것이 복인伏忍·신인信忍·
순인順忍·무생인無生忍·적멸인寂滅忍의 오인五忍을 수행하는 것이라
고 설하며,[26] 10신의 계위를 벗어난 수행자인 현성賢聖의 살바야해薩婆
若海, 즉 일체지一切智 혹은 불지佛智의 의미로 설한다. 『열반경涅槃
經』에서는 "선남자여, 수능엄삼매首楞嚴三昧에 다섯 가지 이름이 있으
니 하나는 수능엄삼매이고, 둘은 반야바라밀般若波羅蜜이며, 셋은 금
강삼매金剛三昧이고, 넷은 사자후삼매獅子吼三昧이며, 다섯은 불성佛
性이니 그 짓는 대로 따라서 곳곳마다 이름을 얻는다."라고 한다.[27]
다음으로 『화엄경』에서 설하는 10주·10행·10회향에 배대해 보면
복인伏忍은 10주·10행·10회향의 삼현三賢에, 신인信忍은 10지 가운데
초지·제2지·제3지에, 순인順忍은 10지 가운데 제4지·제5지·제6지
에, 무생인無生忍은 10지 가운데 제7지·제8지·제9지에, 적멸인寂滅忍

---

24 龍樹, 鳩摩羅什 漢譯, 김성구 飜譯, 『大智度論』(K549, 14a~493b).

25 『攝大乘論』 2卷, 「依止勝相品」(大正藏 31, 118b~c), "若人未得眞如智覺亦無此
　　覺…."

26 鳩摩羅什 漢譯, 번역자 미상, 『佛說仁王般若波羅密經』 「菩薩教化品」 上卷(大正藏
　　8, 825b), "…所謂 伏忍 信忍 順忍 無生忍…."

27 세친·현장 漢譯, 송성수 飜譯, 『大乘五蘊論』(K618 17a~637c).

은 10지 가운데 제10지와 등각·묘각에 해당된다고 설하고 있다.[28]

(2) 환성지안의 반야(공)사상

이러한 반야(공)사상의 맥락에서 볼 때 환성지안의 선시는 그가 임제 적통을 이은 담박한 선객답게 144편의 선시 중 다수가 반야(공)사상을 기반으로 하고 있다.

『환성시집』을 편록한 제자들이 서문을 짓기 위해 오봉鼇峯에게 청하자, 그는 「제환성시권題喚惺詩卷」에서 환성지안의 선시를 동진의 고사 도연명에 견주어 평한 바 있다.[29]

오봉은 환성지안의 선시를 살펴보니 "앞도 삼삼이고 뒤도 삼삼(前三 三後三三)이라 멀리 있지 않음을 비로소 알겠다."[30]라고 하면서 환성지 안 선시의 특징을 간결하게 표현한 바 있다. 이 선시 전반에 흐르는 환성지안의 사상은 바로 반야(공)의 세계로 평하고 있다.

采菊東籬下　동쪽 울타리 아래 국화를 꺾어 들고
悠然見南山　멀리 남산을 바라본다고 하였으니
此意當時唯　이 뜻은 당시 오직
廬山遠法師　여산혜원 법사만이

---

28 鳩摩羅什 漢譯, 번역자 미상, 『佛說仁王般若波羅密經』 「菩薩教化品」 上卷(大正藏 8, 825b). "…所謂 伏忍. 信忍. 順忍. 無生忍. 寂滅忍——皆上中 下於寂滅忍而有上下 名爲 菩薩修行般若波羅密多…."

29 환성지안, 화월성눌 편록, 성재헌 역, 앞의 책, p.114.

30 환성지안, 화월성눌 편록, 앞의 책, 「題喚惺詩卷」(韓佛全 9 467下); 환성지안, 화월성눌 편록, 성재헌 역, 앞의 책, p.114.

能解   알 수 있네.

後遂無問者   그 뒤로는 끝내 묻는 자가 없었는데

今覽喚惺詩   이제 환성의 시를 살펴보니

乃知前三三   앞도 삼삼이고

後三三   뒤도 삼삼이라.

弗遐矣   멀리 있지 않음을 비로소 알겠네.

또한 오봉은 환성지안의 선시를 "도체道體는 텅 빈 산에 달이 비침이며, 심법心法은 물이 흘러가고 꽃이 피어남과 같다."라고 하면서 이것이야말로 제자인 해원과 성눌에게 주는 스승의 문사라 전한다.[31]

죽 무분별지에서 나오는 환성지안의 도체는, 공한 산에 달이 비추는 것으로 반야(공)의 세계를 묘사하고 있는 것이며, 이는 마치 텅 빈 산에 밝은 달빛처럼 투명하고, 잔잔한 물가에 말없이 핀 꽃처럼 소박하기까지 하다고 평한다.[32]

---

31 환성지안, 화월성눌 편록, 성재헌 역, 앞의 책, pp.127~128.

32 환성지안, 화월성눌 편록, 앞의 책, 「題喚惺詩卷」(韓佛全 9 p.467下); 환성지안, 화월성눌 편록, 성재헌 역, 앞의 책, p.114, "惺師弟子 海源聖訥 龍象也 訥來請余言 爲四句日 維摩示病非病 迦葉不言是 言 乃爾師之行藏 道體山 空月照 心法水流花 明 乃爾師之文辭 何以多爲 訥乎歸而源 也當爲點頭 辛未臘月八日丙夜 鼇峯 乾隆 辛未安 邊釋王寺開刊本 乾隆辛 未安邊釋王寺開刊本 서울大學校 所藏." "환성스님의 제자 海源과 聖訥은 龍象의 덕을 지닌 분들이다. 성눌이 찾아와 나에게 말을 청하기에 4구로 답하였다. 유마가 보인 병은 병이 아니요. 가섭의 말없음이 말씀이라 하겠으니 이것이 바로 자네 스승의 行藏이네. 道體는 텅 빈 산에 달이 비침이요. 心法은 물이 흘러가니 꽃이 피어남이라 하겠으니 이것이 바로 자네 스승의 文辭이니 어찌 많은 말을 하겠는가? 성눌이 돌아가면 해원도 당연히

다음의 「증찬색상인贈粲嗇上人」[33]은 찬색 상인에게 주는 법문으로, 맑고 깨끗한 성정의 수좌에게 『능가경楞伽經』 독송하기를 권하는 것을 주제로 하는 선시다.

上人淸淨心 상인의 맑고 깨끗한 성정은
萬里秋江月 만 리에 뻗은 가을 강의 달과 같네.
半夜讀楞伽 밤늦도록 『능가경』을 읽다보면
猿偸床下栗 잔나비들은 책상 밑 밤을 훔치겠지.

환성지안이 찬색 상인에게 『능가경』을 권하는 이유가, 『능가경』의 '능가楞伽'라는 뜻 자체가 여래가 설한 경전 가운데에서도 도달하기 어렵고(不可到) 들어가기 어렵다(難入)는 뜻이 있어서이다.

『능가경』은 앞의 반야(공)에서 논한 『반야경』·『열반경』·『화엄경』·『법화경』·『해심밀경』 등과 유식과 여래장 사상 등 경전의 여러 사상을 종합적으로 받아들인 경전이다. 아울러 경의 취지가 문자에 집착하지 않고 유심唯心을 체득해 자내증自內證에 의한 무분별지의 깨달음에 있으며, 일찍이 선종의 1조인 달마 대사가 소의경전으로 삼았던 『능가경』을 권하였기 때문에 반야(공)의 선사상에 속하는 선시로 분류하였다.

머리를 끄덕이리라. 1751(신미 영조 27 납월 8일)년 석왕사 간본 깊은 밤에 鼇峯 씀(서울대학교 소장본)."

33 환성지안, 화월성눌 편록, 앞의 책, 「贈粲嗇上人」(韓佛全 9, 469中); 환성지안, 화월성눌 편록, 성재헌 역, 앞의 책, p.148.

또한 이 선시는 최상승의 수행을 정진하는 수좌에게 『능가경』을 권하면서 평생 다른 사람의 흉내나 내는 잔나비들이 책상 밑 어둠을 훔친다는 표현한 풍자적 표현이 돋보이는 선시라 하겠다.

다음의 「송축탄사送竺坦師」[34]라는 선시 또한 밖의 경계까지도 벗어나면 유와 무의 경계에 떨어지지 않는 종횡무진의 세계로 삼천대천세계가 바로 하나의 우주인데, 그 세계마저도 다함이 없는 자유롭고 걸림이 없는 반야(공)의 세계임을 표현하고 있다.

廓然繩墨外 승묵 밖을 멀리 벗어나
不落有無機 유무의 틀 안에도 떨어지지 않네.
打破虛空界 허공계를 때려 부수어 버리고
大千信步歸 삼천대천세계를 자유로이 거닐겠네.

이 선시에서 표현하는 삼천대천세계는 바로 반야(공)의 세계를 말하며, 이를 표현한 선시의 백미라 하겠다.

다음의 「수환선자지구어酬環禪子之求語」[35]는 환성지안이 선사로서 환선자의 구어에 답하는 오언절구 형식으로, 기구起句와 전구轉句가 빼어난 선시이면서 환성지안의 반야(공)사상이 잘 나타나 있다.

---

34 환성지안, 화월성눌 편록, 앞의 책, 「送竺坦師」(韓佛全 9, 469上); 환성지안, 화월성눌 편록, 성재헌 역, 앞의 책, p.139.

35 환성지안, 화월성눌 편록, 앞의 책, 「酬環禪子之求語」(韓佛全 9, 470下13); 환성지안, 화월성눌 편록, 성재헌 역, 앞의 책, p.177.

孰炊無米飯 그 누가 쌀 없는 밥을 지어
接待不來人 오지 않는 사람을 접대할까?
聲色紛紜處 소리와 빛깔이 어지러운 이곳에서
要須識得眞 진공묘유眞空妙有를 알아차릴 수 있어야만 하리라.

쌀 없는 밥을 지어 오지 않은 손님을 대접하려 할까? 하는 이 대목은
일상의 평범한 논리를 벗어난 격외의 논리를 표현하고 있다.

이는 박성자가 그의 논문에서 이러한 부정까지도 모두 뛰어넘는
절대긍정의 세계로 표현[36]하고 있는, 흔히 불교의 가르침인 무상無常과
무아無我 그리고 연기緣起와 공空과 같은 것으로, 이 모든 현상에 대해
부정함으로서 시작하는 환성지안의 가르침을 설한 것이라 하겠다.

이 선시에서 환성지안은 너와 나의 개념 자체를 초월하고 시간과
공간도 모두 포용하니 고요함과 어지러움이 둘이 아닌, 일체의 분별지
를 거부하고 있다. 본래면목이라는 것이 각자 자신에게 있는 것으로
따로 다른 곳에 있는 것이 아니기 때문이다.

이 선시는 화두공안을 주제로 채택한 선시로 분류할 수 있으나,
세속을 떠나 선의 세계에 전념하고자 했던 선사의 기풍을 알 수 있는
선시로 보아 반야(공)사상으로 분류하였다.

다음의 「증관정사贈灌頂師」[37]도 관정사에게 준다고 하는 '증贈'이라

---

36 박성자, 「환성지안의 시세계」, 『어문논총』 16집, 전남대 한국어문학연구소, 2005,
  p.142.
37 환성지안, 화월성눌 편록, 앞의 책, 「贈灌頂師」(韓佛全 9, 469下); 환성지안, 화월성
  눌 편록, 성재헌 역, 앞의 책, p.150.

는 글자를 선시의 첫머리에 붙이고 좌선하라고 권하고 있기 때문에
법을 전하는 교화시임에 분명하다.

百八手中珠 백팔염주를 손에 들고
南無淸淨佛 청정한 부처님께 귀의하여
松花落滿衣 송홧가루 가득 묻은 옷을 입고서
獨坐西廂月 서쪽 행랑 달빛 아래 홀로 좌정하라.

이 오언절구 선시는 '백팔염주를 손에 들고서 서편의 인적 없는
고요한 행랑의 달빛 아래 홀로 좌선하기'를 권하는데, 이는 이 선시의
중심 주제이면서 환성지안이 관정사에게 초탈한 자내증의 반야(공)
수행을 역설하고 있는 것이다. 이러한 이유로 하여 이 선시가 반야(공)
의 영역에 속하는 선시라 할 수 있겠다.

다음의 「증오수재贈吳秀才」[38]라는 선시 또한 환성지안이 오수재라는
재가자에게 주는 '증'의 의미가 분명한 교류시이지만, 이 시 역시 3연과
4연을 보면 '한 조각 꿈속에서나마 아득한 가야산으로 찾아간다.'라고
묘사되고 있다. 환성지안이 오수재에게 아직은 기약할 수 없고 아득하
지만 언젠가는 반야(공)의 초탈한 세계로 들어갈 수 있으리라고 다짐
하면서 무분별지의 탈속한 반야(공)의 세계를 열어 보여주는 선시이기
에 이를 반야(공)사상이 나타나 있는 선시로 분류하였다.

---

38 환성지안, 화월성눌 편록, 앞의 책, 「贈吳秀才」(韓佛全 9, 470中); 환성지안, 화월성
   눌 편록, 성재헌 역, 앞의 책, p.170.

好雨留佳客 단비가 손님을 붙잡고 있네.

天公若有期 하늘도 약속이나 한 듯이

他時一片夢 다른 날 한 조각 꿈속에서나

杳入伽耶湄 아득한 가야산으로 찾아가리.

다음의 「시법일사示法一師」[39] 또한 법일 스님에게 보여준다는 의미의 '시示'를 쓴 전법시가 분명하다.

世情如虎角 세상 물정이란 태평소 소리와 같네.

不覺粟生身 좁쌀 빚 갚으러 온 몸인 줄도 모르고

莫怪門無客 찾는 손님이 없다 괴상히 여기지 말라.

平生不見人 평생 한 사람도 보지 못했으니….

이 선시에서 환성지안은 '좁쌀 빚 갚으러 온 몸'이라 하여, 막대한 시주의 은혜를 망각한 채 수행을 게을리 한 수행자가 다섯 알의 좁쌀 빚 때문에 소의 몸을 받고 살아서는 뼈가 휘도록 일하다가 죽어서 가죽과 살로 빚을 갚았다는 『선가귀감』[40]의 일화를 들어 수행자를 경책하고 있기 때문에 전법시나 교화시로 볼 수 있다.

그러나 환성지안이 법일 스님에게 주는 선시 전반에 걸쳐 세상사의

---

39 환성지안, 화월성눌 편록, 앞의 책, 「示法一師」(韓佛全 9, 470中); 환성지안, 화월성눌 편록, 성재헌 역, 앞의 책, p.171.

40 休靜, 『禪家龜鑑』(韓佛全 7, 642上), "智論 一道人五粒粟 受牛身 生償筋骨 死還皮肉 虛受信施 報應如響."

물정에 대해 태평소에 비유하는 공空의 도리를 설하고 있으며, '평생한 사람도 못 보았으니 찾는 손님이 없다고 괴상하게 여기지 말라.'고 표현하는 대목을 보면 이는 무분별지의 반야(공) 세계를 표현하고 있기 때문에 이를 반야(공)의 선시 영역으로 분류하였다.

다음의 「시벽월사示碧月師」[41]도 역시 벽월 선사에게 법을 전하고자 하는 교화시라 할 수 있다.

> 吾將兔角杖 내 이제 토끼 뿔 지팡이로
> 謝子重尋來 다시 찾아온 그대에게 사례하노니
> 八萬波羅密 팔만의 바라밀 문을
> 一時盡擊開 단번에 때려 열어젖히라.

또한 1연과 4연에서 '토끼 뿔 지팡이로 팔만의 바라밀 문을 단번에 열어젖힌다.'는 표현은 무루지의 반야 세계를 설하고 있기 때문에 이를 반야(공)사상을 표현한 선시에 포함시킬 수 있다.

다음의 「방은자불우訪隱者不遇」[42]는 환성지안이 낭천과 소양의 두 강물이 합류하는 춘천의 신연 나루를 건너 산속에서 탈속한 일상을 살아가는 은자를 방문했을 때의 소회를 표현한 선시로, 이는 환성지안 이 청평사에 주석했을 때의 소소한 일상을 짐작하게 할 수 있는 유거시

---

41 환성지안, 화월성눌 편록, 앞의 책, 「示碧月師」(韓佛全 9 470下); 환성지안, 화월성 눌 편록, 성재헌 역, 앞의 책, p.180.

42 환성지안, 화월성눌 편록, 앞의 책, 「訪隱者不遇」(韓佛全 9 470上); 환성지안, 화월성눌 편록, 성재헌 역, 앞의 책, p.161.

198

에 해당된다.

水過新淵渡 신연 나루의 물을 건너
山尋隱者居 산으로 은자의 집을 찾았더니
庭空人不見 텅 빈 뜰에 사람 보이지 않고
只有一床書 책상 위에 달랑 책 한 권만 있네.

그러나 환성지안이 이 선시의 4연에 어떤 경전이나 외전인지는
밝히지 않고 '텅 빈 공간에 책 한 권만 달랑 있다.'고 한 대목만을
보면 문자를 중요시한 것으로도 볼 수 있지만, 이 선시의 전체적인
흐름에 더 주목해 보면 환성지안은 이 선시의 제목을 은자를 방문했으
나 만나지 못했다는 「방은자불우」로 하였으며, 3연에서도 '텅 빈 뜰에
사람은 보이지 않았다.'고 표현한 것으로 보아, 이를 있다거나 없다거
나 하는 경계를 초월한 환성지안의 무상·무아의 반야(공) 수행 일상을
보여주고 있는 선시의 예로 분류할 수 있겠다.
다음의 「상춘귀증인상인賞春歸贈印上人」[43]도 역시 선시의 제목에서
인印 수좌에게 준다고 하는 '증贈'을 보면 이 선시는 교화시이면서
산사의 수행 일상을 묘사한 유거시에 속한다.
그런데 이 선시의 3연과 4연을 보면 '봄꽃이 온 산에 가득해도 이를
무심하게 지나 사립문을 닫고 오롯이 선정에 듦'을 표현하고 있기
때문에, 환성지안은 이 선시를 통해 반야(공)의 초탈한 삼매의 경지를

---

43 환성지안, 화월성눌 편록, 앞의 책, 「賞春歸贈印上人」(韓佛全 9 471中); 환성지안,화
월성눌 편록, 성재헌 역, 앞의 책, p.195.

열어 보여주고자 한다고 보아 이를 반야(공)의 선시로 분류할 수도
있다.

工夫未到靜心機 공부가 고요한 심기에 도달하지 못해
恣賞春光日暮歸 봄 경치를 한껏 즐기고 해는 저무네.
珍重大師都不管 진중한 우리 대사는 상관치 않고서
滿山桃李掩柴扉 복사꽃 자두꽃이 온 산에 가득해도 사립문을 닫
　　　　　　　아걸었네.

다음의 「월송만훈月松萬薰」[44]이라는 선시는 환성지안이 월송 선사가
선정에 들어 있는 모습을 묘사하고 있다.

長老平生不出門 평생 문을 나서지 않은 장로는
袈裟一半床塵浣 가사도 반쯤 책상 먼지에 더럽혀져
香廚日晏客初廻 향기로운 공양간에 해는 저물어 객은 막 돌아오
　　　　　　　려는데
山杏滿庭僧獨坐 산 살구꽃은 뜰에 가득하고 스님은 홀로 좌정하
　　　　　　　여 있구나!

이 선시는 그야말로 살구꽃이 만연한 뜰에 책도 덮고 모든 의식과
공양까지도 버리고 좌정한 월송 선사의 정신세계를 구체적으로 표현

---

44 환성지안, 화월성눌 편록, 앞의 책, 「月松萬薰」(韓佛全 9 472上); 환성지안, 화월성
　눌 편록, 성재헌 역, 앞의 책, p.208.

한 선시로 환성지안의 반야(사상)을 그대로 보여주는 예에 해당하는 시이다.

다음으로 「독항적전讀項籍傳」[45]이라는 선시는 환성지안이 『한서漢書』 권31에 수록된 「항적전項籍傳」을 읽고 난 후 부귀공명이 한낱 휘파람과 같이 무상하다는 그의 소회를 적은 반야(공)에 해당하는 선시라 하겠다.

不學詩書不學弓 시서도 활쏘기도 배우지 않고
長驅騅馬覇江東 오추마를 휘몰아 강동을 주름잡고
鴻門視玦謀臣泣 홍문에서 패옥을 보인 모신은 울었다.
八載功名一嘯風 여덟 해 공명이 한낱 휘파람일세.

『사기史記』 권7의 「항우본기項羽本紀」에 항적項籍은 젊었을 때 글과 검술을 배웠으나 성공하지 못했는데, 그의 계부인 항량項梁이 그에게 화를 내자 항적은 글은 이름을 기록할 정도면 될 것이고 검술은 한 사람밖에 대적하지 않으니 배울 것이 못된다고 답한다. 여기에 등장하는 오추마는 항우가 탔던 명마이고, 모신은 항우의 책사로 아부亞父로 존경받는 범증范增을 말한다.

유방이 관중 땅을 점령한 뒤 제후의 진입을 막기 위해 함곡관을 봉쇄하자, 항우는 관문을 격파하고 홍문에 주둔하고서 유방을 공격하게 되는데, 항우의 삼촌인 항백項伯은 유방으로 하여금 홍문으로 와

45 환성지안, 화월성눌 편록, 앞의 책, 「讀項籍傳」(韓佛全 9 472中); 환성지안, 화월성눌 편록, 성재헌 역, 앞의 책, p.212.

관문을 막은 것에 대해 사과를 하게 한다. 이때 범증은 항우에게 눈짓하며 옥결을 세 번이나 들어 보이며 유방을 죽이라는 신호를 보냈지만 항우는 이를 보지 못한 체하였다. 그러자 범증이 항장項莊을 시켜 검무를 추다 유방을 찌르려 하지만 이마저도 항백과 번쾌의 방해로 실패하게 된다. 결국 유방은 홍문을 탈출하게 되고 장량이 유방을 대신하여 항우와 범증에게 패물을 올리는데, 범증은 받은 옥그릇을 팽개치면서 풋내기와는 일을 도모하기 어렵다며 분개한다는 이야기다.

환성지안은 이 선시에서 「항적전」에 등장하는 시대의 영웅들이 각축을 다투던 부귀공명을 한낱 휘파람 소리라 치부해 버린다.

다음의 「청선靑扇」[46]은 앞에서도 논의한 바 있듯이, 칠언절구의 오도 시로 반야(공)의 선사상을 잘 나타낸 선시의 백미라 하겠다. 환성지안의 열반시가 남아 있지 않아서 이 오도시는 더욱 의미가 있다.

靑鸞毿尾落雲中 푸른 난새의 긴 꼬리가 구름 속에서 떨어져
五月炎天做雪風 5월 염천에서 눈바람을 일으키네.
一揮何啻欺煩暑 한 번 휘두르면 지긋지긋한 더위 속일 뿐이랴!
拂盡山僧名利功 산승의 공명심마저 모두 떨어버리네.

선禪이란 정려靜慮 또는 사유수思惟修로 근심이나 기쁨까지도 잠재우고 침묵하여 분별지를 마음에서 걷어내는 것으로, 그때 비로소

---

46 환성지안, 화월성눌 편록, 앞의 책, 「靑扇」(韓佛全 9 472中); 환성지안, 화월성눌 편록, 성재헌 역, 앞의 책, p.216.

남는 것은 마음뿐이니 환성지안은 이 마음까지 텅 비워 본래의 나와
만나는 이 순간을, '파란 부채'의 의미를 지닌 이 「청선」이라는 제목의
오도시에 자신의 반야(공) 혹은 무루지의 세계를 있는 그대로 나타내
고 있다.

또한 환성지안은 '5월 염천에 눈바람을 일으킨다'고 하면서 이 또한
지긋지긋한 더위를 속이고 모두 떨어 버릴 산승의 공명심이라 무심하
게 치부해 버린다고 하며, 그의 칼 하나 품고 가는 선객의 예리한
심중을 그대로 보여주고 있다.

마지막으로 반야(공)사상의 예로 들 수 있는 「증호장로贈湖長老」[47]
는 환성지안이 호 장로에게 주는 '증'이라는 오언율시에 해당하는
선시로, 이 선시에 등장하는 '호장로'는 통도사에 주석하였던 호암체정
선사를 말한다.

自言年七十 스스로 나이 칠십인데
無事可關心 마음 두는 곳이 아무 데도 없네.
衲虱呼童獵 누더기 속의 이는 아이를 불러 잡고
囊詩倩客吟 주머니 속의 시는 손님을 청해 읊네.
語論高且闊 말과 논지가 고상하고 활달하여
行止古非今 가고 머무는 예스러운 자태는 요즘 사람 같지 않은데
恐有人來擾 사람들이 찾아와 소란을 떨까봐
陽眠坐樹陰 나무 아래 앉아 거짓 잠을 자고 있네.

---

47 환성지안, 화월성눌 편록, 앞의 책, 「贈湖長老」(韓佛全 9 474上); 환성지안, 화월성
눌 편록, 성재헌 역, 앞의 책, p.250.

환성지안의 선시는 후학들에게 수행에 대한 경책과 지침을 주는 교화시가 대부분이다. 이는 그가 열반게도 남길 수 없이 다가올 갑작스러운 입적을 예감했을 것이라는 짐작을 하게 한다.

이 선시 역시 교화시이지만 환성지안의 선사상 중 반야(공)의 영역으로 분류한 것은, 그의 선시 2연을 보면 '마음 두는 곳이 아무 데도 없다'고 표현한 것과 마지막 8연에 '나무 아래 앉아 거짓 잠을 잔다'고 하는 대목 때문으로, 여기에 선정을 가장 중요시하는 그의 수증론이 표현되어 있다. 마음에 두는 곳 없다는 것은 무심한 무분별지의 정신세계를 뜻하며, 마지막 8연의 거짓 잠이란 고요한 선정의 상태를 뜻하는 것으로, 이는 그의 반야(공)의 세계를 그대로 표현한 것이라 하겠다.

또한 이 선시를 통해 환성지안이 제자들 중에서도 말의 논지가 고상하고 활달하면서 대중의 장로인 호암체정에게 전하는 후일을 당부하는 절절한 마음을 느낄 수 있다. 이 선시의 3연과 4연 그리고 마지막 8연을 통해 '누더기 속의 서까래는 아이들을 시켜서 잡고 주머니 속의 선시는 손님들과 교류하면 되지만, 사람들의 소란을 뒤로하며 홀로 나무 아래 좌정한다'고 하면서 환성지안은 호암 장로의 이러한 모습을 어여삐 여긴다고 하여 제자에게 표현은 완곡하지만 좌정하며 정진할 것을 간곡히 당부하고 있다.

2) 화엄(선)의 원융무애 및 상즉상입

(1) 환성지안 선시의 원융무애

원융무애사상은 우리나라의 삼국시대 후반부터 의상義湘과 원효元曉 등의 고승들로부터 시작하여 고려의 균여와 보조지눌, 그리고 조선의 청허휴정 계열 등으로 이어져 정착되어진 보다 포괄적이고 체계적인 화엄의 사상이라 하겠다. 이는 언어도단의 세계인 선禪에 가장 명확하게 다가설 수 있기에 화엄(선)이라고도 칭한다.

이 원융사상은 한국불교의 대표적인 흐름을 형성하였기에 우리나라 불교를 원융불교라고 지칭하기도 한다. 예를 들어 원효는 인도 및 중국 불교에서 논쟁의 대상이 되었던 공空과 유有, 진眞과 속俗一, 이理와 사事, 소승과 대승, 아我와 법法 등 상대적인 것들은 어느 하나만 따로 독립되어 존재할 수 있는 것이 없음을 밝히고자 하였고, 같은 시대의 고승인 의상은 이들을 모두 일一이면서 다多요 다多이면서 일一의 관계를 취하고 있다고 천명하는데, 의상은 『화엄일승법계도華嚴一乘法界圖』[48]를 통하여 원융사상을 천명하고자 한 바 있다.

의상은 『법계도』의 첫머리를 '법성원융무이상法性圓融無二相'이라 하여 화엄사상은 총체적으로 볼 때 원융하여 두 가지 모습이 없다는 것을 밝히면서, 이어 하나가 곧 일체요 일체가 곧 하나이며, 한 티끌과 시방세계, 한 생각과 무량한 세월, 초발심初發心과 정각正覺, 그리고 생사와 열반이 둘이 아니라는 원융사상을 천명한다.[49]

그 후로도 이와 같은 원융사상은 면면히 이어져 우리나라 고승들의 저서에서 많이 찾아볼 수 있다. 특히 고려시대 균여均如의 『화엄원통기華嚴圓通記』와 지눌知訥의 『원돈성불론圓頓成佛論』과 보우普愚의 「화

---

48 義湘, 『華嚴一乘法界圖』(韓佛全 2, 1上), "…一中一切多中一 一卽一切多卽一 一微塵中含十方 一切塵中亦如是 無量遠劫卽一念 一念卽是無量…"

49 義湘, 『華嚴一乘法界圖』(韓佛全 2, 1上), "法性圓融無二相 一中一切多中一 一卽一切多 卽一 一微塵中含十方 一切塵中亦如是 無量遠劫卽一念 一念卽是無量…"

엄삼매가華嚴三昧歌」 등에 원융사상은 깊이 반영되고 있다.[50]

또한 고려의 보조지눌은 돈오와 점수를 주창하던 당시 선 사상계를 원융케 하려는 사상적 의지를 보이고 있으며, 조선 중기의 청허휴정 역시 『선가귀감』에서 선과 교를 하나의 이치로 보는 원융회통사상을 주창하고자 하였으며, 그의 제자 편양언기 계열의 적통을 이은 환성지안도 마찬가지라 할 수 있겠다.[51]

이렇듯 원융사상은 한국불교 1,600여 년을 관통해 온 중심사상이 되면서 면면히 흘러와 조선 후기 환성지안에 와서 선禪과 교敎를 원융이라는 실천사상으로 꽃 피워 열매를 맺게 되기에 이른 것이라 할 수 있다.

환성지안은 선과 교에서 나아가 화엄까지도 융합하여 원융무애한 경지에 이르렀으며, 대승의 화엄사상을 바탕으로 하여 조선 후기 화엄선이라 칭하는 융합적인 선사상의 체계를 구축하였다.

그에게 있어 화엄(선)의 원융무애란 무조건적인 통합이나 무분별한 회통이 아니다. 각 수행방식의 독자성이 용인되어 열려 있는 공존 체계로 해석된다. 이는 삼문이 서로 다르지만 그 본질은 같은 것으로 근원적 일치와 개별적 차이의 양자를 모두 인정하고 있는데, 이러한 이유로 하여 조선 후기에는 선과 교, 그리고 염불의 전통이 모두 그 명맥을 하나의 통불교적인 수행으로 이어나갈 수 있게 되었다. 그리하여 하나의 수행에 집중하는 전수全修를 기본 전제로 하여 다른 수행방식도 겸하는 겸수兼修의 사례가 다수 등장하게 된다.[52]

---

50 김용태, 앞의 논문, pp.48~49.

51 김용태, 앞의 논문, pp.48~50.

이렇게 하여 환성지안과 그의 후대로 이어지는 교단의 결속력과 선종으로서의 정체성이 형성되면서 선과 교의 수행 및 융합사상의 전통을 동시에 계승하였으며, 이는 조선 후기 불교의 원형 성립이라는 점에서 중요한 역사적 의미를 띠게 되었고, 이때 형성된 전통은 근대기까지 큰 변동 없이 이어지게 된다.

그리고 환성지안은 조선 후기 선禪 논쟁에서도 알 수 있듯이 선종우위론과 선교일치론의 대비 상황에서 선과 교를 융합하고 공존을 추구하고자 했다. 아울러 환성지안은 각처에서 종횡무진으로 화엄법회를 개최하였으며, 이로 인해 유가의 모함으로 입적하게 된다.

환성지안이 속한 문파는 조선 후기 최대 문파인 편양언기계의 적전이었으니, 그의 제자인 설송연초와 호암체정과 함월해원 등으로 이어지는 법맥이 설송연초를 매개로 하여 소위 환성의 편양파 선맥과 사명파의 교법이 함께 계승되게 된다.

이렇듯 환성지안은 임제 법통의 전승자이면서 선과 교의 융합을 몸소 실천한 종통의 계승자이고 오늘날까지 한국불교 원류라 칭송되는 분이지만, 그동안 연구가 미미하다가 이제야 통도사 등을 중심으로 그의 행장을 새로이 발견하고 재조명하고자 하는 움직임을 보이고 있다.[53]

다음의 「송와운사送臥雲師」[54]는 환성지안의 원융무애한 화엄의 세계

---

52 이종수, 앞의 논문, pp.59~63.

53 김용태, 앞의 논문, pp.46~50.

54 환성지안, 화월성눌 편록, 앞의 책, 「送臥雲師」(韓佛全 9, 470中); 환성지안, 화월성눌 편록, 성재헌 역, 앞의 책, p.167.

를 유추해 볼 수 있는 선시다. 여기서 금선金仙이란 깨달은 부처를 뜻한다. 산사를 떠나는 와운 선사에게 깨치고 나면 행동과 태도가 이것과 이것 아닌 것을 분별하는 알음알이에서 자유로우며, 오고 가는 것 또한 자유롭게 된다고 설하고 있다. 또한 이는 부처님을 공경하는 일뿐이라고 하였는데, 이때의 모습은 모든 시비 밖에 있고 오고 감은 천지 사이에 존재하게 된다고 한다.

　이 선시는 환성 선사의 부처님에 대한 공경심을 나타내는 시로 법과 법 밖의 경계를 벗어나면 있다·없다고 하는 유무의 경계에 떨어지지 않게 된다고 하였으며, 일체 만물이 서로 화합하여 상즉상입하고 자유자재하며, 삼천대천세계의 온 우주가 모두 하나이므로 그 세계마저도 자유로워진다고 한 원융의 세계를 그대로 표현한 것이다.

　行色是非外 행동과 태도는 시비 밖에 있고
　去留天地間 가고 머무름은 하늘과 땅의 사이에
　一筇入太白 한 지팡이를 가지고 태백산에 든 후로는
　敲磬禮金仙 경쇠를 치며 부처님께 예배할 뿐이네.

　이는 결국 3연의 '한 지팡이를 가지고 태백산에 든 뒤', 즉 한 깨달음에 든 후 환성지안의 모든 수행의 귀결은 도량에서 부처님께 예불하고 발우 펼치며 산사에서의 일상을 사는 것이며, 이것이 진정 자유롭고 행복한 길이라는 뜻이다. 이 선시에서도 환성지안은 오직 부처를 공경하고 예불하며 살아가는 것을 역설하면서, 화엄선이라고도 하는 환성지안의 원융무애한 선사상의 수증론을 구체적으로 제시하고 있다.

　다음의 「우음偶吟」[55]은 높고 낮거나 하는 차별을 넘어 '모든 만물이 가지마다 신묘하고 그 열매가 영근다'고 하는 표현으로 보아 이 선시를 화엄(선)사상을 기반으로 하는 원융무애한 점이 돋보이는 선시라 할 수 있겠다.

萬彙春風過 온갖 물상에 봄바람 스치니
高低揚有奇 높고 낮은 곳 모두 기이해라.
若逢秋露濕 촉촉한 가을 이슬을 만나면
嬴得子枝枝 가지마다 열매가 영글겠구나!

　환성지안의 화엄(선)사상의 예로 들 수 있는 또 다른 선시는 「태호대사문쌍친부귀太湖大師聞雙親訃歸」[56]이다. 이 선시는 태호 대사가 양친의 부음을 듣고 고향으로 돌아갈 때 쓴 시인데 2연에서 선객으로서 반야의 선을 깊이 사유하라고 하는 것만을 보았을 때는 반야(공)사상을 나타내고 있는 선시에 해당된다 할 수 있을 것이다.

古人鄉信到 옛사람은 고향 소식 들으면
深念般若禪 반야의 선을 깊이 생각했지만
今日君歸處 오늘 그대가 돌아가는 곳에서는

55 환성지안, 화월성눌 편록, 앞의 책, 「偶吟」(韓佛全 9, 469上); 환성지안, 화월성눌 편록, 성재헌 역, 앞의 책, p.140.
56 환성지안, 화월성눌 편록, 앞의 책, 「偶吟太湖大師聞雙親訃歸」(韓佛全 9, 471上); 환성지안, 화월성눌 편록, 성재헌 역, 앞의 책, p.185.

蒼天又蒼天 곡을 아이고 아이고 하라,

이 선시에서 화성지안은 아플 때는 언어도단의 침묵을 수행의 무기로 하는 선가에서도 침묵을 깨고 차라리 '아야야, 아야야' 하는 표현을 하는 것이 더 자유로운 마음이라 전한다. 양친의 부음을 접한 선객이 엄숙하게 마냥 있는 것보다는 어차피 속가로 양친의 문상을 가야 할 바에는 중생들과 함께하며 곡을 하는 것이 진정 자유로운 인간의 모습이라고 하는 지극히 환성지안다운 논리로 화엄(선)의 원융무애한 선사상을 잘 나타내고 있다.

또한 환성지안은 마지막 4연에서 태호 대사가 고향에 가야 하는 바에는 차라리 슬픔을 참지 말고 지금 여기의 있는 그대로의 마음을 표현하며 '아이고, 아이고' 하라고 하는데, 이는 환성지안만이 표현할 수 있는 화엄(선)사상의 원융무애한 세계를 여실히 보여주는 것이라 하겠다.

(2) 환성지안 선시의 상즉상입

다음의 「우음偶吟」[57]이라는 선시 역시 교학의 종장이었던 환성지안의 깨달음과 화엄(선)의 상즉상입의 세계를 잘 표현하는 선시이다.

盡日惺惺坐 종일토록 성성하게 앉아 있노라.
乾坤一眼中 세상이 한 눈에 있네.

---

57 환성지안, 화월성눌 편록, 앞의 책, 「偶吟」(韓佛全 9, 469下); 환성지안, 화월성눌 편록, 성재헌 역, 앞의 책, p151,.

有朋來草屋 벗이 띠집으로 찾아 들어오니
明月與淸風 밝은 달님과 맑은 바람이라네.

이 선시는 환성지안의 초암에의 조촐한 일상을 들여다보게 한다. 이는 하루 종일 앉아 좌선을 하는 것이 중요한 것이 아니라 얼마나 깨어 있느냐가 중요함을 일깨워 주고 있는 선시이다. 환성지안은 성성惺惺이라는 시구를 사용하여 자신의 참구參究 상태를 드러내 보여 주고 있다. 성성하고 맑은 상태는 2연의 건곤乾坤으로 들어오는데 이는 바로 일체법과 일체현상을 뜻하는 것으로, 그 일체법이 자신의 눈 속에 다 들어 있다고 하면서, 환성지안은 온통 화두일념으로 하나가 된 자신의 모습을 나타내고 있다.

이는 『대방광불화엄경』 「입법계품」,[58] 등에서 설하고 있는 화엄의 세계관인 일즉일체다즉일—卽—切多卽—의 상즉상입相卽相入으로 이루어지는 화엄의 세계관인 무진법계의 연기설과 다르지 않다. 화두삼매의 경지에서 이러한 화엄의 세계관을 확철하게 깨달아 통달한 환성지안은 더 이상 중생과 부처 또는 자연과 사람이 각자 개별적인 관계가 아니므로 맑은 바람과 밝은 달을 벗하며 걸림 없이 서로 상즉상입하여 자유자재한 삶을 살자고 설한다.

이 역시 깨달은 이와 범부의 눈으로 인해 달라 보이는 것일 뿐이니, 환성지안이 말한 당인當人에 달려 있는 것처럼, 이 두 차원의 세계는 사실 깨달은 이에게는 별개의 세계가 아니다. 하지만 범부의 현실세계

---

58 『大方廣佛華嚴經』 卷61 「入法界品」(大正藏 10, 328a), "入—切法無諍境界 知諸法性無生無起 能令小大自在相入."

에서는 극복의 대상으로 여전이 남아 있으니, 이 세계는 여전히 진여의 현현이 아닌 집착의 대상일 뿐이라 하겠다.

환성지안이 화엄(선)에서 이 두 세계를 동일시하는 즉卽의 논리는 깨달은 이에게만 존재하고 범부에게는 존재하지 않는 것이 아니며, 이 즉의 논리는 이 두 세계의 관계를 원융무애·상즉상입으로 설명할 수 있다.

이는 그대로 그 하나(一)가 다多이고 그 다多가 그대로 하나(一)라는 것이다. 하나하나의 털구멍 속에 무수한 여러 부처님이 계시니, 이 우주의 모든 존재와 현상이 바로 법계연기 속에서 상즉상입하게 되는 것이다. 이는 바로 이즉理卽의 논리로 두 세계는 조화롭게 융화하게 된다. 이것에 대해 곧 종횡무진한 선의 세계는 무장무애하고 활발한 깨달음의 세계라 할 수 있기 때문에, 환성지안을 비롯한 수많은 선사들이 이 화엄(선)의 논리로써 선의 세계를 풀어내고자 한 것이다. 특히 조선 후기의 선시들에서 이러한 표현을 자주 볼 수 있다.

이렇듯 선적인 체화를 담아낸 선시들은 단순히 선리적이거나 교화적인 차원에만 그치지 않고, 화엄이 선이고 선이 화엄인 경지를 그대로 보여준다. 사실 화두로 깨친 깨달음의 세계를 실상의 법과 비유로써 드러내려 하면 이는 논리적인 단절과 격외의 세계이기 때문에 추론이 불가능하지만, 환성지안이 선시로써 직관의 길을 열어 놓았다는 뜻이기도 하다.

이러한 양상에 대해 권동순은 앞에서도 논의한 바와 같이, 이는 17, 18세기 전후 조선 후기에 선시의 한 특징이라고[59] 한 바 있다.

이렇듯 교학을 선으로 융해融解하고 선화禪化시킨 선시로 표현하는

이러한 양상은 환성지안의 선시에서도 자주 볼 수가 있으며, 즉卽의
논리로 표출된 그의 선시는 즉인 화엄(선)의 사상을 볼 수가 있을
뿐만 아니라 조선 후기 시문학계에도 하나의 장르를 이룰 정도로
지대한 영향을 주게 된다.

화엄(선)에서 상즉상입이란 우주의 일체 만물이 서로 함께 공존하고
상생한다는 상즉과 상입의 병칭을 뜻한다. 이는 대승불교의 화엄사상
에 잘 드러나고 있는데, 총상總相·별상別相·동상同相·이상異相·성상
成相·괴상壞相으로 대별되는 육상六相의 원융圓融과 법계연기설法界緣
起說로 귀결된다.

또한 이를 상즉상용相卽相容이라고도 하고 약칭해서 상입 혹은 상유
相由라고도 하는데, 우주의 삼라만상이 서로 대립하지 않고 원융 화합
하여 작용하면서 밀접한 관계를 무한하게 유지하고 있음을 뜻한다.

이에 대해 좀 더 부연하자면, 상즉이란 모든 현상의 본체에 대해
한쪽이 공이면 다른 쪽은 반드시 유라 하면서, 동시에 공이나 유가
될 수 없는 까닭에 양자가 서로 융합하고 종횡무진으로 일체화되어
장애 없는 중중무진의 세계를 의미한다는 것이다.

예를 들어 개체가 없으면 전체는 절대 성립되지 않는 법이다. 이런
경우에 전체가 공이란 입장으로 전체는 저절로 없어지고 다른 개체에
일체화되는데, 동시에 개체라는 유의 입장에서 말하면 다른 개체는
저절로 전체에 섭수되고 융화되어 일체화되므로 이 전체가 바로 개체
가 되고 일체一切가 즉일卽一이다. 그런데 이는 반대로 개체가 공이고

59 권동순(圓法), 앞의 논문, pp.130~132.

전체가 유라면 동일한 의미에서 개체는 바로 전체인 일즉일체一卽一切가 되는 것으로, 이런 관계를 상즉이라 한다는 말이다.[60]

상입이란 모든 현상은 연의 작용에 의해 존재하며, 그의 작용은 한쪽이 유력하면 다른 쪽은 무력해서 동시에 양쪽이 유력하거나 무력할 수 없기 때문에 양자가 항상 서로 작용해서 대립하지 않고 화합하는 것을 뜻한다. 즉 연緣에 의해 일어난다는 것은 각각의 연이 나름대로의 힘을 지니고 있어서 그런 연들이 모여서야 비로소 생긴다는 것은 아니다.[61]

이는 각각의 연 속에서 하나의 연이 빠지더라도 현상은 전혀 일어나지 않고 다른 일체의 연은 쓸데없는 것이 되어 버린다. 때문에 연의 작용으로 개체 일一은 유력해서 전체인 다多를 잘 용납하고, 전체는 무력해서 개체에 잠입하기 때문에 전체가 바로 다즉일多卽一이 된다는 것이다. 반대로 개체를 무력無力으로 보고 전체를 유력이라고 보면 개체가 바로 즉다卽多가 되는 것으로, 이런 관계를 상입이라 한다. 상즉과 상입의 관계는 체와 용으로 구별되는데, 용으로 작용하지 않는 체는 없기 때문에 체를 용의 입장에서 보면 상입이며, 용은 체의 기능이므로 용을 체의 입장에서 보면 상즉이 되는 것이다.[62]

---

60 『大方廣佛華嚴經』卷61「入法界品」(大正藏 10, 328a), "入一切法無諍境界 知諸法性無生無起 能令小大自在相入."

61 『大方廣佛華嚴經疏』卷16「賢首品」(大正藏 35, 618a), "一緣起相由門 二法界融攝門 前 中普攬一切始終諸位 無邊行海同一緣起…."

62 『大方廣佛華嚴經疏』卷16「賢首品」(大正藏 35, 618a), "…爲普賢行德 良以諸緣相望略有二義一約由相待故 有有力無力義 是故得相收及相入也 二約體由相作故 有有體無體義 是故得相卽及相入是也."

한편 권동순은 조선 후기의 불교가 선과 함께 강학도 발달하였는데 특히 화엄법회를 개최하는 것이 성행하였다[63]고 한다. 이때 법회를 주관하는 스님들은 대부분 대선사였으며, 화엄의 대가인 환성지안 역시 예외는 아니라 하겠다.

이러한 선과 교 그리고 염불의 삼문수업 수행체계는 조선 후기 불교의 한 특징으로 자리매김하였으며, 이 시기의 스님들은 환성지안을 중심으로 그들의 문집에 선시를 통해 선적과 깨달음의 세계를 화엄의 법계관으로 표현하고자 하였음을 알 수 있다.

한편 다음의 「한거잡음閑居雜吟」[64] 역시 칠언절구의 선시로 한가한 사찰의 일상을 적은 유거시에 해당되지만, 맑은 바람이 불고 밝은 달이 뜨는 연화장세계로 서로의 마음이 상즉상입하는 각자의 삶으로 승화한 선사로서 환성지안의 깨달음의 세계를 잘 표현한 선시이기에 이를 화엄(선)사상으로도 볼 수 있다.

無絃一曲孰能和 줄 없는 곡조를 누가 능히 답할까?
自有風雲作子期 바람과 구름이 서로 종자기가 되네.
松露滿簾僧夢冷 솔 이슬 발에 가득하여 승의 꿈이
半輪蘿月小樓楣 맑은 덩굴 사이에 걸린 반달은 조그맣게 끝에
                달려 있네.

---

63 권동순(圓法), 앞의 논문, pp.150~151.
64 환성지안. 화월성눌 편록, 앞의 책, 「閑居雜吟」(韓佛全 9, 472下); 환성지안. 화월성 눌 편록, 성재헌 역, 앞의 책, p.223.

이 선시에서 줄 없는 거문고란 보편적이고 상식적인 언어로는 표현할 수 없는 선적 도리를 표현한 도구를 나타내고 있다. 백아의 거문고를 종자기만 알아주었던 것처럼, 환성지안은 그의 깨달음의 세계를 알아줄 이에 대해 1연에서 표현한다.

이러한 경지를 굳이 사람에게만 한정시킬 필요는 없는데, 나와 너가 없고 친소도 끊어지며 유무도 모두 끊어진 경지에서 바라보는 세상은 어차피 모든 것이 도의 세계인 것이다.

이 선시의 1연와 2연에서는 중생들의 현상계에 사는 삶이 화장세계로 상즉상입한다고 표현하고 있는데, 이는 깨달은 각자覺者의 삶을 화엄의 세계로 적절하게 승화시키고 있다. 2연에서는 모든 것을 초탈한 자유인의 경계를 보여주고 있으며, 3연와 4연에서는 바람과 구름이 화답해 주는 선사의 삶을 묘사하고 있다.

또한 누각 끝에 매달려 있는 높은 소나무를 타고 오른 넝쿨 이끼 사이로 비치는 조그만 반달은 환성선사가 살고 있는 현상계를 표현하고 있으며, 새벽 잎에 맺힌 이슬로 중생의 중중무진 법계연기의 형상들을 표현한 것이라 하겠다.

다음의 「해인대사海印大師」[65]도 환성지안의 선시에서 볼 수 있는, 자연과의 자유로운 상즉상입으로 회통하는 화엄(선)의 세계를 볼 수 있는 선시의 예이다.

이 선시에서 초대하지 않은 이는 청풍명월과 구름으로, 여기서 맑은 바람(淸風)은 모든 번뇌를 벗어난 청정하고도 분별없는, 사사무

---

65 환성지안, 화월성눌 편록, 앞의 책, 「海印大師」(韓佛全 9, 472上); 환성지안, 화월성눌 편록. 성재헌 역, 앞의 책, p.209.

애하여 자유로운 깨달음의 세계를 뜻한다.

　이 선시에서 선객의 회향이란 분별이 없고 원만하며 구름 또한 어느 한곳에만 머무르지 않고 유유자적하니, 항상 정해진 어떤 모양으로 있는 것이 아니라 일체만물이 언제나 변화하는 무상과 무아임을 보여주고 있다.

關西徧歷又江南　관서와 강남을 두루 돌아다닐 때에
出入叢林信飽叅　드나드는 총림에서 진실로 깨달았네.
復有不招朋友在　다시 또 초대하지 않은 벗이 있나니
淸風明月與雲三　맑은 바람과 밝은 달과 구름이 셋이라네.

　이는 곧 삼라만상의 실체와 현상이 모두가 서로 상즉상입하는 존재이기에 일체의 차별을 떠난 사사무애의 법계연기적인 관계로 작용하는 화엄(선)의 사상을 그대로 표현한 선시로, 환성지안이 본 해인 대사의 깨달음의 세계 역시 바로 환성지안의 깨달음의 경지와 같은 것이라 하겠다.

　이 선시는 깨달음의 세계를 묘사한 반야(공)사상을 나타낸 선시라고 할 수도 있지만, 4연에서 '맑은 바람과 밝은 달과 구름이 셋이라네.'라고 하는 표현은 서로 상즉상입하는 모습이 돋보이기 때문에 화엄(선)의 영역에 포함시키고자 한다.

　다음의 「증연찰사미贈燕察沙彌」[66]라는 칠언율시의 선시는, 환성지

66 환성지안, 화월성눌 편록, 앞의 책, 「贈燕察沙彌」(韓佛全 9, 475上); 환성지안, 화월성눌 편록, 성재헌 역, 앞의 책, p.263.

안 자신이 '세상을 소요하는 한 조각 구름과도 같지만 다시 팔만의 경지로 들어가게 된다'는, 즉 상즉상입하여 일체 만물과 하나가 되는 화엄(선)사상을 보여주고 있는 선시 중 백미에 해당하는 예이다.

이 선시에 대해 박성자는, 환성지안이 자신을 '한 조각 구름인 편운片雲'이라 표현하고 있으며, 자신이 팔만사천 불법을 탁마하여 밝은 달과 외로운 소나무 등의 현상계를 참구하고, 팔만사천 경계는 다시 하나로 들어가는 경지임을 예로 들어 연찰燕察 사미에게 보여주고 있다고 평하고 있다.[67]

一鉢逍遙山市中　바릿대 하나 들고 고산과 저자를 소요하네.
飄然身世片雲同　가볍게 다니는 신세 조각구름 같네.
閑將玉塵尋常坐　한가로이 흰 총채 들고 고요히 앉아
更把金文次氣窮　다시 금문을 들어 차례로 탁마하네.
明月影分千澗水　밝은 달그림자는 천간 물에 나뉘어져 있고
孤松聲任四時風　외로운 소나무 사시 바람에 소리를 맡겨
柴扉半掩仍成睡　사립문을 반쯤 닫고 이내 잠에 들었나니
夢入蓬萊八萬峯　꿈속 봉래산 팔만 봉우리에 들었구나!

이 선시는 연찰 사미에게 주는 교화시이기도 하지만, 한 가지 주목할 만한 것은 이 선시가 화엄(선)의 상즉상입의 현상계와 중중무진으로 하나되는 화엄(선)의 사상을 설하고 있다는 점이다.

이 선시에서 환성지안은 '밝은 달의 그림자는 일천의 골짜기에 비추

박성자, 앞의 논문, p.144.

고 외로운 소나무의 바람소리는 사계절 바람소리에 있다.'고 하였으니,
이는 하나가 모두이고 이 모두는 하나(一)로, 이 하나(一)는 곧 전체이
고 이 전체가 곧 하나이며, 한 티끌 작은 먼지 속에 전체의 세계가
있고 낱낱의 우주가 다 들어 있다는 뜻이다.[68]

이 선시 역시 상즉상입하는 화엄의 원융무애한 세계를 잘 표현한
선시의 예로 들 수 있겠다.

3) 법화의 일심삼관

다음의 「증성철사贈聖哲師」[69]라는 선시는 '차가운 선정의 마음으로
경쇠를 치며 향을 사르고 『법화경』을 설하라'고 하면서 직접 법화사상
의 실천을 표현한 선시이다. 『화엄경』과 더불어 『법화경』은 대승의
양대 바퀴라 하는 경전이다.

법화사상은 화엄사상과 함께 대승의 양대 바퀴에 해당하는 비중을
차지하므로, 비록 이에 해당하는 선시가 이 1편에 불과하지만 이를
법화사상 중에서도 공空의 사상을 설하고 있는 법화의 일심삼관 사상으
로 이를 분류하였다.[70]

---

68 義湘, 『華嚴一乘法界圖』(韓佛全 2 1上), "不守自性隨緣成 一中一切多中一 一卽一
切多 卽一 一微塵中含十方 一切塵中亦如是 無量遠劫卽一念 一念卽是無量劫
九世十世互相卽…"

69 환성지안, 화월성눌 편록, 앞의 책, 「贈聖哲師」(韓佛全 9 471上); 환성지안, 화월성
눌 편록, 성재헌 역, 앞의 책, p.189.

70 환성지안의 144편의 시에서, 그는 제자들에게 근기에 따라 조사의 참 면목을
설하며 선정에 들기를 권하거나 자신도 선정에 든다는 표현을 주로 하고 있다.
그리고 자신도 향을 피우거나 혹은 경전을 독경하며 제자에게도 경전을 권하고

이 환성지안의 선시를 사상적으로 분류하여 법화에서 말하는 삼제원융三諦圓融의 일심삼관一心三觀 사상으로 접근해 볼 수 있겠다.

香岳上人最少年 향산의 상인 가장 젊은 스님이여!
平生長在白雲邊 한평생 언제나 흰구름 가에서 살리라.
禪心月照寒潭水 달빛 비친 차가운 연못 같은 선정의 마음으로
扣磬焚香談妙連 경쇠를 치고 향 사르며 『법화경』을 설하라.

이 선시는 성철이라는 가장 젊은 스님에게 주는 교화시로, 환성지안은 법화사상에 기반하여 평생을 흰구름 가에 살면서 연못 같은 선정을 닦으라 하면서도 경쇠를 치고 향을 사르며 『법화경』 수행의 실천을 설한다.

이 선시와 관련된 환성지안의 법화사상은 『법화경』을 근본으로 하여 삼제원융과 삼천실상의 이론과 일심삼관, 그리고 일념삼천의 실천법을 제시한 교리와 관련이 있다.

예를 들어 교관쌍수教觀雙修와 삼관三觀과 같은 수행을 병행하여 수행할 것을 권하는 법화의 수행법을 정리한 수나라 천태지의(天台智顗, 538~597)와 그보다 80여 년 후에 활동하면서 천태가 접하지 못하였던 유식과 여래장사상 등을 더하여 이를 사상적으로 보완했던 원효의

있는 표현을 볼 수 있는 선시도 10편이 있다. 그러나 「贈粲䔲上人」에게 주는 1편의 선시는 환성지안이 上人인 찬색이라는 제자에게 『능가경』을 권하는 시이지만, 이는 제자가 부지런히 선정에 들기를 설하고 있는 내용이기 때문에 무분별지의 반야(공)사상으로 분류한 바 있다.

불교에 대한 근본적 관점은 법화일승法華一乘의 측면으로, 이는 환성지안의 사상과도 일치한다.[71]

이는 불경 전체에 대한 이해인 교관敎判과 일승도一乘道의 실천론에서 상통한다는 말이기도 하다. 천태지의도 일찍이 『보살본업영락경』[72]의 삼승三乘으로 설해진 삼관三觀에 주목하여 일심삼관一心三觀이라는 원돈圓頓의 실천문을 설한 바 있다.[73]

간략하게나마 일심삼관의 삼제三諦를 요약해 보자. 대승불교의 사상적 기반에는 공空이 밑받침하고 있으며 이는 반야까지도 허무한 것으로 보고 있다.

여기에 가제假諦는 공제空諦에 의해 일단 부정否定되며, 존재하는 것을 다시 가假라고 하여 긍정하게 된다. 여기서 일단 부정되어 존재하는 것을 한층 고차적인 입장으로 긍정한다. 존재하는 것은 모든 것은 공空인지 모르지만, 이 공을 다시 긍정肯定하는 것으로 가假의 존재를 받아들이고 있다.

그러나 이 가제에 집착할 때 다시 현실의 전면적인 긍정이 생겨나게 되니 이 또한 가제에 머무르는 위험을 경계한다. 그리하여 가제假諦와 공제空諦를 상호 부정하게 되는데 이를 중제中諦라고 한다. 이는 가제에 의해 공제를 부정한 것처럼 공제에 의해 가제를 부정할 필요가

---

71 오지연, 「천태지의와 원효의 만남-일심삼관一心三觀을 중심으로-」, 『불교철학』 제1호, 동국대 세계불교학연구소, 2017, pp.73~109.

72 쓴佛念 譯, 『菩薩瓔珞經』 14卷(大正藏 24, 117c), "力不思議 成佛爲衆生 何不轉法輪 復有菩薩名曰摩訶衍 前自佛言 三乘同一趣 未聞正法言…."

73 오지연, 앞의 논문, pp.75~80.

있다는 것이다.

그러나 이 중제는 공제와 가제를 아주 떠나 있는 것을 말하는 것이 아니라 한편으로 모든 존재하는 것을 공空이라 부정하고, 또 한편으로는 모든 존재하는 것을 가假라고 부정하는 이 두 개의 입장인 부정과 긍정 가운데 중제中諦가 자리 잡고 있다. 즉 공제 가운데 가제와 중제를 포함하고, 가제 가운데 공제와 중제를 포함하면서, 중제 가운데 공제와 가제를 포함하고 있는 세 가지의 존재의 자각이 혼연하여 일체가 된 곳에 삼제원융三諦圓融의 경지가 전개된다는 뜻이다.

오지연은 일심삼관一心三觀을 인생의 궁극적 깨달음의 경지라고 할 수 있는 것으로 이 삼제三諦의 진리를 관觀하는 것이 삼관三觀이 되고, 일심삼관이란 인간의 한마음이 그대로 원융삼제로 관한다는 것이니, 즉 모든 존재가 있는 그대로 제법실상諸法實相의 진리라 본다고 평하고 있다.[74]

또한 오지연은 원효 역시『금강삼매경론』에서 삼관설三觀說에 의거하여 자리自利의 관행觀行을 넘어선 이타利他의 교화행으로서 일심삼관을 언급하였고 있지만, 원효의『금강삼매경론』에서는 일심삼관을 행하는 주체가 십회향十回向 이후의 보살로 국한하고 있으며, 중생교화행으로 설해진 일심삼관과 그 이전에 행하는 내행內行과 이관理觀을 분리하여 봄으로써 서로 회통되는 지점을 찾기는 어렵다고 한 바 있다.[75]

원효의 경우는 불교도나 외도의 선근이 모두 한결같아 무상보리에

---

74 오지연, 앞의 논문, pp76~83.

75 오지연, 앞의 논문, pp.76.

이를 수 있다고 하면서 외도까지도 일승도一乘道에 포용하고 있으며, 천태지의는 별교別教의 계위인 십신十信 이상의 모든 보살은 차제次第 또는 일심一心의 삼관을 행하라며 그 실천법을 설하고 있다.[76]

따라서 「증성철사贈聖哲師」의 4연에서 제자인 성철 스님에게 '선정을 닦되 『법화경』을 설하라'고 한 것을 보면 환성지안이 설하고자 했던 법화사상도 또한 일심삼관에 입각한 것임을 알 수 있다. 따라서 이 시는 원효의 올바른 불도의 실천법과 동일하다고 할 수 있으며, 무상보리라는 궁극의 목표에 이르게 하고 있다. 이와 같은 맥락에서 볼 때 환성지안의 이 선시는 법화의 일심삼관 사상으로 원융하는 관점으로 접근해 볼 수 있겠다.

4) 선문답(화두 및 공안)

환성지안의 선시에는 선문답의 공안 혹은 화두를 곧바로 선시의 소재와 주제로 쓰는 예가 많다.

다음은 「증연해사贈燕海師」[77]라는 선시로, '직지인심直旨人心 견성성불見性成佛'[78]의 선법을 보인 선종의 공안을 직접 쓰거나 '달마서래의 達磨西來意'[79]에 대해 환성지안이 직접 그 답을 하고 있다.

---

76 오지연, 앞의 논문, p.78.

77 환성지안, 화월성눌 편록, 앞의 책, 「贈燕海師」(韓佛全 9, 473中); 환성지안, 화월성눌 편록, 성재헌 역, 앞의 책, p.235.

78 大慧, 『大慧普覺禪師語錄』(大正藏 47, 813b), "兩重公案 問 達磨西來單傳心印 直指人心 見性成佛."

79 『金剛經註解』(X24 767a), "菩薩於法應無所住 … 報言達磨西來意 秪在俱胝一指 頭 菩薩了悟人法二空 心無取捨 能知凡聖一等 空色一般 善惡一體."

이 선시에서 환성지안은 두두물물 삼라만상에 내재된 법을 볼 수 있는 것은 바로 그대의 마음에 달려 있다고 역설하고 있다. 첫 구절에서도 환성지안은 도체라고 하는 것이 바로 그 사람의 눈 속에 있는 것이라 하며, 보고 듣고 맛보고 있는 바로 그놈이라 한다.

道在當人眼睫裏 그 사람의 눈 속에 도가 있어
西來面目只如今 서쪽에서 온 본래면목은 지금과 같네.
渴飮飢湌常現露 목마르면 물을 마시고 배가 고프면 밥을 먹네.
何用區區別處尋 어찌 헐떡이며 딴 곳에서 찾으랴.

이는 곧 갈증이 나면 물을 마시고 배고프면 밥 먹는 것이 바로 도인이라 할 수 있으니, 이것이 바로 서쪽에서 달마가 온 이유라는 말이다.

이 선시에서 환성지안은 자연과 일상 속에서 살아가고 있는 지극히 소박한 자연인의 모습이 바로 법의 현현이니, 별다른 별처別處인 객관적인 대상이나 관념적 분별의 경계에 빠지는 것은 일종의 선병禪病 구구區區라고 역설하면서 이것이야말로 납자가 가장 경계해야 할 일이라 한다.

다음의 「시옥선자示玉禪子」[80]는 제목 서두에 '시示' 자가 붙어 있기에 옥 선자라는 선객에게 주는 교화시이기도 하고, 1연에서 '사립문을 닫고 천봉에 누웠다'는 대목은 환성지안의 반야(공)의 정신세계를

---

80 환성지안, 화월성눌 편록, 앞의 책, 「示玉禪子」(韓佛全 9, 470上); 환성지안, 화월성
눌 편록, 성재헌 역, 앞의 책, p.160.

잘 표현하고 있는 선시이기도 하다.

閉戶千峯臥 사립문 닫고 천봉에 누웠는데
求詩遠客來 시를 찾아 멀리서 온 나그네.
西江萬里水 서강 만 리의 물을
吸盡小蠡杯 다 마셔버린 작은 표주박이여….

그런데 이 선시는 『불과환오선사벽암록佛果圜悟禪師碧巖錄』 「제42
칙, 방거사호설편편龐居士好雪片片」에 나오는 선문답의 공안을 그대로
가져와 이를 선시의 소재로 쓰고 있다. 이 선시의 3연을 보면 옥
선자에게 선가의 전해져 내려오는 공안인 '서강 만리의 물'[81]이라는

---

81 『佛果圜悟禪師碧巖錄』 「제42칙;龐居士好雪片片」(大正藏 48, 179b), "龐居士 參馬
祖 石頭兩處有頌 初見石頭 便問 不與萬法爲侶 是什麼人 聲未斷 被石頭掩却口
有箇省處作頌道 日用事無別 唯吾自偶諧 頭頭非取捨 處處沒張乖 朱紫誰爲號
靑山絶點埃神通幷妙用 運水及搬柴後參馬祖 又問 不與萬法爲侶 是什麼人 祖云
待爾一口吸盡西江水 卽向汝道 士豁然大悟 作頌云." "방 거사는 마조 스님과
석두 스님의 두 처소를 참방한 후 송을 하였다. 처음 석두 스님을 뵙고 대뜸
묻기를 '만법과 짝하지 않는 이는 어떤 사람입니까?'라고 하자, 말이 끝나기도
전에 석두 스님이 입을 틀어막는 바람에 조금 깨친 바가 있었다. 그래서 송을
지었다. '날마다 하는 일이 다른 것이 없어 나 스스로 마주칠 뿐이네. 사물마다
취하고 버림이 없고 곳곳마다펴고 오무릴 것이 없으니 붉은빛 자줏빛을 뉘라서
분별하리. 청산에 한 점 티끌마저도 끊겼노라. 신통과 묘용이란 물 긷고 나무하는
것이구나.' 그 뒤에 마조 스님을 참방하고 또 묻기를 '만법과 짝하지 않는 사람은
누구입니까?'라고 하였는데, 마조께서는 '그대가 西江의 물을 한입에 다 마셨을
때 그대에게 말해주겠네!'라고 하자, 방 거사는 이에 크게 깨치고 송하였다."

시어를 바로 쓰면서 '서강의 물을 다 마셔 마친 이'라고 표현한다. 이 선시는 공안을 선시의 소재로 하면서 환성지안의 선사상을 한마디로 압축하고 있는 좋은 예라 하겠다.

다음의 「정암장로靜菴長老」[82] 1연에서 볼 수 있는 '무딘 도끼를 준다'는 것은 선종에서 심법을 전수한다는 의미이다.

傳來鈯斧子 전해 내려오는 무딘 도끼를
分付老禪和 늙은 선화에게 분부하노니
佛祖眞生活 이것이 부처와 조사의 참다운 생활이니
何勞外物多 어찌 수고롭게 바깥에서 물건을 찾으리오.

이와 관련된 공안은 『경덕전등록景德傳燈綠』 권5[83]에 있는 고사로, 청원행사(青原行思, 671~738)가 석두희천(石頭希遷, 700~790)을 시켜 남악회양(南嶽懷讓, 677~744)에게 편지를 전하게 하면서, 이 편지를 전하고는 금방 돌아오면 무딘 도끼를 너에게 주어 산에서 살게 하겠다고 한 내용이다. 이후 석두희천이 청원행사에게 자신이 떠날 때 화상께서 무딘 도끼를 주시겠다고 했는데 지금 주시라고 하자 청원행원 선사가 한쪽 발을 뻗었고, 석두희천은 절을 하고 남악으로 떠난 일화로,

---

82 환성지안, 화월성눌 편록, 앞의 책, 「靜菴長老」(韓佛全 9, 470上); 환성지안, 화월성눌 편록, 성재헌 역, 앞의 책, p.164.

83 『景德傳燈綠』 卷5(大正藏 51, 240a), "…師問曰 子去未久送書達否 遷曰信亦不通書亦不達師曰作麼生遷擧前話了 却云發時蒙和尙 許鈯斧子便請取師垂一足遷禮拜尋辭往南嶽 玄沙云大小石頭和尙 被讓師推倒至今起不得)荷澤神會來參師 問曰什麼處來會曰曹谿 師曰曹谿意旨如何會振身而已…"

선가의 공안을 그대로 선시의 소재로 쓴 예에 해당된다. 이 선시에 등장하는 정암 장로靜菴長老의 법명은 회숙會淑으로 『환성시집』의 가장 마지막 장에 있는 「문정목록門庭目錄」[84]에는 정암회숙靜菴會淑으로 쓰여 있다.

다음의 「벽하장로碧霞長老」[85]라는 선시에 등장하는 벽하대우(碧霞大愚, 1676~1763)는 화악문신(華岳文信, 1629~1707)에게서 경전과 교학을 배웠으며 환성지안으로부터 선맥禪脈을 이은 분이다. 벽하대우는 경전을 면밀히 연구하였으며 아울러 『제자백가諸者百家』와 『사기史記』에도 능통하였는데, 노년에는 『선문염송禪門拈頌』을 부지런히 필사하고 염송하였다고 한다.

東國大宗匠 동국의 대종장
碧霞長老其 벽하 장로가 그분이라네.
西江萬里水 서강 만 리의 물을
一口能吞之 한입에 다 삼켜버린다네.

이 선시에서도 환성지안은 앞의 「시옥선자示玉禪子」처럼 『벽암록』「제42칙, 방거사호설편편」에 나오는 '서강 만 리의 물'을 다 삼켜버린 이가 벽하 장로라고 지칭하면서, 3연에 화두공안을 선시의 소재로

---

84 환성지안, 화월성눌 편록, 앞의 책, 「門庭目錄」(韓佛全 9, 476下); 환성지안, 화월성눌 편록, 성재헌 역, 앞의 책, p.279, "···醉眞處林 靜菴會淑 寒梅大豁···."
85 환성지안, 화월성눌 편록, 앞의 책, 「碧霞長老」(韓佛全 9, 470上); 환성지안, 화월성눌 편록, 성재헌 역, 앞의 책, p.164.

쓰면서 그의 선사상을 이 대목에 모두 집약하고 있다.

다음의 「증쾌헌사贈快軒師」[86]라는 선시는 앞에서 환성지안의 종풍에 대해 논의할 때 살펴본 바 있는데, 이 선시 또한 쾌헌 스님에게 준다는 의미의 '증'을 시제의 서두에 붙이고 있기 때문에 당연히 교화시에 해당된다. 그러나 3연의 '서래화西來話'[87]라는 공안을 이 선시의 소재로 쓰고 있기에 선문답으로 분류하여 살펴보도록 하겠다.

青年少野衲 청년의 젊은 야납
白髮老山翁 백발의 늙은 산옹

---

[86] 환성지안, 화월성눌 편록, 앞의 책, 「贈快軒師」(韓佛全 9, 470下); 환성지안, 화월성눌 편록, 성재헌 역, 앞의 책, p.178.

[87] 『佛果圜悟禪師碧巖錄』 卷2「제20칙」(大正藏 48, 160a), "龍牙問翠微 如何是祖師西來 意微云 與我過禪板來 牙過禪板與翠微…牙云 打卽任打 要且無祖師西來意 (這漢話在第二頭 賊過後張弓)牙又問臨濟 如何是祖師西來意(諸方舊公案 再問 將來 不直半文錢)濟云 與我過蒲團來(曹溪波浪如相似 無限平人被陸沈 一狀領 過 一坑埋却)牙取蒲團過與臨濟(依前把不住 依前不伶俐 依俙越國 勞矞揚州) 濟接得便打(著可惜打這般死漢 一模脫出)牙云 打卽任打 要且無祖師西來意." "용아 화상이 취미 선사에게 '달마 조사께서 서쪽에서 오신 뜻을 묻자 취미 선사는 나에게 禪板을 건네 주라 합니다. 용아 화상이 선판을 갖다드리자 취미 선사는 곧바로 후려쳤습니다. … 용아 화상은 치는 것은 선사의 마음대로이지만 조사가 서쪽에서 오신 뜻은 없습니다. 용아 화상이 다시 임제 선사께 '조사께서 서쪽에서 오신 뜻'을 묻자 임제 선사는 나에게 방석을 건네주라고 하였고, 용아 화상이 방석을 갖다 드리자 임제 선사는 곧장 후려쳤습니다. 용아 화상은 이번에 도 치는 것은 선사의 마음대로이지만 조사가 서쪽에서 오신 뜻은 없다고 하였습니 다." 이 공안은 『경덕전등록』卷17, 『굉지송고』80칙, 『조당집』卷8, 『송고승전』 卷13 등 '서래의'에 대한 답은 무려 230가지나 된다.

共說西來話 서래화를 함께 이야기하며
宗風自爾共 종풍을 나와 그대가 함께하리라.

'서래의'란 달마 조사가 서쪽에서 전하여 온 불법의 적적대의라는 뜻으로 선문답의 대표적 공안 중 하나이다. 이에 대한 여러 선지식들의 대답이 화두가 되었으니, '서래의'라는 공안으로 하여 이 선시는 선문답에 해당된다.

'서래의'의 '서西' 자는 문자 그대로 달마 대사께서 인도에서 건너오신 서역을 뜻하며, 서쪽은 옛날부터 영원불멸을 상징한다. 서편의 낙조는 다음날 다시 해가 뜨는 영속성을 약속하는 불멸의 관문을 말한다.

다음의 「우음증偶吟贈」[88]이라는 선시도 조사가 서쪽에서 온 뜻이라는 공안을 1연에서 선시의 주제어로 선택한 예인데, 그 내용을 살펴보도록 하겠다.

西來密旨孰能和 조사가 서쪽에서 온 그 뜻을 그 누가 답할까?
處處分明物物齊 처처마다 분명하고 물물마다 그러한데,
小院春深人醉臥 봄은 길어 봄에 취해 초암에 누었네.
滿山桃李子規啼 복숭아 배꽃 가득한 산에 두견새 우네.

'조사서래의'[89] 문답의 시원은 남악회양(南嶽懷讓, 677~744) 선사가

---

88 환성지안, 화월성눌 편록, 앞의 책, 「偶吟贈」(韓佛全 9, 472下); 환성지안, 화월성눌 편록, 성재헌 역, 앞의 책, p.221.
89 『鎭州臨濟慧照禪師語錄』 「如何是西來意」(大正藏 48, 502a), "…問：如何是西來

행각시절 탄연과 함께 제5조 홍인 선사 하의 법사인 숭산혜안(崇山慧眼, 582~709) 선사에게 찾아가 물은 것이 그 시원이다. 여기서 '조사서래의'가 뜻하는 바는 성스러운 궁극의 깨달음으로, 그러한 깨달음은 다른 데에 있는 것이 아니라 바로 우리 눈앞에 펼쳐진 지금 여기의 현실 앞에 펼쳐진다는 것이다.

다음의 「시계암사示桂巖師」[90]도 역시 계암 스님께 보인다는 의미인 '시示' 자를 시제의 서두에 붙이고 있어 교화시임에 분명하지만, 3연에 '조사의 본래면목'[91]이라는 공안이 있는 까닭에 이를 선문답을 소재로 한 선시로 분류할 수 있겠다.

山月輝肝膽　휘영청 산 위에 달은 간담을 비추고
松風貫髑髏　솔바람이 해골을 꿰뚫는데
祖師眞面目　조사의 참 면목을
何必用他求　왜 꼭 타인에게서 찾는 걸까?

여기서 본래라고 하는 것은 '처음부터의 근본'이라는 의미로 인위적인 행위나 조작이 없고 생멸이 없이 타고난 그대로의 모습을 말하며,

---

意 師云 : 若有意 自救不了⋯."
90 환성지안, 화월성눌 편록, 앞의 책, 「示桂巖師」(韓佛全 9, 471上); 환성지안, 화월성눌 편록, 성재헌 역, 앞의 책, p.161.
91 『六祖大師法寶壇經』「行由品」(大正藏 48, 347c), "大師告衆曰 善知識 菩提自性 本來淸淨 但用此心 直了成佛." "깨달음은 곧 보리의 자성으로 본래부터 모든 이에게 온전하게 갖추어져 있다. 그러므로 이를 그대로 잘 활용할 수 있다면 그것이 바로 성불인 것이다."

본분사 혹은 본지풍광이라고도 한다. 본래면목은 깨달은 경지에서 나타나는 자연 그대로의 심성이나 실상, 혹은 '부모미생전의 본래면목'이라고 한다.

'본래면목'은 이치적으로 처음부터 부처와 중생이 조금도 차별 없이 완전하게 동일한 모습으로 설정되어 있는 본래청정자심을 의미하는, 자신의 생활 이전에 발생해 있는 그 모습 그대로인 본래심이다.

이는 깨달음, 곧 보리의 자성은 완전히 갖추어져 있기 때문에 이를 그대로 활용할 수만 있다면 그것이야말로 곧 성불로, 이 '본래면목'을 자각할 것을 육조혜능이 역설한 것으로, 석가세존의 탄생게인 '천상천하 유아독존'의 '아' 또한 '본래면목'을 깨닫는 것이라 하겠다.

이 '본래면목'에 대해 보조지눌은 「수심결」에서 "텅 비어 있고 고요하여 신령스럽게 이해하는 마음"[92]이라 하였는데, 이는 고려 말 태고보우와 나옹혜근과 백운경한 등에게도 영향을 주었으며, 청허휴정의 『선가귀감』과 환성지안의 『선문오종강요』에도 반영되고 전승되어 전해져 환성지안 선시의 바탕이 된다.

다음의 「증걸량사贈乞粮師」[93]도 또한 '양식을 구걸하는 스님에게

---

[92] 普照知訥, 『高麗國普照禪師修心訣』(大正藏 48, 1006c), "答 : …諸法皆空之處靈靈知不昧 卽此空寂靈知之心 是汝本來面目 亦是三世諸佛 歷代祖師 天下善知識 密密相傳 底法印也…." "…모든 현상이 텅 빈 그 자리에서도 신령스러운 앎은 매하지 아니하니, 이 텅 비고 고요한 지혜의 마음인 공적영지의 마음이야말로 그대의 본래면목이며, 삼세제불과 역대조사와 천하 선지식들이 비밀리에 전해 온 법의 도장이다. …"

[93] 환성지안, 화월성눌편록, 앞의 책, 「贈乞粮師」(韓佛全 9, 474中); 환성지안, 화월성눌 편록, 성재헌 역, 앞의 책, p.256.

주다'는 의미의 시제 앞에 '증贈'을 붙인 것으로 보아 교화시임에 분명
하지만, 이 오언율시의 3연을 보면 '판치板峙'라고 하는 대목을 볼
수 있는데 이는 '판치생모'라는 화두를 뜻하므로 이를 선문답의 화두
를 소재로 한 선시로 분류할 수 있겠다. '판치생모板齒生毛'[94]는 한 스님
이 조주 선사께 "무엇이 조사가 서쪽에서 온 뜻이냐?"고 묻자 선사께
서는 '판치생모', 즉 판때기 이빨에 털이 났다고 답을 한 일화에서
온 공안이다.

> 大師乞麥去　대사가 보리를 구걸하러 가네.
> 何處何村田　어느 곳 어느 마을 밭으로
> 板峙歸笻外　판치는 돌아올 지팡이 밖이요
> 鷄龍獨鳥邊　계룡은 외로운 새의 가장자리.
> 息肩蹲老石　어깨를 쉴 땐 늙은 돌에 걸터앉고
> 慰渴飮潦川　어갈증을 달래려 도랑물을 마시면서
> 役役長途走　허덕허덕 먼 길을 돌아다니다가
> 那時得坐禪　언제 고요히 앉아 참선할 수 있을까?

　다음의 「시성봉장로示星峯長老」[95]는 환성지안이 선문답의 공안을
시의 소재로 쓴 경우에 해당하는 선시이다. 그의 선시에는 이렇게

---

94 『趙州和尙語錄』卷中(J24, 356b), "問如何是西來意 師云因什麼向院裏罵老僧云
　　學人有何過 師云老僧不能就院 裏罵得闍梨 問如何是西來意 師云板齒生毛."
95 환성지안, 화월성눌 편록, 앞의 책, 「示星峯長老」(韓佛全 9, 469中); 환성지안,
　　화월성눌 편록, 성재헌 역, 앞의 책, p.143.

232

화두 및 공안 등을 시어詩語로 선택하여 쓰는 등 형식면에서도 선과
시가 하나인 예를 자주 볼 수 있다.

一朵庭前躑 뜰 앞의 한 떨기 철쭉꽃
南泉夢裡紅 남전의 꿈속에서도 붉었지.
陸公收未盡 육공이 미처 다 거두지를 못해서
依舊笑春風 봄바람에 여전히 미소 짓고 있네.

이 선시에서 환성지안은 한 떨기 철쭉꽃을 들어 남전 선사의 꿈속
얘기를 언급하며 성봉 장로를 일깨우고 있다. 여기에 등장하고 있는
남전은 당대唐代의 마조도일馬祖道一의 제자인 남전보원(南泉普願,
748~834) 선사로, 안휘성 지주池州에 선원을 짓고 30년 간 머물 때의
일화인「남전참묘南泉斬猫」공안에 등장하는 바로 그 남전 선사를
지칭한다.
　「남전참묘」는 『무문관無門關』14칙[96]과 『벽암록』63칙[97]과 64칙[98]에

---

96 無門慧開, 『無門關』「第十四則 南泉斬猫」(大正藏 48, 294c), "南泉和尚因東西堂爭
　猫兒 泉 乃提起 大衆道得卽救 道不得卽斬却也 衆無對 泉遂斬之 晚趙州外歸
　泉擧似州 州乃 脫履 安頭上而出 泉云 子若在卽救得猫兒 無門曰 且道 趙州頂草鞋
　意作麼生 若向者 裏下得 一轉語 便見南泉令 不虛 行其或未然險 頌曰 趙州若在
　倒行此令 奪却刀子南 泉乞命."
97 圜悟克勤, 『佛果圜悟禪師碧巖錄』卷7「第六十三則」(大正藏 48, 194c), "擧 南泉一
　日 東西 兩堂爭兒, 南泉見遂提起云 道得卽不斬 衆無對泉 斬猫兒爲兩段." "남전
　화상은 어느 날 선원의 東堂과 西堂의 선승들이 고양이를 가지고 다투고 있는
　것을 보았다. 남전 화상은 고양이를 잡아들고서 말을 하여 구할 수 있으면

도 나오는 공안이다.

이는 남전보원 선사와 그 제자인 조주종심(趙州從諗, 778~897) 사이에 오고간 선문답으로 마조-남전-조주로 이어지는 선종의 5가 7종과는 다른 계통이기는 하지만, 지금까지도 그 명맥을 유지하고 있는 홍주洪州宗 계열의 기상천외하고도 번뜩이는 돌발성을 가진 교화의 방법을 보여주고 있는 공안이기도 하다.

이 선시에 등장하는 육공陸公은 남전 선사에게 참학한 육공 대부陸公大夫이다. 『벽암록』 40칙[99]에 보면 어느 날 육공이 남전 선사께 '조법사가 천지가 나와 같은 근원에서 나온 것이고 만물이 나와 더불어 하나라고 하는데 이것은 대단하지 않느냐'고 하자, 남전 화상이 문득 뜰

고양이를 참살하지 않겠다고 하였다. 대중들은 말이 없었다. 남전 화상은 고양이를 두 동강으로 절단해 버린다."

[98] 圜悟克勤, 앞의 책, 卷7「第六十四則」(大正藏 48, 195a), "擧南泉復擧前話 問趙州(也須是 同心 同意始得同道者 方知)州便脫草鞋 於頭上戴出(不免拖泥帶水)南泉云 子若在恰 救得猫兒." "남전 스님이 다시 전에 있었던 이야기를 들어 조주 스님에게 묻자, 조주 스님은 문득 짚신을 벗어 머리에 이고 밖으로 나가버렸다. 남전 스님은 말하기를, 조주가 그때 있었더라면 고양이를 살릴 수 있었을 것이라고 하였다."

[99] 圜悟克勤, 앞의 책, 卷4「第四〇則」(大正藏 48, 178a), "擧陸亘大夫與南泉語話次陸云肇法 師道天地與我同根 萬物與我一體也 甚奇怪(鬼窟裏作活計畵餅不可充飢也是草裏商量) 南泉指庭前花(道恁麼咄經有經師論有論師不干山僧事咄大丈夫當時下得一轉語不唯截斷 人莫咪語引得黃鶯下柳條)." "南泉庭花 : 陸亘大夫가 南泉 스님과 대화를 하는 중에 육긍 대부가 말하기를 肇法師는 천지가 나와 한 뿌리며 만물은 나와 한 몸이라 하였는데 이는 매우 이해하기 어렵다고 했다. (귀신의 굴속에서 살림살이를 하네. 그림의 떡으로는 주린 배를 채우지 못한다.) 이는 번뇌의 풀 속에서 헤아리는 것이로다."

234

앞에 핀 꽃을 가리키면서 '지금 사람들이 이 한 떨기 꽃을 보는 것은
마치 꿈과도 같다'라고 한 일화에서 비롯한다.

　다음의 「시화월사示華月師」[100] 또한 선어록의 공안을 시어로 채택한
오언절구의 전형적인 선시이다. 이 선시에서 환성지안은 절이 추우면
부처를 태워 불을 피운다고 표현하고 있다. 선자들 사이에는 공부가
깊고 옅음을 판가름하기 위해서 언행으로 대결하거나 임제 선사처럼
할喝을 하거나 덕산 선사처럼 방棒을 쓰기도 한다.

　이에 임제 선사는 인간은 누구나 불성을 지니고 있으므로 이를
강조하기 위해 부처를 만나면 부처를 죽이고 조사를 만나면 조사를
죽이기까지 하면서 자신 안의 부처를 발견하라고 설한 것이다.[101]

　　入院寒燒佛 절에 들어가 춥거든 부처를 태우고
　　看經轉覺魔 경을 보면서 더욱더 마사를 깨달아
　　出門行大路 문을 나서 큰길을 거닐면서
　　赤脚唱山歌 맨발로 산골 노래를 부르리라.

　이렇듯 환성지안은 선시를 통해 임제나 조주 선사 등이 전한 격외의
도리를 활구活句로 나타내거나 이를 선과 시로 접목하면서, 마찬가지
의 표현방법으로 화두나 공안 등을 인용하여 선시를 쓰는 방법으로

100 환성지안, 화월성눌 편록, 앞의 책, 「示華月師」(韓佛全 9, 470下); 환성지안,
　　화월성눌 편록, 성재헌 역, 앞의 책, p.143.
101 『鎭州臨濟慧照禪師語錄』(大正藏 47, 500b), "逢佛殺佛逢祖殺祖 逢羅漢殺羅漢
　　逢父母殺父母 逢親眷殺親眷 始得解脫."

선의 이치를 극명하게 드러내면서 집약된 그의 선사상을 표현하고
있다. 마지막으로 표7의 기타 선시는 선시의 종류에 따라 3가지로
분류한 것이다. 첫째로 기타 선시는 탈속한 산사의 일상에 대한 산거시
山居詩 및 자연과 사찰의 풍광을 노래한 선적시禪迹詩 등이 있다. 둘째로
는 언어 이전의 세계를 운에 따라 자연스럽게 표현한 선시 혹은 고인古
人의 선시에 차운한 선시 등을 분류한 것이며, 여기에는 제자인 함월해
원이 스승인 환성지안의 선시에 차운한 시(1편으로 *로 표시함)가 있다.
셋째로 이별의 정한이나 인간적인 감회를 솔직 담박하게 표현한 교류
시와 후학에게 절절한 법을 전하는 교화시 등을 들 수 있다.

이들 기타의 선시들은 『환성시집』에 수록된 144편의 선시들 중에서
거의 대부분에 해당되지만, 선시 자체에서 산사의 일상을 표현한
유거시 또는 선적시인지, 시의 형식에 따라 차운을 한 선시에 해당되는
지, 인간적인 감회를 교류하거나 후학에게 보내는 교화시인지를 바로
알 수 있기 때문에, 각각의 중복을 피해 몇 가지 예를 보도록 하겠다.
아울러 교화시 혹은 교류시의 경우에 승가와 재가자에게 주는 선시의
성격상 따로 구분하여 살펴보도록 하겠다.

다음은 기타 선시 중 첫 번째 예에 해당하는 「유두류산遊頭流山」[102]으
로, 칠언절구의 교화시이기도 하지만 선사의 수행 무대인 산사에서의
일상을 표현한 유거시 또는 선적시의 전형적인 예에 해당된다.

두류산과 청평사, 통도사 등은 환성지안이 상주하던 곳으로, 그는
이 선시를 통해 산사에서 예불하고 행주좌와 어묵동정으로 일상생활을

---

102 환성지안, 화월성눌 편록, 앞의 책, 「遊頭流山」(韓佛全 9, 472下); 환성지안,
   화월성눌 편록, 성재헌 역, 앞의 책, p.220.

하는 그 자체가 수행임을 역설한다. 즉 선사에게 있어서 산사에서의
생활과 숲과 자연은 빼놓을 수 없는 일상의 대부분을 차지하고 있다.

山勢窮隆老未登 산세가 높아 늙은이는 오르지를 못하네.
最奇勝處問居僧 가장 빼어난 절경에 사는 스님에게 물었네.
定中嫌客頻來擾 선정 중에 찾아와 소란을 떠는 객이 싫어서
閉目無言故不言 눈 감고 묵묵히 일부러 말하지 않는다네.

이 선시에서 화성지안은 여느 선사들과 마찬가지로 고요한 선정에
들어 수행정진하려면 아무리 빼어난 경치의 절경에 머무른다 해도
그 경계에 빠진다거나 일체의 시비 혹은 찾아오는 객들도 멀리할
것을 동시에 당부하고 있다.

그러나 환성지안의 선시는 자연과 함께 자연에 동화하여 사는 산사
의 일상을 상당 부분 표현하고 있다. 그의 선시는 모두 자연의 변화마저
도 잊고 소위 기심機心을 잊은 상태에서 사사로운 욕망을 내려놓고
고요히 사립문을 닫는다거나 꿈으로 묘사하고 있는, 즉 선정에 든
산사에서의 수행정진을 적절하게 표현하고 있다.

기타의 선시 중 두 번째의 예인 다음의 「차운次韻」[103]은 시제에 '차운'
이라 한 것을 보면 이 시가 오언절구 형식에 자연스럽게 운을 붙인
선시라는 것을 알 수 있다.

---

103 환성지안, 화월성눌 편록, 앞의 책, 「次韻」(韓佛全 9, 470上); 환성지안, 화월성눌
    편록, 성재헌 역, 앞의 책, p.159.

小瀑淸聆瑟 조그만 폭포는 맑은 소리의 비파로

奇巖隱看臺 기이한 바위는 숨어서 보는 누대라네.

溪花春後在 봄이 지났건만 여전한 개울가 꽃들은

聊爲遠人開 멀리서 찾아온 나그네 위해 피었네.

환성지안의 선시는 물상을 감상함에 화려한 수사를 쓰지 않고 지극히 소박한 시어들로 절묘한 아름다움을 표현하고 있다.

이 「차운次韻」이라는 선시는 환성지안의 선과 시가 하나 되는 물아일여의 경지를 그대로 반영하고 있으며, 선시를 통해 그의 수증론을 담담하게 전하고 있다.

이에 대해 권동순은, 앞에서 간략하게 살펴본 바와 같이, 환성지안이 시를 위해 마음을 괴롭히며 시를 통해 그것을 그대로 드러내고 있는 것 또한 화두일 수도 참선일 수도 있다고 한 점은 너무 자의적인 해석이라 평한다. 아울러 권동순은 물아일여의 경지가 마치 작시作詩의 과정에서 마음을 맑히는 시의 묘한 공능과 환성지안이 추구했던 물아일여의 경지가 일맥상통한 것이라 주장하고 있다.[104]

또한 권동순은[105] 박성자가 제시한 환성지안의 선시에 대한 물아일여의 근거에 대해 '시를 위해 각고의 노력을 한다는 표현에 다소 무리점이 있다'고 평하지만, 박성자가[106] 논한 환성지안의 시세계가 마음을 맑히는 공능면에서 물아일여와 같은 공능이라는 의견에서는 그 견해를

---

104 권동순(圓法), 앞의 논문, pp.151~153.

105 권동순(圓法), 앞의 논문, pp.150~153.

106 박성자, 앞의 논문, pp.22~25.

같이한다고 피력하고 있다.

정리해 보자면, 환성지안에게 있어 선시를 쓰기 위한 과정은 마음을 괴롭히는 과정은 아니고, 마음을 맑히는 공능면으로만 볼 때 물아일여의 경지라 할 수 있다. 이 또한 선시라는 문화적인 도구로 중생들과 함께하고자 했던 환성지안의 대승적인 실천수행을 잘 표현하는 것으로 환성지안이 맑은 선시를 쓰는 이유가 곧 마음을 씻기 위함이고, 시냇물의 맑음을 보면 밝고 맑은 선시를 통해 다시 한 번 더 맑아진다고 하는 점에서 같은 공능이라 할 수 있겠다.

이렇듯 선禪의 추구가 자성을 밝히는 깨달음이기 때문에, 이러한 면으로 보아 이는 시인이 추구하는 바와 같은 영역에 있으면서 자아와 사물의 화합을 통한 내면세계의 승화 혹은 정화작용이 궁극적으로는 선시의 공능이라 표현한 것은 적절한 것이라 할 수 있겠다.

그러나 환성지안의 선시는 깨달음을 향한 수행의 과정이 보다 광범위하고 고준한 정신세계를 반영하는 것이기 때문에 세속의 오욕락에 충실하게 살아갈 수밖에 없는 범인들과는 달리 이미 세속의 문을 넘어서 버린, 출가자가 중생들에게 다가가기 위해 쓰는 교화를 위한 발로에서 시작된 점을 간과해서는 안 될 것이다. 환성지안의 선시는 애써 쥐어짜듯 시어를 선택하지 않고 수행자의 일상과 후학들에게 당부하는 선시 혹은 선문답의 화두공안 등의 시어를 선시의 소재로 쓰고 있기 때문이다.

환성지안의 선시가 범부들은 가히 짐작할 수도 없는 초월의 세계를 다루고 있지만, 시작과 수행의 공능이 마음을 맑히는 데에 있어 그 공능이 같다고 한 이 주장은 별 무리가 없다고 할 수는 있다. 하지만 그 깊이와 범위까지도 동격으로 보아 버리는 것은 무리가 있다.

다음으로 기타 선시 중 세 번째인 교류시 및 교화시의 예는 앞에서 논의한 바와 같이 '시示' 혹은 '증贈'을 시제의 서두에 붙여 후학들에게 법을 전하는 간절한 마음을 전하거나 환성지안이 유생이나 재가자들과 교류하는 시 등으로 분류할 수 있다.

환성지안이 유생들과 교류한 시가 적은 것은 두 가지로 해석해 볼 수 있는데, 하나는 당시 거만하고 고압적인 유생 및 관리와의 굴욕적인 교류를 거부했을 것이라는 추측이 든다.

그는 앞에서도 논의한 바와 같이, 이인좌의 난에 연루되었다는 죄명으로 1729(영조 5)년에 지리산에서 체포된 후 무죄가 입증되었는데도 지역 관리들의 끊임없는 상소로 결국은 제주도로 유배되어 7일 만에 병사하고 말았다. 이러한 점을 보아도 환성지안은 당시 관리들이나 지역의 유생들과 돈독한 관계를 갖지는 못했던 것이다.

하지만 그 환성지안의 선시는, 갑작스런 죽음을 예견이라도 한 것처럼 후학과 지인들에게 수많은 당부의 간절한 마음을 담은 교화시가 전부라 할 수 있다.

환성지안의 교류시 및 교화시는 다음 단원인 환성지안의 교화와 실천에서 더 자세하게 살펴볼 수 있기에 여기서는 생략하도록 하겠다.

18세기에 와서 선시는 시의 도구적 효용과 더불어 선시 자체를 인정하는 선시문학도 보편적인 시관詩觀으로 작용하며 17, 18세기보다는 선시문학의 풍성함과 다양함을 더하게 되는데, 이러한 시기에 환성지안의 선시가 그 중심이 되었으니, 그의 선시가 지니는 불교문학사적 의미도 크다고 하겠다.

『환성시집』의 144편 선시는 대부분이 대승적 교화에 해당하는 선시로 선승을 비롯한 스님들과 재가자에게 주는 교화시와 자연이나 사찰, 그리고 시의 운에 따라 쓴 선시 또는 이별 등의 감회를 표현한 선시등이 대부분을 차지한다.

144편의 시 중에서 해학적이고 오히려 본능에 충실하여 쿵, 하고 심벌즈를 치는 것 같은 본능에 위트 있는 「개석磕石」[107]이라는 다음의 선시를 제외하고는

曾見雲根枕碧霞 지난번 구름 아래서 푸른 노을 벤 걸 봤는데
幾時針錯到君家 언제 바늘을 새기고 낭군님 집에 왔는가?
兩輪粉面陰陽合 두 바퀴 분바른 얼굴 음양이 합하니
白日雷聲雨雪花 한낮에 우렛소리 눈꽃이 쏟아지네.

환성지안의 선시 대부분이 모두 제자 등의 출가자 혹은 재가자들에게 주는 교화시 아닌 것이 없다. 이러한 점은 그가 자신의 깨달음에만 안주하지 않고 중생의 교화에 얼마나 주력하였는지를 짐작할 수 있게 한다.

또한 이들 선시는 열반게도 남기지 못하고 가야 할 그의 후일을 예견이라도 하듯 후학에게 정진을 당부하는 간절한 마음이 담겨 있는, 환성지안의 유지와 같은 선시라 하겠다.

---

107 환성지안, 화월성눌 편록, 앞의 책, 「磕石」(韓佛全 9, 472中); 환성지안, 화월성눌편록, 성재헌 역, 앞의 책, p.218.

VII. 교화와 실천 수행 및 선종사적 의의

1. 교화와 실천 수행

1) 대승적 교화

환성지안의 선시는 대부분이 선 수행 납자나 지인들에게 주는 교화시의 범주에 해당한다. 대승 수행의 목적은 상구보리上求菩提 하화중생下化衆生에 있는데, 환성지안의 선시 또한 중생교화의 발원을 담고 있으며 학승이나 제자들과 지인들에게 보내는 교화의 의지를 담고 있다.

그의 선시는 주변의 선사들에게 전하는 독려와 대승적인 실천의지를 담고 있는데, 임제 가풍의 종지를 이어 수행자로서 자신의 본분에 충실하면서도 다가오는 인연을 소중히 여기며 전법을 책임지는 자세를 보여준다.

환성지안의 선시에는 유생들이 즐겨 썼던 화려하고 기교 넘치는 표현은 볼 수 없다. 또한 한때 제방을 풍미하던 선과 교의 종장으로서 위세를 떨쳤던 거인의 풍모도 볼 수 없다. 오히려 소박하고 정감어린 시어들이 마치 어린아이의 동요와도 같고, 때로는 노파심 많고 정감 있는 노파의 넋두리 같기도 하다.

　그의 선시들은 조선 선종禪宗의 정맥을 계승한 대선지식이 쓴 것이라 고는 전혀 믿겨지지 않는다. 하지만 환성지안에게 붓이란 한 치의 틈도 용납하지 않는 창과 방패도 아니며, 상대의 폐부를 찌르는 칼도 아니고, 상대의 넋을 빼앗는 화려한 춤사위 또한 더더욱 아니다. 차라리 그의 붓은 얼어붙은 손을 따스하게 감싸주는 어머니의 손과 눈길 같은 느낌을 가지게 하는데, 이는 『환성시집』의 「서문」에서 살펴본 바와 같이 그의 선시를 도연명의 시에 견준 오봉鰲峯의 찬사가 아깝지 않다.

가. 스님들에게 주는 교화시

환성지안의 선시는 거의가 대승적 교화의지를 담고 있는데, 주로 수행의 과정에서 지극정성으로 학승이나 납자들을 독려하는 선시들로 73편이 여기에 해당한다.

　다음의 표8은 『환성시집』에 나타난 교화대상 및 선시를 소재별로 분류하여 표로 정리한 것이다. 『환성시집』에서 볼 수 있는 대부분의 선시가 스님들과 재가자에게 주는 교화시로 모두 86편이 있다.

표8. 『환성시집』에 나타난 선시의 교화대상 및 소재별 분류

대상 및 소재	오언절구	칠언절구	오언율시	칠언율시	총계(편)
스님에게 주는 선시	41	26	4	2	73
재가자에게 주는 선시	4	6	1	2	13
기타 자연과 사찰 혹은 인간적 감회를 표현한 선시	13	2	10		58
계	58	6	16	10	144

환성지안이 교화시를 전하는 승려로는 도영道英, 축탄竺坦, 탄의坦義, 혜징惠澄, 쌍회성진雙會性眞, 설송雪松, 평봉平峯, 연찰演察, 귀은歸隱, 관정灌頂, 벽하碧霞 등으로, 이 선시를 통해 환성지안은 자신의 본분사에 충실하면서도 인연을 중히 여기면서 전법을 위해 혼신의 힘을 아끼지 않았음을 보여준다.

스님들에게 주는 교화시의 대표적인 예로 다음의 「증사학승贈思學僧」[1]을 들 수 있겠다. 이는 오언절구 형식으로 환성지안이 후학들을 위해 교화의지를 보이는 '증贈' 자가 시제의 서두에 붙어 있다.

이 선시에서 그는 정진하는 스님에게 '인연을 귀히 여기며 전법을 펼치고자 하는 대원으로 충실한 수행승이 될 것'을 독려하고, 공부하고자 하는 학승들에게 촉나라의 망제望帝가 뜻을 이루지 못해 두견새가 되어 천년을 울고 있다는 일화를 들려주고 부지런히 정진하기를 역설하고 있다.[2]

---

1 환성지안, 화월성눌 편록, 앞의 책, 「贈思學僧」(韓佛全 9, 469上); 환성지안, 화월성눌 편록, 성재헌 역, 앞의 책, p.134.

2 박성자, 앞의 논문, p148.

觀水觀滄海 물 구경 하려거든 창해를 보고
登山登泰山 산에 오르려거든 태산에 올라라.
蜀公千載戒 촉공 천년의 훈계를
書與學師看 공부하는 님들에게 써 보이노라.

다음의 「송심대사귀산送諶大師歸山」[3]은 산으로 돌아가는 심 대사를
보내면서 부처님께 귀의하는 마음을 선물로 주는 선시이다. 심 대사가
항상 속물이 들지 않은 청정한 스님이므로 별 걱정을 하지 않지만,
항상 부처님을 의지하여 정진할 것을 당부하는 전형적인 오언절구의
선시이다.

山僧非世態 산승의 삶이란 세상 물정과는 달라서
臨別不人情 이별을 앞두고서 인정을 두지 않는 것이니,
但把南無佛 나무아미타불 이 하나만을 들어
慇懃贐遠行 먼 길 떠나는 노자를 정중히 드립니다.

다음의 「새수상인구賽修上人求」[4]도 역시 칠언절구의 형식을 띤 선시
로 수修라는 스님의 물음에 답하는 전형적인 교화시이다. 이 선시에서
환성지안은 모든 집착과 혼미함을 내려놓고 새봄이 오는 줄도 모르고

3 환성지안, 화월성눌 편록, 앞의 책, 「送諶大師歸山」(韓佛全 9, 469下); 환성지안,
  화월성눌 편록, 성재헌 역, 앞의 책, p.155.
4 환성지안, 화월성눌 편록, 앞의 책, 「賽修上人求」(韓佛全 9, 473上); 환성지안,
  화월성눌 편록, 성재헌 역, 앞의 책, p.232.

적정한 선정에 들었는데, 법을 물으러 온 사미마저 없었더라면 자신도 혼미함에 빠져들었을 것이라 하며, 수 상인에게 수행의 과정에서 혼침과 도거를 경계하고 정진을 독려하고 있다.

近因多病閉門臥 병이 많아 문을 닫고 누웠는데
便是昏昏懶拙人 이것이 바로 정신이 혼미하고 게으른 이로구나!
不有沙彌勤索債 부지런히 빚을 독촉하는 사미가 없었더라면
幾乎孤負一年春 혼자서 올 봄을 저버릴 뻔하였다.

나. 재가자에게 주는 교화시

환성지안이 교화시를 준 재가자는 박거사, 오수재, 목상국, 옥총섭, 어부, 이판서, 등복현 원님, 일본국인, 조장령 등으로, 수행자에게 주는 교화시에 비해 그리 많지는 않지만 재가자들의 교화에도 지대한 관심이 있었다는 것을 보여준다.

다음의 「별정수재別鄭秀才」[5]라는 선시는 환성지안이 재가자인 정수재에게 주는 오언절구 형식의 교화시이다. 환성지안의 선시에는 유난히 이별하는 내용이 많은데, 이는 이별하는 정한을 솔직하고 담박하게 노래하는 면도 있지만, 수행하는 과정에서 끊임없이 이별하고 집착하는 마음을 내려놓고 방하착하는 과정을 더 사유할 수 있어야 함을 강조하기 위한 것이다.

---

5 환성지안, 화월성눌 편록, 앞의 책, 「別鄭秀才」(韓佛全 9, 469上); 환성지안, 화월성눌 편록, 성재헌 역, 앞의 책, p.232.

洞雨初消雪 골짜기 앞 내리는 비 처음 눈을 녹이고
溪梅欲放春 시냇가 매화는 봄을 풀어 놓으려는데
其中怊悵事 그 가운데 애달픈 일이 있으니
南北去留人 남쪽과 북쪽으로 떠나고 머무는 이여.

이 선시는 정수재라는 재가자에게 만물이 소생하고 있는 설레는 봄을 배경으로 한 이별의 애달픔도 전하며, 집착하는 마음을 내려놓고 남과 북으로 떠나고 머무는 이에 대한 수행자의 담담한 마음을 담은 선시이다.

다음의 「시박거사示朴居士」[6]도 환성지안 선사가 영좌의 박 거사에게 보이는 오언절구 형식의 전형적인 교화시이다.

嶺左朴居士 영좌의 박 거사
關東安大師 관동의 안 대사
相逢何所語 관서로 만나 할말이 뭘까?
不作貪嗔痴 탐욕과 성냄과 어리석음을 짓지 말게나.

이 선시를 통해 환성지안은 안동의 안 대사도 박 거사와 마찬가지로 승속을 따지지 말고 모두 탐진치 삼독의 어리석음을 짓지 말라는 경계의 가르침을 전하고 있다.

다음의 『환성시집』「어부漁父」[7]는 칠언절구의 교화시 형태로, 환성

6 환성지안. 화월성눌 편록, 앞의 책, 「示朴居士」(韓佛全 9, 470上); 환성지안. 화월성눌 편록, 성재헌 역, 앞의 책, p.162.

지안은 이 선시에서 강가에 앉아 낚싯대를 드리운 것은 큰 고래를
잡을 생각인 것이지 작은 전어를 잡을 생각이 없는데, 작은 물총새는
오히려 작은 자기 몫을 빼앗길까 봐 안달하고 있다고 설하고 있다.

白頭垂釣坐江邊 흰머리를 하고 낚시를 드리워
意在鯤鯨不在鱣 강가에 앉은 것은 곤과 고래를 잡으려 했지 전어
　　　　　　　　는 아닌데
小鷸恐謀渠所得 작은 물총새는 자기 몫을 빼앗길까 봐 무서워
蹩簑飛入舊灘前 도롱이를 걷어차고 옛 여울로 날아드네.

여기에서 곤鯤이란 『장자莊子』에 나오는 크기가 어마어마한 물고기
로 나중에 붕새로 변화하게 된다.

다음의 「증옥총섭贈玉摠攝」[8]도 환성지안이 작위와 금문의 길을 침
뱉듯이 버리고 흰구름을 관장하는 수행의 길로 접어든 옥총섭이라는
재가자에게 주는 칠언절구의 전형적인 교화시이다.

宦海波頭一見君 벼슬의 바다 파도에서 그대를 본 적 없으니
可堪高躅染塵紛 고준한 자취 티끌에 더럽히는 일은 감당할 만하
　　　　　　　　였지.

---

7 환성지안. 화월성눌 편록, 앞의 책, 「漁父」(韓佛全 9, 473中); 환성지안. 화월성눌
　편록, 성재헌 역, 앞의 책, p.237.
8 환성지안, 화월성눌 편록, 앞의 책, 「贈玉摠攝」(韓佛全 9, 471下); 환성지안, 화월성눌
　편록, 성재헌 역, 앞의 책, p.198.

如何唾爵金門路 무슨 일로 작위와 금문의 길을 침 뱉듯이 버리고
直入千峯管白雲 천봉으로 와 흰구름을 관장하는가?

이 선시는 발심 출가하여 고준한 수행의 길로 접어든 이에게 주는
그의 배려와 함께 속된 탐착과 습기를 모두 버리고 이 길을 당당하게
가라는 노파심절한 당부의 마음이 깃들어 있다.

다음의 「상동복졸上同福倅」 2편은 칠언절구의 전형적인 교화시로
「상동복졸」 2편 중 1편[9]은 칠언율시이고, 1편[10]은 칠언절구의 형식이
다. 같은 대상에게 보내는 두 편의 교화시 외에도 「정동복쉬呈同福倅」,[11]
라는 한 편의 교화시가 그에게 부쳐지고 있다.

환성지안과 등복현 태수는 어렸을 때부터 알고 지내던 사이로 서로
시를 주고받으며 공평한 정사에도 관심을 보였다는 것을 알 수 있는데,
선사와 태수는 승과 비승의 경계를 허물고 대화가 자유로웠으니 서로
간의 우의를 짐작하고도 남음이 있다.

珍重淸篇脫世塵 진중하고 맑은 시 세속 티끌을 벗어나서
吟來多謝快精神 맑은 정신에 감사하는 마음이 가득하니
政平訟理官無事 정사와 송사를 공평하게 다스려 관아에는 일이

---

9 환성지안, 화월성눌 편록, 앞의 책, 「上同福倅」(韓佛全 9, 475中); 환성지안, 화월성눌
   편록, 성재헌 역, 앞의 책, p.267.

10 환성지안, 화월성눌 편록, 앞의 책, 「上同福倅」(韓佛全 9, 473上); 환성지안, 화월성
    눌 편록, 성재헌 역, 앞의 책, p.234.

11 환성지안, 화월성눌 편록, 앞의 책, 「呈同福倅」(韓佛全 9, 473上); 환성지안, 화월성
    눌 편록, 성재헌 역, 앞의 책, p.230.

없네.

時與山僧作故人　때때로 산승의 벗이 되어 주는구려.①

太守携琴入洞門　태수께서 거문고 들고 골짜기에 들어서니
林泉猶帶太平痕　숲도 샘도 오히려 태평의 흔적을 두르고 있네.
逢僧亦問桑麻事　스님을 만나고 양잠과 길쌈하는 일을 물으시니
憂樂無非愛至尊　근심하고 즐거워함은 지존을 사랑함입니다.②

昔日龍門最少年　옛날 용문에서는 제일 젊은 소년이었는데
白頭相見却悽然　흰머리로 서로 만나니 문득 처연해지는구려.
林泉有興身雖寄　임천에 흥취가 있어 몸은 비록 의탁했지만
郡郭多情夢自牽　읍성에 정이 많아 꿈에서 절로 끌렸지요.
久客南方無賴地　오랜 나그네는 남방에 의지할 곳조차 없는데
主人東閣作民天　주인은 동각에서는 백성의 하늘이 되셨구려.
他時解綬繁華路　훗날 번화한 길에서 인끈을 풀 때에는
共入盧山結白蓮　함께 여산에 들어가 백련결사를 맺읍시다.③

　　이렇게 「상동복쉬上同福倅」라는 똑같은 제목으로 두 편의 선시가
있는데 용문은 입신출세를 비유한다. 여산의 혜원은 아미타부처님께
극락세계에 나아가기를 서원하면서 산문 밖에 나오지 않고 염불을
하였으니, 환성지안은 태수에게도 이와 같이 내생을 위해서라도 불가
에 귀의할 것을 적극 권하고 있다.
　　다음의 「차이판서운次李判書韻」[12]도 이 판서의 운을 따라 환성지안

250

선사가 주는 전형적인 칠언절구의 교화시이다.

烟霞肝膽水雲顔 안개 노을과 같은 간담에 물과 구름 같은 얼굴로
自笑風塵不暫閑 잠시도 한가하지 못한 풍진 세상을 비웃고는
智異三神猶恐淺 지리산 삼신산 인연이 얕을까 봐
又將瓶錫問深山 물병과 지팡이를 들고 깊은 산을 찾았구려.

이렇게 풍진세상을 비웃고 수행의 길을 따라 지리산 삼신산을 찾은
이 판서에게 주는 그의 독려와 애잔한 배려의 마음이 깃들어 있다.
다음의 「별조장령別趙掌令」[13]은 조 장령과 이별하는 아쉬움을 표현
한 칠언율시 형식의 교화시이다. 환성지안은 조 장령과 이별하면서
혼은 꿈속에서 두 땅을 오고 가리니, 혹여 맑은 채찍이 봉래산 아래를
두드릴지도 몰라서 누대에 올라 구름을 쓸고 깨어있어 돌아올 역마를
기다리라고 당부하고 있다.

惜別慇懃暫倚臺 이별의 아쉬움 깊어 잠시 대에 의지하여
王程何暇笑談開 임금께 가는 길에 담소할 여가가 없네.
神交莫道千峯阻 정신 사귐에 천봉이 막아선다 말하지 마소.
魂夢應教兩地來 혼은 꿈속에서 분명 두 땅을 오고 가리니

12 환성지안, 화월성눌 편록, 앞의 책, 「次李判書韻」(韓佛全 9, 473下); 환성지안,
 화월성눌 편록, 성재헌 역, 앞의 책, p.245.
13 환성지안, 화월성눌 편록, 앞의 책, 「別趙掌令」(韓佛全 9, 474下); 환성지안, 화월성
 눌 편록,성재헌 역, 앞의 책, p.259.

落日秋山南北路 지는 해 가을 산에 남북으로 가는 길에

靑衿白衲去留杯 푸른 옷깃과 흰 누더기의 떠나고 머무는 술잔

淸鞭倘搗蓬萊下 맑은 채찍 혹시나 봉래산 아래를 두드릴지 몰라서

淨掃樓雲待馹廻 누대 구름을 깨끗이 쓸고 돌아올 역마를 기다리리.

이렇듯 환성지안의 144편의 선시 전부가 출가자와 재가자를 위한 교화시라고 해도 과언이 아닐 정도로 많은 교화시를 남겼으니, 오로지 상구보리 하화중생을 종지로 하여 중생교화를 위한 실천으로 확철한 삶을 살다 간 스승이라 하겠다.

2) 화엄법회의 개설

환성지안이 살았던 조선 후기의 불교계는 선과 교의 전통을 함께 계승하여, 앞 시대의 청허휴정에 의한 간화선 우위의 선교겸수의 수행체계 이래 승려교육과 이력과정에서도 알 수 있듯이, 교학을 공부하고 선과 병행하여 겸수하는 방식이 하나의 관행으로 되어 왔다.

청허휴정의 동문이자 부휴계의 조사인 부휴선수(浮休善修, 1543~1615)도 선과 교의 양자 간 대립을 해소하고자 하였고, 척불에 대해 왕과 직접 맞선 바 있던 백곡처능(白谷處能, 1619~1680)도 『대각등계집大覺登階集』 권2 「선교설증근상사서禪教說贈勤上士序」에서 "선은 마음으로 말없이 교설의 근원을 깨닫는 것이며, 교란 말을 빌려서 말없는 이치를 설명한 것으로 비록 바른 근기의 우월함과 열등함에 따라서 선과 교의 차이는 있지만 선은 마음을 전하고 있는 언설이니, 그 근원은 모두 같은 것으로 대장정이 모두 선지禪旨이므로 교와 선이

252

별도로 있는 것이 아니다."라고 하면서 사교입선의 입장과는 좀 다르긴 하지만 화엄을 중심으로 한 선교겸수의 입장을 분명하게 밝힌 바 있다.[14]

이는 종밀 이래로 환성지안 당시의 선교일치 사상을 다시금 확인할 수 있는 것으로, 선과 교가 근기와 방편에서 다를 뿐이지 궁극에 가서는 같은 것[15]으로 본 것과 같은 맥락이라 할 수 있다.

또한 이에 대해 종밀은 선승들이 뜻을 알지 못하면서 이에 집착하니 서로 회통하기 어렵다고 진단한 바 있다.[16]

---

14 白谷處能, 『大覺登階集』 卷2「禪教說贈勤上士序」(韓佛全 8, 324下), "夫水性虛 故能淨雲情淡故能浮 浮故出塵 淨故超染 超染出塵者 衲子之比也 爾性虛 其得水 之淨者耶爾情淡 其得雲之浮者耶 今陟崔嵬 還向雙溪雙溪古仙翁崔孤雲棲息處 也 下有花開洞 水聲泠然 上有青鶴峯 雲光皓然 泠然之水 涵其性 皓然之雲潔其情 遂使情淡 而逾浮 性虛而逾淨 則方號雲水僧也 勗哉勉哉." "동쪽으로 법이 정해진 이래 禪과 教를 병행하여 선은 마음으로 전해지고 교는 연설로 홍포되어 불도가 성행하게 되었다. 그런데 유파를 달리하고 선과 교에서 문을 나누게 되면서 선은 頓漸으로 다르게 되고, 교는 性相으로 구분되었다. 돈점의 무리는 理와 事를 분별하기 어려워 법에 모순이 되고, 성상의 무리는 空과 有에 각기 집착하여 스스로 오류가 많았다. 각기 전문분야에 빠져서는 서로 다투고 비방하느라 자신뿐 아니라 남까지도 오인함이 많았다. 선과 교의 이치는 다르면서도 다르지 않은데, 선은 도를 전하고 교는 이치를 펴는 것이니 선은 마음으로 말없이 교설의 근원을 깨닫는 것이다. 교란 말을 빌려서 말없는 이치를 설명한 것으로 비록 바른 근기의 우월함과 열등함에 따라서 선과 교의 차이는 있지만 선은 마음을 전하고 있는 언설이라 표명할 수 있다. 그 근원은 모두 같은 것으로 대장정이 모두 禪旨이므로 교와 선이 별도로 있는 것이 아니다."

15 圭峰宗密, 『禪源諸詮集都序』 卷上(大正藏 48, 400b), "經是佛語 禪佛意 佛心口必 不相違 諸祖相承根本是佛."

　종밀은 "마음을 닦는 이들은 경론을 별종이라 하고, 강설하는 이들은 선문을 별종이라 하는데 인과因果와 수증修證을 논하는 것은 교에 속하는 것으로, 수증이 곧 사문의 본분사임을 알지 못하고 교설이 곧 마음이고 부처인 것으로 선문에 속하는데, 교학자가 법을 알지도 못하면서 언어를 가져 뜻을 설하여 이에 집착하니 선승은 경론의 바른 본뜻을 서로 알지 못한다."라고 한 바 있다. 이러한 상황은 조선 전기 청허휴정의 시대와 크게 다르지 않았으며, 간화선 우위의 선교겸수 수행방식과도 일맥상통하는 구조라 할 수 있다.[17]

　이러한 경향은 환성지안이 살았던 조선 후기에도 별반 다르지 않았으며, 앞에서도 간략하게 살펴본 바와 같이 이 시기에는 선과 교뿐만 아니라 염불도 수행체계 안에 포함시켰는데, 청허휴정이 『심법요초心法要抄』에서 논의한 바와 같이 선의 참선문과 함께 염불문을 설명하고, 원돈문의 사구가 아닌 경절문의 활구를 참구해야 함을 강조하면서 유심정토와 서방정토를 동시에 언급하였다. 그래서 청허휴정에 이어 편양언기는 경절문徑截門과 원돈문圓頓門과 염불문念佛門의 삼문을 체계화하게 된 것이다. 이에 대해 편양언기는 "중생이 각자의 근기에 차이는 있지만 모든 법이 바로 일심一心에서 나오는 것으로 삼문이 동일한 것이다."라고 설하였다.[18]

16 圭峰宗密, 앞의 책 卷上(大正藏 48, 400c), "方令依性修禪 性不易悟多由執相 故欲顯性先須破執…."

17 김용태, 앞의 책, 신구문화사, 2010, pp.223~232.

18 鞭羊彦機, 『鞭羊堂集』 卷3「上高城」(韓佛全 8, 262上~263上), "門也 機近聞閤下之治 先以威懼民 後以仁悅服刑…."

이렇듯 선교겸수禪敎兼修를 지향하는 시대적 경향으로 화엄교학이 성행하였으며, 청허휴정은 『심법요초』에 "1구로 삼처전심三處傳心과 2구로 화엄방편華嚴方便을, 삼구로 일대소설一代所說의 불설佛說 삼구가 설해진다."라고 하였다.[19]

이를 계승한 편양언기는 "간화경절문이 상근기에는 적합하지만 하근기에는 방편상 성상공性相空의 교학을 빌려 종宗을 밝히지만, 천태 교판에도 나오는 화엄華嚴과 아함阿含과 그리고 방등方等과 법화法華 등은 근기에 따른 구분은 있지만 법 자체는 차별이 없고, 만일 뛰어난 근기와 큰 지혜라면 아함을 듣고도 곧 정각을 이룰 것이고, 작은 근기와 얕은 지혜라면 화엄을 듣고도 하늘 끝으로 달아날 것이다. 이에 대해 『인천안목人天眼目』과 『선문강요집禪門綱要集』, 그리고 종밀의 『도서都序』와 『원각현판圓覺懸判』과 고려 출신 체관諦觀의 『천태사교의天台四敎義』를 가지고 후학을 지도하였다. 고준한 덕과 문장으로 탁월한 당대의 승려로는 선교겸수와 선교일치를 주장한 화엄학승인 청량징관澄觀과 종밀宗密, 그리고 영명연수永明延壽 등을 들 수 있으며, 이들을 청허휴정과 사명유정 선사에 비견할 수 있다."[20]라고 한다.

---

19 休靜, 『心法要抄』「佛說三句」(韓佛全 7, 652上), "三處傳心第一句 華嚴三轉方便第二句 一代所說第三句."

20 鞭羊彦機, 『鞭羊堂集』 卷3 「禪敎源流尋劒說」(韓佛全 8, 256下), "昔馬祖一喝也 百丈二聾 黃蘗吐舌 此一喝 便是拈花消息 亦是達摩初來底面目 卽空劫已前父母未生前消息…此敎外別傳 禪旨所謂徑截門也 敎有四等差別 佛初成道 爲緣熟菩薩上根凡夫說 二頓華嚴也 爲聲聞說四諦 爲緣覺說十二因緣阿含也 爲菩薩說六度方等也 爲前三 乘 究竟說阿耨多羅三藐三菩提法華也 是爲四敎也 然當自有差別…必有空盈大果." "옛날 마조가 한 번 할을 하자 백장은 귀가 먹었고, 황벽은

이렇듯 화엄은 신라의 의상義湘과 원효元曉 이래로 균여均如와 의천
義天을 거치면서 교화의 입장에서 큰 비중을 차지했으며, 고려의 보조
지눌도 종밀의 사상적 영향을 받아 당시 이통현李通玄 장자가 제시한
실천적인 면으로 큰 계맥을 잇게 된다. 이는 또한 후에 조사선과
화엄의 융합으로 한국불교의 가장 특징적인 전통으로 자리하게 된다.

한편 부휴계의 백암성총(栢庵性聰, 1631~1700)은 청량징관의『화엄
소초華嚴疏鈔』를 간행하였으며, 간행을 마친 후에는 대화엄법회를
성황리에 개최하기도 한다. 또한 17세기 무렵에는『화엄소초』의 재주
석서인『연의초演義鈔』의「현담玄談」을 원의 보서普瑞가 주석한『회현
기會玄記』가 간행되기도 하였는데, 청량징관은『연의초』에서『화엄석
제華嚴釋題』의 의취義趣를 일심으로 귀섭하고, 교와 선의 구분이 편중
된 것으로 설파한다.[21]

이렇게 하여 일심을 매개로 화엄과 선을 연결시킨 청량징관의 화엄
교학 등이 조선 후기 선교겸수의 수행 분위기로 새롭게 주목받게
된 것이다.[22]

혀를 내둘렀다. 이 한 번의 할은 곧 염화의 소식이요. 또 달마가 처음 면목으로서,
즉 공겁 이전과 부모에게서 낳기 전의 소식이다. … 이 교외별전의 선지禪旨가
바로 경절문이다. 교에는 흔히 차별이 있고 부처님이 설법하신 순서에 따라
이것을 화엄, 아함, 방등, 법화로 구분한다. 그러나 마땅히 근기에는 차별이
있지만 법에는 차별이 있을 수 없으니, … 부디 여기에 주목하길 바란다."
21 김용태,「동아시아의 澄觀 화엄의 계승과 그 역사적 전개─송대와 조선 후기
　　화엄 교학을 중심으로─」,『佛敎學報』61, 동국대 불교문화연구원, 2013.
22 淸涼澄觀,『大方廣佛華嚴經隨疏演義鈔』卷16(大正藏 36, 123b), "疏 或唯普賢文殊
　　下第二以人攝也 然有二重 前約人法對辯二聖 後於人法中. 各有二聖 佛字當中

다카시도오루(高橋亨)는 이 『화엄소초』의 간행 이후인 18세기에는 화엄의 이해가 교학의 중심 화제가 된 소위 화엄의 중흥시대라 하였고, 이에 대해 부휴계의 벽암碧巖 문도가 교학을 전수하였으며,[23] 벽암각성의 제자로 화엄법회에서 당대의 일인자였던 모운진언(1622~1703)은 환성지안에게 화엄의 강석을 물려주게 되었다고 한다.

환성지안이 살았던 18세기 후반에는 환성지안뿐만 아니라 상월새봉 (霜月璽篈, 1686~1767)도 1754년 선암사仙巖寺에서 1,200명이 모인 화엄강회를 열었다고 한다.[24]

이에 발맞추어 18세기 중후반을 중심으로 설파상언(雪坡尙彦, 1701~1769)과 연담유일(蓮潭有一, 1720~1799), 그리고 영남의 인악의 첨(仁嶽義沾, 1764~1796) 등의 사기私記는 19세기 호남과 영남의 강원 교육을 통해 전승되는 등 법맥상 편양파와 소요파가 주축이 된다.

이렇게 형성된 대둔사의 화엄 강학을 중심으로 하여 대둔사의 13대 종사와 강사를 배출하고 8도의 종원을 표방하면서 일어난 화엄교학의 성행은 임제법통과 화엄종풍이 결합된 조선 후기의 불교적 특징을 보여주고 있다.

이러한 시기에 화엄법회를 개최하여 대중을 무명으로부터 구하고 자 했던 환성지안의 행장은 실로 필연적이면서도 매우 의미심장한 행보였다.

兩重總 收可思. 第九攝歸一心者 於中二 先指前總明 謂上八門已是一心上說 故云 上來諸門不離一心 而諸禪流皆欲棄文而修觀行 故復接之以辯此門…."

23 다카시도오루(高橋亨), 앞의 책, 1929, pp.758~760.

24 忽滑谷快天, 『禪家龜鑑講話』, 光融館, 1930, pp.416~417.

이에 대해서는 환성지안에 대한 전기적 자료로 그 시기가 가장 빠른 「환성화상행장喚惺和尙行狀」과 「환성대사비명喚惺大師碑銘」, 그리고 함월해원의 『천경집天鏡集』 등에서 살펴볼 수 있다. 여기에는 환성지안이 전국에 화엄법회를 개최하였으며, 순박하여 세상인심을 몰라 사람들에게 이용을 당하게 되니 그만 함정에 빠져 옥에 갇혀서 누명이 벗겨졌음에도 도道의 관리가 그의 석방 불가를 고집하여 제주도로 유배를 가게 되고, 도착한 지 7일 만에 그곳에서 열반에 들게 된다.

다음은 「환성화상행장」에서 전하고 있는 내용이다.

"아! 오래도록 양의 창자 같은 세상의 길을 밟으며 태평소 소리와도 같은 인정을 살피지 못해서 남의 함정이 빠지니, 저 외로운 섬으로 유배되었던 것은 저 인욕선인忍辱仙人이 가리왕에게 그리 되고 저 사자존자獅子尊者도 개빈왕에게 그렇게 됨과 같으니, 다 묵은 빚을 갚는 일이었다. 그러므로 화상에게 있어서도 그 해가 없었는데, 그 자손에게 어찌 한이 있겠는가?"[25]

환성지안은 당대 화엄의 일인자였던 모운진언의 직지사 화엄강석을 물려받았으며, 1725년 금산사에서 1,400여 명이 참여한 법회를 주관하는 등 대규모의 화엄법회를 개최하여 대중교화를 위한 실천행을 했지만 이로 인해 결국 열반에 이르게 된 것이다.

---

25 환성지안. 화월성눌 편록, 앞의 책, 「喚惺和尙行狀」(韓佛全 9, 467上~476下).

3) 문집을 통한 교류

환성지안은 선시를 통해서 깨달음의 경지와 선禪의 도리道理를 보이고
자 하였다. 다음의 「차소요선사운次逍遙先師韻」[26]을 보면 그가 어떤
이유로 시작詩作을 하고자 하였는지를 알 수 있으며, 이러한 각고의
노력으로 지은 선시가 어떠한 공능을 추구하는지를 짐작할 수 있다.

「차소요선사운」은 환성지안이 선시를 어떻게 쓰는지를 알 수 있는
좋은 예이다. 같은 문파는 아니지만 그가 소요 선사를 얼마나 추앙했는
지를 알 수 있다. 이 선시에서 환성은 선시를 짓는 것에 대해 흥이
일어 한번 읊조려 본다고 분명히 밝히고 있으며, 발우를 씻고 향을
사르는 일을 시구로는 알 수가 없다고 표현하고 있다.

洗鉢焚香語 발우를 씻고 향을 사른다는 것은
莫將詩句知 시구로써는 알 수 없는 것이니
興來吟一偏 흥이 일어 한편 읊조려 보니
牙頰生香颷 어금니와 볼에 향기 바람이 이네.

이와 같이 수행자가 발우를 씻고 예불하는 그 이면의 세계를 드러내
보이는 데는 한계가 있는데도, 환성지안은 선시를 짓는 이유에 대해
어금니와 볼에 향기 바람이 인다고 하는 선취禪趣의 경지로 표현하고
있다. 환성지안은 선시를 쓰고 대중들과 나누는 일, 즉 문집을 통한
교류도 역시 발우를 씻고 향을 사르는 일에 버금갈 수 있다고 한다.

---

26 환성지안, 화월성눌 편록, 앞의 책, 「次逍遙先師韻」(韓佛全 9, 470中); 환성지안,
화월성눌 편록, 성재헌 역, 앞의 책, p.173.

이는 선시를 통한 그의 실천수행에 대한 관점을 밝히고 있는 대목이라 하겠다.

이렇듯 환성지안의 『환성시집』에 수록된 144편의 선시들은 앞에서도 논의한 바 중복되는 부분이 있어 세세한 내용은 생략하고 「차소요선사운」으로 그가 설한 선시의 공능에 대한 내용을 살펴보는 것으로 가늠하고자 한다.

또한 환성지안의 선시를 보면 조선 후기 유생 및 대중들과 선시를 매개로 한 문화적인 교류로 소통하고자 하였으며, 이를 통해 후학에게 전하고자 하는 그의 뜻을 분명히 전하고 있다.

4) 보현행원의 실천

환성지안은 그의 행장에서도 볼 수 있듯이 선과 교를 화엄을 융합하고자 하였고 중생교화를 위한 대규모의 화엄법회를 열어 전국을 종횡무진 하였으며, 이 법회로 인해 결국은 유생들의 모함으로 열반에까지 이르게 된다. 그는 조선 후기 불교에 핍박을 가한 무지한 중생들에게 화엄의 정신을 몸소 실천 수행하여 회향한 보현보살의 화현이라 칭함이 아깝지 않다.

부처님의 과덕을 성취하기 위한 실천행인 10가지 보현행원은 다음과 같다. 즉 조목으로 요약하면 ① 예경제불원禮敬諸佛願 ② 칭찬여래원稱讚如來願 ③ 광수공양원廣修供養願 ④ 참회업장원懺悔業障願 ⑤ 수희공덕원隨喜功德願 ⑥ 청전법륜원請轉法輪願 ⑦ 청불주세원請佛住世願 ⑧ 상수불학원常隨佛學願 ⑨ 항순중생원恒順衆生願 ⑩ 보개회향원普皆廻向願이다.

보현행원의 첫 번째인 예경제불원은 모든 부처님을 예배 존경하겠다는 원력이다. 이는 처음 발심 출가하여, 마군중을 항복받아 성도하여 중생을 제도함에 대하여 경의를 표하고 예를 올리며, 모든 보살과 독각인 아라한의 위대함에 예배하고, 더 나아가 일체중생이 모두 불성을 가진 부처로 나타남을 굳게 믿으며 예배 존경하기를 발원하는 것을 말한다.

이는 마음과 부처와 중생은 차별이 없으며 모두가 마음이 만든 것으로 『화엄경』「야마궁중게찬품夜摩宮中偈讚品」에서 설하고 있는 일체유심조一切唯心造[27]를 뜻하는 것이니, 부처의 마음을 쓰면 자신이 바로 부처이고, 부처의 행을 하면 자신의 행이 부처의 행이 되며, 부처의 말을 하면 이것이 곧 부처가 설하신 그것과 같다는 뜻이다.

그러므로 부처를 예배 공경하고 부처를 따라 공부하는 사람을 지극한 정성을 다해 예배 공경해야 한다는 것이니, 부처를 본받아 공부하는 그 마음이 바로 불심이다. 따라서 불교 신자는 출가와 재가를 따지지 않고 모두 불자佛子라 하는데, 부처의 마음을 가진 사람은 모두 다 부처와 같이 공경해야 하는 것으로, 이는 설사 불교를 믿지 않는 사람이라 할지라도 그 본래 마음은 자성청정심自性淸淨心으로 이 마음은 부처님과 중생은 다름이 없이 똑같기 때문에 공경한다는 말이다.

둘째 칭찬여래원은 즉 부처님을 칭찬하고 찬탄하라는 의미로, 언제나 예불로써 부처를 찬탄하고 축원을 올리는 것이다.

세 번째 광수공양원은 꽃·음식·의복·향·등 공양을 올리는 것으로,

---

27 『大方廣佛華嚴經』卷19「夜摩宮中偈讚品」(大正藏 10, 102a), "若人欲了知 三世一切佛 應觀法界性 一切唯心造."

여러 공양 중에서 법공양이 중요하니 경전을 열심히 읽고 수지하고 독송하고 사경하고 해설해 주는 것이다. 이는 바로 법공양을 말하니, 부처가 제일 좋아하는 것은 여설수행如說修行으로 이는 말한 대로 수행하는 것이기 때문이다.

네 번째 참회업장원은 잘못된 것이 있으면 참회할 줄 알아야 하는 것이니, 죄를 숨기는 것은 결과적으로 죄를 키워가는 것이다.

다섯 번째는 수희공덕원으로 이는 함께 기뻐하는 공덕이다. 남의 일에 쓸데없는 간섭은 안 되지만 함께 박수쳐주고 축하해준다는 뜻이다.

여섯 번째 청전법륜원은 법륜 굴리기를 청한다는 것으로, 법문을 청하여 나의 교만심을 꺾고 다른 사람으로부터 배우겠다는 자세를 말한다. 내 자신이 눈이 열리면 이 세상 사람들이 다 선지식이니 선지식 아닌 사람이 없다는 것이다.

일곱 번째는 청불주세원으로 부처가 오랫동안 세상에 머물기를 청하는 것을 말한다. 부처뿐 아니라 선지식이 오래 머물기를 청해야 한다. 『대반열반경大般涅槃經』에는 "누구라도 사신족을 실천하여 닦고 성대하게 한 사람은 만일 이를 바라기만 하여도 일 겁 동안이라도 이 세상에 머물 것이다. 혹은 그 겁의 나머지 부분이라도 이 세상에 머물 것이다."[28]라고 설하고 있다. 이에 아난은 여래께 오랫동안 세상에

---

28 『大般涅槃經』 卷34 「迦葉菩薩品」(大正藏 12, 835c~837c), "迦葉菩薩言 世尊云何名 爲菩薩乃至優婆夷等修無常想 … 善男子 若人具足如上六想當知是人能呵三界 遠離三界 滅除三界 於三界中不生愛著 是名智者具足十想 若有比丘具足十想 卽 得稱可沙門之相."

머물러 중생을 이롭게 해주시라고 청하지 않았기 때문에 여래께서 열반을 택하셨다고 하여 제자들로부터 지탄을 받았다고 한다.

이렇듯 세상에 머물기를 청한다는 것은 더불어서 함께 살아가기를 서원한다는 뜻이기도 하다. 그러므로 부처는 말할 것도 없고 보살·연각·성문·유학·무학·선지식 가릴 것 없이 올바른 수행자가 사바세계의 인연을 끊고 열반에 드시려고 하면 우리들은 마땅히 열반에 들어가지 마시고 일체불찰미진수겁이 지나도록 일체중생을 이롭고 즐겁게 하여 주실 것을 간절하게 청해야 된다는 말이다.

여덟째는 상수불학원으로 항상 부처님을 따라 배워야 함을 뜻한다. 스승을 바르게 만나면 바르게 배우고 그렇지 않으면 바른 길로 못 가는 것이니, 좋은 스승과 도반을 만나면 같이 갈 수 있기 때문이다. 그래서 좋은 스승을 만나고 좋은 도반을 만나고 좋은 도량을 만나야 공부에 도움이 된다는 말이다. 부처와 같은 스승이 없다면 부처가 설하신 계로써 스승을 삼고 경으로써 스승을 삼아야 하는 것이니, 항상 경율經律로써 기준을 삼아 공부해야 한다는 것을 뜻한다.

아홉째는 항순중생원이니 이는 항상 중생들의 갖가지 근성을 수순하여 그들을 요익하게 함을 말한다. 보현행을 실천하는 사람들은 항상 동체대비의 마음으로 대상과 자신을 융통시킬 수 있어야 한다. 나의 편과 남의 편으로 갈라놓고 분쟁의 씨를 만들지 말고 상대의 의견도 충분히 듣고 존중해 줘야 하니, 이는 『화엄경』에서 말하고자 하는 실천행을 뜻한다.

즉 대자비로 몸을 삼아 병든 이에게는 의사로, 길 잃은 자에게는 길잡이로, 어두운 밤에는 등불로, 가난한 이에게는 보배 창고로, 또한 어린이를 좋아하는 사람에겐 어린아이로 나타나 안내하는 것이다. 「보현행원품」에서 중생은 깨달음을 이루는 근본이라고[29] 했듯이, 땅에 나무가 뿌리를 깊이 박을 수 있으려면 물을 빨아들여 줄기와 가지를 뻗고 꽃이 피고 잎이 나서 열매를 맺게 되는 것과 같은 것이다.

이와 마찬가지로 부처와 보살은 고통받는 중생을 연민히 여기는 마음, 즉 대비심을 일으키고, 대비심으로 인하여 보리심을 일으키며, 보리심으로 보살행을 실천하고, 보살행으로 인해 성불하게 되는 것이니, 이렇게 자신을 성불하게 하는 계기를 마련하여 주는 자가 바로 중생이기 때문이다.

열 번째는 보개회향원이니 널리 모든 것을 회향한다는 뜻이다. 본래의 의미에서 회향廻向은 회전할 때의 회廻이고, 향向은 취향趣向이니 자기가 쌓은 좋은 공덕을 보다 크고 높은 다른 곳으로 돌린다는 뜻이다.

이는 자신이 지은 공덕을 혼자서만 차지하지 않고 일체중생에게 돌리고, 현세 이익을 바라지 않고 바른 깨달음을 얻기 위해 돌리며, 한 걸음 더 나아가 위로는 깨달음을 구하면서 아래로는 중생을 제도한다는 생각까지도 뛰어넘어 실제의 진리를 위해 돌림을 말한다.

이에 대해『대방광불화엄경』의 열 가지 회향을 설명하는 「십회향품 十廻向品」[30]에서 내 마음을 돌려 더 크고 넓게 쓰고, 뜻을 세우고 마음

---

29 『大方廣佛華嚴經』卷5「入不思議解脫境界普賢行願品」(大正藏 10, 634a), "以無礙 心入衆生界 常勤作意救護世間 於諸有爲 心無倚著 觀一切法根本自性."

30 『大方廣佛華嚴經』卷33「十廻向品」(大正藏 10, 176c), "佛子 菩薩摩訶薩如是廻向 時 安住法界無量平等淸淨身 安住法界無量平等淸淨語 安住法界無量平等淸淨

쓰기를 허공계와 같이 써서 번뇌와 집착을 다 털어버릴 수 있어야 한다고 하였다.

이렇듯 화성지안의 수행이력을 보면 확철하게 보현행원의 실천이었고, 결국 목숨을 다하여 열반에 이르는 날까지 중생 교화를 위한 보현행원으로 살다 간 보살의 삶을 살았다고 할 수 있다.

한편 환성지안이 살다 간 조선 후기에 화엄과 선을 융합하고자 했던 그의 시절 인연을 살펴보기 위해, 이 시기의 선과 화엄에 대한 관점을 불교사적 흐름으로 간략하게 정리하면 다음과 같다.

일찍이 중국의 청량징관(淸凉澄觀, 738~839)과 규봉종밀(圭峰宗密, 789~841)은 선과 화엄을 융회하려 하였는데, 화엄의 교의문에 서서 선을 바라보면서 그 공통점을 찾고자 하였다.

법안문익(法眼文益, 885~958)과 영명연수(永明延壽, 904~975)도 선사로서 화엄을 선적禪的으로 응용하였으나 이를 완전히 선문으로 흡수하지는 못했다고 하겠다.

그런데 고려 말의 보조지눌(普照知訥, 1158~1210)은 선에 입각하여 화엄교지가 선과 상통한다는 점을 발견하였다. 특히 지눌에게 영향을 끼친 이통현 장자는 「화엄론」을 중국의 화엄사상가와는 다른 원리로서 터득한 바 있다. 그는 「화엄론」의 요지인 부동지불을 중생의 본원심지本源心地로 삼고 그 부동지불에 대한 자각을 부처의 인지因地로

心 安住法界 無量平等諸菩薩淸淨行願 安住法界無量平等淸淨衆會道場 安住法界無量平等爲一切菩薩廣說諸法淸淨智 安住法界無量平等能入盡法界 一切世界身 安住法界無量平等 一切法光明淸淨無畏 能以一音盡斷一切衆生疑網 隨其根欲皆令歡喜 住於無上一切種智力無所畏 自在神通 廣大功德 出離法中."

삼는다는 주안점을 명확히 파악하여 본래 깨끗하고 물듦이 없는 일심의 근원에서 부동지불을 발견하는 것이 곧 선문의 돈오와 같다고 주창한다.

나아가 자기의 몸과 말과 뜻의 경계가 여래의 몸과 말과 뜻의 경계임을 직관하여 생각마다 보현행원을 닦아 선재동자善財童子의 공행功行을 성취하는 것이 주초성불의住初成佛義임을 주장하였던 것이다.

보조지눌은 이론만으로 교를 논하거나 반조만 하면서 원행(願行; 발원과 수행)을 닦지 않는 것을 모두 배척하는 한편, 당시의 교계를 주도하던 화엄교지를 선에로 귀납시켜 원돈관행문圓頓觀行門을 설정하고자 했다.

또한 종래의 선문에서 돈오견성頓悟見性하면 모든 수행을 끝마친 듯이 여겼던 지견지상주의知見至上主義를 지양하고, 그 돈오가 십신초위十信初位임을 자각할 것을 강조하고 있다.[31]

보조지눌은 나아가 꾸준히 정혜력定慧力을 길러 십주초위十住初位에 들어가서 물러남이 없는 믿음을 성취하고 보현의 광대한 원행의 실천을 주장하였는데, 이와 같은 주장은 화엄을 선문으로 회통시키려 함이었고, 중국의 지견주의적知見主義的인 선禪을 행원문으로 바꾸려는 깊은 뜻을 담고 있다.

고려 말 보조지눌의 화엄사상으로 인해 선문과 화엄학은 일대 전환기를 맞이하게 되었으니, 이후의 한국불교사상을 새로운 방향으로 전환시키는 분기점이 되고 있다. 그 후로 보조지눌의 뒤를 이은 진각혜

---

31 서왕모(정도), 「경봉선사의 선사상 – 보조지눌의 선사상과 비교하여 – 」, 『한국선학』 제33호, 한국선학회, 2012, pp.29~30.

심(眞覺慧諶, 1178~1234)이 화엄사상을 기본으로 한 선교일치사상을 천명하고 있으나 보조지눌의 사상을 넘어설 만한 특기 사항은 없다.[32]

원감충지(圓鑑冲止, 1226~1292)도 화엄과의 관계 속에서 몇 편의 선시禪詩만을 남겼을 뿐이다. 충렬왕 때의 홍진혜영(弘眞惠永, 1228~ 1294) 또한『대방광불화엄경』「십지품十地品」의 사상을 천명하였으나 독자적인 사상체계를 세우지는 못한다.

고려 말 화엄사상의 천명에 새로운 전기를 맞게 한 승려로는 충숙왕 과 충혜왕 때에 활동한 화엄종의 각해체원(覺海體元, ?~?)[33]을 들 수 있다. 체원은 이제현(李齊賢, 1287~1367)의 가형家兄이다.

그가 20세를 전후하여 출가하였을 당시의 화엄종단은 정치적인 배경을 잃고 사상계를 주도하는 위치에 있지 못한 상태에서 기층사회 의 실천신앙을 강조하는 입장이었는데, 각해체원은 개경의 세력권에 서 벗어난 해인사를 근거지로 하여 인근 법수사法水寺・반룡사盤龍寺・ 동천사東泉寺 등지에서 활약하였고, 경주지방의 지방토호 등과 유대를 맺으며 저작활동을 하게 된다.

그는『백화도량발원문약해白花道場發願文略解』・『화엄경관자재보 살소설법문별행소華嚴經觀自在菩薩所說法門別行疏』・『화엄경관음지

32 서왕모(정도), 앞의 논문, pp.29~36.

33 각해체원(覺海體元, ?~?)은 고려 후기의 승려로 성은 李씨이며, 본관은 경주이고, 법호는 木庵, 向如이다. 李瑱의 둘째아들이며 李齊玄의 형이다. 40세 전후에 반룡사 주지를 지냈고, 해인사를 중심으로 화엄종풍을 진작시켰다. 저서로『白花 道場發願文略解』와『華嚴經觀自在菩薩所說法問別行疏』와『華嚴經觀音知識 品』등이 있다.

식품華嚴經觀音知識品』 등과 『삼십팔분공덕소경三十八分功德疏經』이
라는 위경僞經의 발문을 남긴다.

　이 저술들은 1330년 전후의 저작들로서, 문수보살의 지혜와 총명으
로 의심 없이 실천하는 보현행을 펼치고 공경·칭찬·참회 등 10가지를
행하며 불법대로 살면 열반·해탈의 경지에 이르며, 보살행을 많이
하면 좋은 세계에 태어날 수 있다고 강조하고 있다. 그리고 그 보살행의
내용을 대표적으로 담은 것이 바로 「보현행원품」이다.

　『화엄경』에는 3명의 성인이 주인공으로 등장하고 있다. 이 주인공들
은 바로 비로자나불과 좌우 보처인 보현보살과 문수보살이다. 비로자
나 부처는 법신본불로서 입을 열어 설법하는 부분이 거의 없으며,
「보현행원품」은 보현보살의 광대행원廣大行願을 익히고자 한다면 10
가지 보현행원을 세워야 한다고 하면서 지혜를 갖추고 행을 실천해야
한다고 역설하고 있다.

　39품 『화엄경』 중 두 품은 부처님께서 직접 설하시고 나머지는
보살이 법문하는데, 그 가운데 보현보살이 가장 많은 법문을 하고
있으며, 그 다음으로 문수보살이 법문을 한다.

　이때 보현은 행을 표현하고 문수는 지혜를 표현한다. 지혜가 있다거
나 총명하다는 것은 귀 밝을 총聰과 눈 밝을 명明 자를 쓰는데, 이는
남의 말을 잘 듣고 잘 보아서 어떤 선입견이나 편견으로 잘 못 듣고
잘 못 보아 남에게 전달하지 않는 것을 설하고 있다. 눈이 밝고 귀가
밝으면 보고 들은 대로 정확하게 전달할 수 있듯이 문수의 총명과
지혜가 있어야 하고 그 지혜를 바탕으로 행동으로 옮길 수 있어야
한다는 뜻으로, 일체행이 실천하지 않으면 관념에 불과하며 성취되는

것이 없다는 것이다. 다음에 하자고 미루게 되면 언제 할지 모르게
되니 생각나면 곧바로 실천해야 하며, 문수의 지혜와 보현의 행원으로
실천하면 그게 바로 비로자나불이며 보현행이라는 뜻이다.

이렇듯 『화엄경』은 부처의 과덕果德을 설하고 있다. 만약에 어떤
사람이 부처의 공덕을 듣고 믿고 이해하여 환희심으로 수행하면 이
사람도 부처가 칭찬받은 것과 같이 칭찬받을 수 있으며 인과를 받을
수 있다고 설하고 있는데, 이는 다시 말하면 부처의 공덕을 듣고
의심 없이 믿고 실천할 수 있다면 이 사람도 자신이 타인을 칭찬한
만큼 다른 사람에게 존경을 받을 수 있는 사람이 될 수 있다는 것이다.

환성지안은 전국을 종횡무진하며 화엄법회를 개최하고 이로 인해
죽음에 이르기까지 수많은 제자들을 이끌고 중생들을 교화했는데,
이러한 그의 행장은 곧 궁극적으로 『화엄경』에서 설하고 있는 보현행
원의 실천에 해당되는 것이라 하겠다.

다음의 「기달영사奇達永師」[34]는 칠언절구의 형식을 띤 선시이다.
이는 여섯 감관이 청정한 정신세계를 표현한 선시로 반야(공)와 이에
대한 수증론 및 교화시이기도 하지만, 이 선시에는 환성지안의 상수불
학常隨佛學의 간절한 원이 들어 있어 소개한다.

嶺雲歸處眠猶熟 산마루 구름이 돌아오는 곳에 잠은 아직 깊고,
山鳥啼時耳亦虛 산새 우짖을 때에도 귀 또한 비었네.
六根淸淨空無物 여섯 감관 맑고 깨끗해 아무것도 없어

---

34 환성지안, 화월성눌 편록, 앞의 책, 「奇達永師」(韓佛全 9, 473中); 환성지안, 화월성
눌 편록, 앞의 책, 성재헌 역, 앞의 책, p236.

獨倚靈臺誦佛書   홀로 영대를 의지해 불서를 독송하네.”

   이 선시에서 주목할 점은, 환성지안이 안이비설신의眼耳鼻舌身意의
육근은 육식을 일으키니 이러한 육근이 청정하게 비어 있으려면 홀로
영대靈臺를 의지하여 불서를 독송하기를 권하고 있는 것으로, 이 때문
에 이 선시를 화엄(선)사상으로 분류할 수 있다. 이렇듯 이 선시는
선과 교를 차별하지 않고 원융하는 선사의 수증론을 짐작하게 한다.
이러한 점에서 환성지안의 화엄선이라고도 칭하는 원융무애의 수행관
을 짐작하게 한다.
   다음으로 「제산수병題山水屏」[35]과 같이 자신의 못다 이룬 꿈과 불교
중흥에 대한 아련한 아픔을 담아 눈길을 끄는 선시가 있어 소개해
보도록 하겠다.
   이 칠언율시의 8연에 ‘승려의 꿈과 나무꾼의 노래’라는 대목이 있는
데, 이 선시도 또한 환성지안의 보현행원을 담고 있다.

孤舟簑笠老漁父   도롱이 입고 삿갓 쓴 외딴 배의 늙은 어부는
垂釣閑眠弄碧波   낚시를 드리우고 한가히 졸면서 푸른 물결을 희
                       롱하네.
帆帶晚霞歸遠浦   돛은 저녁노을을 두른 채 먼 포구로 돌아오는데,
鴈拖秋月下長沙   기러기는 가을 달을 끌고 긴 모래밭에 내린다.
皷翔不去經年蝶   날갯짓하여 떠나지 못한 해 지난 나비

---

35 환성지안, 화월성눌 편록, 앞의 책, 「題山水屏」(韓佛全 9,p.475上); 환성지안,
   화월성눌 편록, 성재헌 역, 앞의 책, p.263.

結子無成累世花 열매를 맺을 일 없는 해묵은 꽃이여!
記得曾行山水態 다녀본 산수의 모습이야 적을 수 있지만
未圖僧夢與樵歌 승려의 꿈과 나무꾼 노래는 그려내지 못하겠네.

이 선시는 자신이 지은 공덕을 혼자서만 차지하지 않고 일체중생에게 돌리고, 바른 깨달음을 얻기 위해 한 걸음 더 나아가 위로는 깨달음을 구하면서 아래로는 중생을 제도하여 보다 크고 높은 다른 곳으로 돌린다는 그의 보개회향원을 나타내는 선시이다.

2. 선종사적 의의

1) 종풍과 법맥의 계승

환성지안은 논의된 바와 같이 청허휴정의 제자인 편양언기부터 시작하여 풍담의심, 월담설제를 이은 편양언기계의 적통이다.

또한 그의 법은 설송연초와 호암체정, 그리고 함월해원과 화월성눌 등 수많은 문도를 이루었으며, 함월해원의 계보에서 18~19세기 불교계를 대표하는 교학의 종장이자 선백이었던 화암지탁과 화담경화 등이 배출되었고, 호암체정 하에 설파상언과 연담유일, 그리고 조선 후기 禪 논쟁의 중심을 이룬 백파긍선과 초의의순 등으로 이어지게 된다.

이렇듯 환성지안은 임제종 가풍의 법통을 이은 선가의 적통일 뿐만 아니라 선과 교의 대종장으로서 남북으로 종횡무진한 교화를 펼쳤고, 문도로 조선 후기 불교에서 중요한 역할을 한 인물들을 배출하였다.

또한 설파상언(雪派尙彦, 1707~1791)과 연담유일(蓮潭有一, 1720~
1799)은 물론, 풍악보인(楓嶽普印, 1701~1770)과 완월궤홍(翫月軌泓,
1714~1770), 그리고 영파성규(影派聖圭, 1728~1812)와 야운시성(野雲
時聖, 1710~1776)과 괄허취여(括虛取如, 1720~1789)와 영허선영(映虛
善影, 1792~1880)과 천봉태흘(天峯泰屹, 1710~1793)에 이르기까지
18~19세기 편양파의 대표적인 고승들이 대부분 환성지안의 문도들
이다.

한편 통도사의 영각에는 총 88점의 진영이 모셔져 있는데, 여기에는
환성지안은 물론 그의 직제자인 설송연초와 호암체정, 그리고 함월해
원 등의 진영도 함께 모셔져 있다. 호암체정(虎巖體淨, 1687~1748)은
통도사와 해인사에 주로 주석하며『화엄경』을 강설하였는데, 그를
따르는 스님이 백 명이 넘었다.[36]

환성지안의 의발을 이은 적전인 함월해원(1691~1770)에 대해『한국
고승비문총집韓國高僧碑文總集』에서는 그가 "『화엄경』과 『선문염
송』에 정통하였고 종문의 오묘한 가르침을 터득하였으며, 스승인
환성지안 선사의 비를 대둔사에 건립하였으며 말년에 그곳에서 주석하
였고, 석왕사에서 환성지안 선사의 행장을 쓰고『선문오종강요』와
『환성시집』을 간행하게 된다."[37]라고 기록하고 있다.

또한『한국고승비문총집』에는 화월성눌(1689~1762)에 대해 "그는
환성지안의 심인心印을 전수하였으며, 천여 명의 대중이 모인 금산사

---

36 「通度寺白蓮精舍萬日勝會記」, 1875, "喚惺祖之卓錫虎 巖老之竪拂其餘講伯相繼
而闡揚敎宗."

37 지관 편, 앞의 책, 「涵月堂大師碑銘」, pp.448~449.

화엄법회에서 강좌에 올라 법을 논하고 종지를 천명하는 등 환성지안
도 그의 설법을 인정하면서, 그에 대해 '원院에 들어가 추위에 부처를
태우고 경전을 읽고 마魔를 깨치니, 문을 나오면 큰길인데 적각선인赤
脚仙人이 산을 노래한다네.'라고 하였다."고 전하고 있다.[38]

다음으로 설송연초는 통도사에서 오래 주석하였고, 통도사와 운문
사에 그의 탑과 비가 세워져 있다. 통도사 영각에 봉안된 응암희유(凝嵒
希有, 1734~1767)의 스승이기도 한 설송연초는 1718(영조 14)년에 사명
유정의 출생지인 밀양에 표충사가 세워지고 정식 사액사우로 지정되었
을 때에 초대 원장으로 제수된 바 있다.

당시 청허휴정의 문도는 두 파로 나뉘어, 사명유정과 송월응상과
춘파쌍언과 명암석제로 이어지는 교教파와 편양언기와 풍담의심과
월담설제와 환성지안으로 이어지는 선禪파로 나뉘어서 각각 이어진
다. 이에 설송연초는 출가인연으로 사명유정 계열의 명암석제를 스승
으로 하였으나 후에 편양언기 계열의 환성지안에게 참학하여 그의
법을 모두 전했으니, 설송연초에 이르러 비로소 청허휴정의 계파가
처음으로 하나가 되어 선교융합이 되었던 것이다.[39]

또한 앞서 살펴본 소요태능의 문집인『소요당집逍遙堂集』「중간소요
집서重刊逍遙集序」에도 청허의 문중에서 소요와 편양언기 계열이 선종
이고 송운사명은 교종으로 함께 우뚝 솟았다[40]고 한 것을 보면, 당시에

38 지관 편, 앞의 책,「華月聖訥禪師碑銘」, pp.462~463.

39 지관 편, 앞의 책,「雪松堂大師碑銘」, pp,258~259.

40 逍遙太能,『逍遙堂集』「重刊逍遙集序」(韓佛全 8, 185上~中), "逍遙禪師 西山淸虛祖
   師之高足弟子也 祖師門中 禪師與鞭羊師爲禪宗松雲師爲敎宗一時並峙 而禪師

도 편양언기 계열은 선종이고 사명유정 계열은 교종이라는 인식이 상당히 통용되었던 것으로 보인다. 사실 설송연초가 실제로 사명유정 계열의 명암석제에게 교를 배우고 편양언기 계열의 환성지안의 법을 이었으므로, 사명유정의 사당인 표충사 사액에 관여한 태허남붕의 스승인 설송연초가 사명유정 계열에서 배우거나 연계가 있다고 하여 편양 계열이 사명유정의 향사까지 주관한 것은 앞에서도 논의한 바와 같이 다소 문제가 있어 보인다. 그러나 설송연초가 선과 교를 회통하여 청허휴정계가 하나가 되었다는 평가는 전혀 근거 없는 것은 아니라 하겠다.

당시는 편양언기 계열이 최대 문파로 전국을 무대로 활약하던 시기였던 반면, 그에 비해 금강산과 영남의 일부에서만 문파를 이루었던 사명유정 계열[41]은 그 세력이 크게 미치지 못했기 때문이다. 이러한 연유로 편양언기 계열의 주류였던 환성의 문도이자 설송연초와 그의 제자인 태허남붕이 통도사와도 가까운 밀양 표충사의 국가를 상대로 한 청원사업을 자연스럽게 주도하게 되었을 가능성은 크다.

이렇듯 설송연초의 선교통합을 매개로 한 편양언기 계열과 사명유정 계열의 통합은 표충사 청원불사의 명분이 되었을 뿐만 아니라 통도사에 주석했던 편양언기 계열의 계보와 역사인식에도 영향을 주었을 것이다.

好吟 咏有遺集 海左丁範祖尙書弁卷 白軒李景奭相國撰碑銘 俱爲世傳誦 同時學士大夫 唱 相徉復槧以禪師詩法通佛法盛稱之 余常以 未得寓目爲恨者雅矣 今歲戊午海南大興寺 法侶 爲禪師後代者 以集有脫落且散佚…."

41 김용태, 『조선 후기 불교사 연구』, 신구문화사, 2010, pp.118~120.

태허남붕의 청에 의해 설송연초의 비문이 작성된 후 150년이 지난 1921년, 통도사 본말사의 주지가 될 수 있는 자격이 명시된 「30본말사법 등규」에는 사명유정 계열의 교와 편양언기 계열의 선을 함께 이은 설송연초의 법손이라 명확히 규정하고 있다.[42]

이렇듯 설송연초를 매개로 하여 선과 교의 법맥을 합일시켜 불보사찰 통도사의 대내외적 위상을 부각시켰으며, 실제로도 환성의 법맥을 중심으로 그 전통이 지금까지 이어져 오게 된 것이다.

다음의 표9는 「30본말사법 등규」로 당시 조선 후기 불교의 종통 전승에서 환성지안 선사가 차지하는 지분과 위상을 확연히 알 수 있는 자료[43]이다.

이를 보면 우리나라의 본사를 비롯한 주요 사찰의 운영이 환성지안의 뒤를 이은 제자와 그의 문도에 의해 주도되어 왔으며, 임제의 적통이 선종의 수행체계를 지켜왔다는 것도 파악할 수 있다.

여기에는 20세기 초 30개 본사의 계파 및 문파와 전통 계승이 잘 나타나 있는데, 이를 분석하여 보면 청허휴정의 법손인 청허계를 표방한 사찰이 23개 사寺인데 그중에서 9개 본사本寺가 환성지안 선사의 법맥을 계승한 자를 주지의 자격조건으로 세우고 있다.

즉 30개 본사 중 3분의 2 이상이 청허계(대부분 편양파임)이고. 전체의 약 3분의 1 정도가 환성지안의 법맥을 계승한 자로 주지를 임명한 것을 볼 수 있다.

이밖에 송광사의 경우 부휴계의 본산으로 부휴선수의 법계만으로

---

42 김용태, 앞의 논문, pp.48~49.

43 이능화, 『朝鮮佛教通史』 下, 新文館, 1918, pp.628~674.

제한하였고, 벽암각성(碧巖覺性, 1575~1660)이 중창한 법주사, 그리고 대강백인 모운진언의 강학 전통으로 이어진 동화사와 은해사는 청허계와 부휴계가 모두 가능하다고 문호를 열어 두었으며, 교종 본찰인 봉선사와 평안도의 영명사는 화엄종을 내세웠으며, 선암사는 그 자격을 정하지는 않았다는 것을 알 수 있다.

이처럼 편양언기계의 적통을 이은 환성지안의 계보는 조선 후기 불교의 주류이자 정통이었고, 그를 이은 설송연초로 인하여 통도사에서 선과 교가 융합된 종통을 전승했음을 알 수 있다.

이러한 청허휴정의 선禪은 편양언기(1581~1644), 풍담의심(1592~1665), 월담설제(1632~1704)로 이어져 오면서 청허휴정 선사의 5세손인 환성지안의 『강요』를 계기로 하여 선풍이 진작될 수 있게 된다.

이 『강요』는 『인천안목』과 천책의 『선문강요집禪門綱要集』의 논지와 형식을 계승하면서 선종 5가의 요지를 정리한 것으로, 이는 앞서 논의한 바와 같이 백파긍선白坡亘璇의 『선문수경禪文手鏡』과 초의의순草衣意恂의 『선문사변만어禪門四辨漫語』와 우담홍기優曇洪基의 『소쇄선정록掃灑先庭錄』과 설두유형雪竇有炯의 『선원소류禪源遡流』, 그리고 축원진하竺源震河의 『선문재증록禪門再證錄』 등 조선 후기 선가禪家의 활발한 논쟁의 발단이 되었다.

특히 환성지안이 이은 청허휴정의 계보는 자타가 공인하는 임제종의 적손이므로, 이러한 풍토에서 선종 5가의 각 파를 정리한 종합적인 서술은 매우 의미가 있다. 그리고 이러한 작업 자체는 결코 쉽지 않은 일이었을 것이라 밝힌 바 있다.

이렇듯 환성지안은 조선 후기 불교를 억압하던 지배 이데올로기

체제하에서 꺼져 가던 선가의 불씨를 다시 활발하게 일으킨 한국불교의 거봉이자 적통이며, 중생들을 위해 교화의 방편을 널리 펴낸 보현보살의 화현이라 할 수 있다. 아울러 중생과 함께했던 탁월한 시인으로서 위법망구爲法忘軀 부종수교扶宗樹教로 불교중흥을 위해 입적하신 분이라 하겠다.

또한 환성지안은 선사로서 한국 선종사에서도 청허휴정 이후 선禪과 교敎 그리고 예藝 등의 다양한 방면에서 탁월한 역량을 보인 한국불교사의 발군의 인물임에는 틀림이 없지만, 윤영해(2018)가 밝힌 바와 같이 목숨을 바쳐 헌신한 그에 대해 순교자로서의 정체성을 밝히는 일은 자료의 미비함 등으로 인해 쉽지 않은 일이다.

그러나 환성지안이 한국불교의 정맥을 이은 적통으로서, 중생들의 교화를 위한 방편으로 『화엄경』을 강설하고 교화시를 짓는 등 종횡무진으로 자비를 실천하고자 했던 그의 선사상과 행적을 살펴보면서, 수많은 선사들이 앞을 다투어 그의 선맥禪脈을 잇고자 하여 오늘날까지도 후학들에게 그 빛을 발휘하고 있는 것을 보아도 환성지안의 행적은 사계의 귀감이 되기에 충분하다고 하겠다.

2) 선 수행 실천의 방향 제시

(1) 보현행원으로 전법교화

환성지안의 『선문오종강요』를 보면 그가 한국에 토착화되어 면면히 사자상승되어 온 선불교의 중흥을 꾀하고자 하였다는 것을 짐작할 수 있다.

또한 환성지안이 대중들을 위해 화엄법회를 개최한 화엄강석으로도

유명했다는 점과『환성시집』에 실린 144편의 선시들이 스님들과 재가
자를 위한 교화시가 대부분인 점만을 보아도, 그가 조선 후기 불교사의
도도한 흐름 속에서 선과 교의 융합과 조화를 꾀하며 선 수행의 실천방
향까지도 제시하고자 전력하였다는 것을 알 수 있다.

표9.「30본말사법 등규」[44]

도별	본사	주지 자격	분류
경기도 (4)	봉은사	청허휴정의 법손	청허계
	봉선사	화엄교종(화엄 7조사, 원효, 의상, 의천)	화엄종
	용주사	청허휴정의 법손	청허계
	전등사	청허휴정의 전법후예인 환성지안의 법손	편양과 환성
충청도 (2)	법주사	부용영관 2대 제자 청허휴정, 부휴선수의 법손	청허·부휴계
	마곡사	청허휴정의 법손	청허계
경상도 (8)	동화사	청호, 부휴의 법손	청허·부휴계
	은해사	청허휴정 적사, 편양언기의 법손 및 부휴 법손	편양파·부휴계
	고운사	의상 국사 교외봉행, 환성 선사의 종지 선양	화엄, 환성
	김룡사	청허휴정의 5대 법손 환성지안의 법손	환성
	기림사	청허휴정의 적전	청허계
	해인사	청허휴정의 법손	청허계
	통도사	청허휴정의 사법자 송운(교종), 편양(선종)의 법계와 교통을 함께 이은 설송연초의 법손	편양·사명파, 환성-설송
	법어사	청허휴정 법자, 편양언기와 소요태능의 법손	편양·소요파
전라도 (6)	위봉사	청허휴정의 법손 전등 상속, 지공·나옹·무학의 상속	청허계·3화상
	보석사	청허휴정의 법제자, 환성지안의 법손	환성
	대흥사	청허휴정의 법맥	청허계
	백양사	환성지안의 법손	환성
	송광사	보조지눌·나옹혜근 법통 실전 태고보우 7대 전법후예, 부휴선수 법계	부휴계
	선암사	정해진 법 없음	미정

44 김용태, 앞의 논문, pp.48~49.

강원도 (3)	건봉사	청허휴정 법맥 이은 환성지안−호암체정, 함월 해원의 법손	환성−호암·함월
	유점사	청허휴정, 중조 환성지안−호암체정·풍악보인 법손	환성−호암−풍악
	월정사	청허휴정의 수제자, 편양언기, 송운유정의 법손	편양·사명파
황해도 (2)	패엽사	청허휴정의 법손	청허계
	성불사	청허휴정의 법손	청허계
평안도 (3)	영명사	화엄 7조와 종의 계승	화엄종
	법흥사	청허휴정 및 같은 반열의 방계인 청하법유 후예	청허계·청하
	보현사	청허휴정의 법손	청허계
함경도 (2)	석왕사	청허휴정의 후예 환성지안의 문손으로 이어옴 개창조 무학수훈 이어받는 것이 종강	환성·무학
	귀주사	청허휴정의 적통	청허계

더군다나 환성지안이 전국 각지를 돌며 화엄법회를 개최하고 고을의 수령 등 수많은 승려와 재가자들을 교화하여 이로 인해 목숨까지도 헌신한 그의 행적은, 당시 그가 선가의 적통으로 억불숭유의 시대를 살았다는 것을 감안했을 때, 결코 현실에만 안주하지 않고 중생 교화를 위해 혁명적이고도 활발발한 선 수행을 실천하였다는 것을 짐작케 한다.

또한 현존하고 있는 그의 선시를 보면 환성지안의 생애와 주변 인물들을 알 수 있는데, 환성지안은 참선하는 여가에 대중들의 교화를 위해 틈틈이 선시를 썼다.

그의 선시는 자연이나 사람에 대한 단순한 농월이 아닌 시선일여詩禪 —如 혹은 범성일여凡聖—如의 경지로 차별 있는 각각의 세계를 그대로 선禪적인 언어로 표현하고 있으며, 깨달음의 세계를 극명하고 정확하게 묘사하거나 화두를 직접 시어로 사용하는 등 선시를 통한 일심진여

一心眞如의 화엄세계를 선가의 전통적인 시법에 따라 선사상으로 명료하게 표현한다.

환성지안의 선시는 그가 조선 중기 서산휴정의 의발을 전수하고 사교입선의 전통을 고수한 편양언기 선사의 5대 손인 적통이었음에도 소요태능이나 교학으로 유명한 사명유정 계열까지도 통섭通攝하여 수용하면서 불가 문학에도 상당한 영향을 미쳤다. 이는 그가 위로는 보리를 구하고 아래로는 중생을 교화하는 상구보리 하화중생의 정신을 확철하게 몸소 실천하였다는 것을 있는 그대로 보여주는 근거가 되는 것이다.

환성지안은 불교의 배척 시기와 양 난의 후유증으로 더욱 쇠락해진 산중불교 시대에서 조선의 문예 부흥기였던 영조시대에 이르기까지 문인으로 시작활동을 하였으며, 화엄법회를 계기로 결국 위법망구의 투철한 보살도를 몸소 실천한 보살의 삶을 살다 간 분이라 하겠다.

무엇보다도 그는 전통적으로 고수해 온 사교입선의 선 수행법과 임제종 우위의 선풍을 고수해 온 청허휴정의 제자 중 편양언기의 적통임에도 당시 시절 인연을 융합한 선교융합의 방편으로써 중생교화를 위한 실천에 매진했던 것이다.

또한 그는 화엄법회를 열어 선과 교의 융합과 조화[45]를 꾀함과 동시에 18세기 후반부터 19세기의 문예사조에 영향을 끼치기도 한 다수의 교화시를 남겼으며, 백파긍선과 초의의순의 선 논쟁을 꽃피우게 하는 계기를 마련해 준 분이다.

---

45 이운허 역, 『대방광불화엄경』 卷4, 2016, pp.254~256.

이렇듯 환성지안은 엄격한 선가의 전통을 계승하면서 대립과 논쟁을 떠난 융화회통의 사상으로 적극성과 긍정성을 지향하여 교외별전敎外別傳 활구선문活句禪門에 귀일시킨 것이다.

또한 그는 모든 방편 중에서도 화두참선이 제일이고 지름길이며 구경의究竟意라 주장하지만, 그렇다고 교문을 부정하거나 비방하지 않았으며 반드시 필요한 것이라 여겼다.

환성지안이 선시를 통해 수많은 출가자와 재가자를 위한 교화시를 남기고, 화엄법회 등을 열어 배불排佛의 시기에 자신의 몸을 바쳐 입적하면서까지 중생들을 제도하고자 하였으니, 이는 당시의 불교 상황을 감안해 보았을 때 그가 조화롭고 획기적인 선 수행의 실천을 몸소 행하였다는 것을 알 수 있다.

환성지안은 꺼져 가던 조선 후기 불교를 일으키고자 죽음에까지 이른 전법보살로서 오늘날까지도 칭송되고 있으며, 중생을 위해 몸 바친 그의 보현행은 그저 단순한 칭송만으로는 부족하다고 할 수 있겠다.

또한 비록 『환성시집』의 144편의 선시와 선종 5가의 종지를 밝힌 『선문오종강요』만이 남아 있지만 그의 저술들과 활동의 궤적들을 검토해 보았을 때, 그가 쇠락 일면으로 향하던 한국불교사에서 전면적이며 본질적인 개혁을 추구하고자 했을 뿐만 아니라 불교를 통하여 국가와 역사 발전의 역동적인 변화까지 도모하고자 하였다는 것을 짐작할 수 있다.

한국불교의 유구한 과정에서 환성지안의 화엄과 선의 융합을 통한 교화활동과 법회를 개최했던 역동적인 행적은 마땅히 후학들에게 조명되어지고 계승될 필요가 있다.

환성지안의 입산과 수행에 이어 그와 대 선각자들과의 만남, 그리고 오도悟道와 임제 적통의 선맥을 잇는 가풍의 계승 및 억불의 시대에 종횡무진한 화엄법회의 개최와 위법망구의 행장은 그의 선사상을 이해할 수 있는 단초가 될 수 있다.

또한 그의 『선문오종강요』와 『환성시집』의 편찬이 억불숭유와 오랜 침체적 상황의 중층적 딜레마였던 시기에 이루어졌다는 것을 고려하면 이는 실로 괄목상대라 할 수 있겠다.

그가 남긴 선시의 대부분이 출가자와 재가자들을 위한 교화시이고, 선적인 경계까지도 초월해 버리거나 지극히 평범한 자연과 깨달음의 세계를 노래하고 있는 것을 보면, 그의 선사상이 불교적 풍토의 일반을 뛰어넘어 선과 화엄사상의 융합을 통한 새로운 선 수행법의 실천방향을 통섭하고 있다는 것을 알 수 있다.

더욱이 산속으로 들어가 수행만이 능사였던 당시 조선 후기의 산중 불교의 상황에서 그가 전국을 유행하며 화엄법회를 개최하고 이로 인해 모함을 받으며 입적하게 되었으니, 그가 남긴 『선문오종강요』는 선종 5가에 대한 논의와 임제종풍의 계승 및 조선 후기 초의와 백파의 활발한 논쟁에 발단이 될 정도로 후학들에게 귀감이 되어 한국불교사에 의미 있는 족적으로 평가받기에 충분한 것이라 하겠다.

환성지안은 조선후기 청허휴정으로 이어지는 선禪의 적통이었으며 결코 관념적 공안이 아닌 대사일번大死一番의 막다른 삶을 오직 중생교화를 위한 전법의 현장을 현실로 직면하는 삶을 살다간 선객이다. 이는 한국불교사의 암울했던 당시 상황에서 초자전적(超自傳的,

trans-personal)인 행보로 몸소 실천함을 보여준 것이라 하겠다.[46]

그가 일생을 통해 남긴 144편의 선시를 살펴보면 선사의 삶이 깨달음을 위한 선禪을 지향하고 있으면서도 화엄교학의 융합을 통해 중생을 위한 교화와 전법을 가장 우위에 놓고 있다는 것을 쉽게 알 수 있다. 이는 선사가 이 우주의 모든 유정 무정의 생명들이 종횡무진으로 자유롭고 밝은 빛으로 살아갈 수 있도록 이끌고자 했던 보현보살의 행원을 마음 깊이 간직하고 이를 실천하면서 몸 바쳐 헌신하는 삶을 살다 간 사상적 기반을 여실히 보여주고 있는 대목이기도 하다.

이렇듯 억불숭유라는 암울한 현실에서 선사는 화엄법회의 개최와 수많은 시작詩作을 통해 무명의 중생들을 위해 전법하면서, 불조의 정신이 우리나라에 토착화되어 면면이 개승된 한국적 임제 가풍의 활발발한 선 수행자로서 혁신적인 선 수행법의 실천적 본보기를 보여준 것이다.

환성지안은 자신의 수행에 있어 주 바라밀이 선禪 수행이라면, 조 바라밀은 화엄을 중생들에게 강설하고 시작을 통해 중생을 교화하는 것으로서, 궁극적으로는 보현행을 펼친 것이라 하겠다.

그는 또한 중생들에게 보현보살의 행을 배워 자신을 회복하고 역사와 운명 앞에 결국 그의 행보에 위협을 느낀 유생들의 모함을 받아 목숨까지도 헌신해 버리면서 최상의 인간다운 길을 부여하고, 인간 권위를 회복하여 무한창조의 평원을 열어 가는 길을 도모하고자 한 분이다.

---

46 김재영, 「광덕 스님의 삶과 불광사상」, 『전법학 연구』, 불광연구원, 2012, pp.47~70 참조.

환성지안에게 불법은 인간을 실존 차원에서 확립시키고 무한한 긍정의 평원으로 해방시키는 반야 지혜이고 힘이었으며, 또한 선禪의 정신에서 나오는 무상법無上法의 현전에 대한 군건한 믿음이었으니 그에게 『화엄경』에서 설하고 있는 보현행원은 궁극적인 지혜와 실천의 지침이 될 수 있었을 것이다.

사실 반야공사상이 새로운 것은 아니며, 반야공과 보살도의 구조는 세존 이후로 불교사상의 한 중심적 주류로서 계승된 것이다. 그러나 후대의 반야사상은 과도하게 공空사상으로 치우치고 악취공惡取空으로 변질되어 오히려 공에 죽은 결과로 변질되기도 하였다. 그러나 환성지안은 이러한 산중불교와 억불의 시절 인연으로 죽은 반야공을 타파하면서도 이를 『화엄경』에서 제시하고 있는 정견에 입각한 공空과 더불어 불공不空을 조견함으로써 반야를 다시 역동적인 보살의 입각처로 살려낼 수 있었다.

이 반야는 곧 반야대행般若大行이니 반야대행이 곧 보살도이고 보현행이며, 거의 모든 대승경전에서 반야를 논하고 보살도를 설하고 있는 바로 그것이다. 그러나 오랜 세월의 흐름 속에서 이 보살도는 수행도가 되고 불교는 수행해서 깨달음을 얻는 수행의 종교로 변질되었으니, 이것은 반야대행의 보살도가 역사적 현실을 변화시키는 역동적인 생명력을 상실하고 한갓 화려한 이론으로 관념화되고, 경전 속에 퇴장되기에 이른 것이다.[47]

선과 화엄이 아무리 우월한 사상이라고 주장해도 공허하게 들릴

---

47 김재영, 앞의 논문, pp.47~55.

284

수 있는 것은 절대적 자존성의 즉시적 발로라는 정견에 입각한 것이므로, 환성지안의 보현행원이 주목받을 수 있는 것은 그가 반야의 행과 보살의 행으로 살아있는 역동적인 사회의식과 역사의식으로 살려낼 수 있었던 실천행을 근간으로 삼았기 때문이다.[48]

역대 수많은 선사들이 그러했듯이 억불의 업보를 피해 산중에 머물러 반야의 지혜를 닦았지만, 사실 그들의 궁극적 관심은 역사이며 사회였고, 곧 국가이자 자신들이 속한 중생들이었다. 이 국토는 단순히 영토적 개념으로서의 우리 국토에만 한정되는 것이 아니라, 가정·사회·직장·우리나라·우리 세계·중생들의 모든 삶의 마당과 나아가 온 우주를 포괄하는 것으로, 이 반야행원의 실천은 우리 사회와 중생들의 삶을 진리의 광명으로 개혁할 것을 끊임없이 요구한다.

이렇듯 환성지안은 스스로 병든 몸을 이끌고 구국·구세의 삶을 살았고, 몸 바쳐 헌신하여 보현행원을 실천했던 것이다.

(2) 법등 중심의 전법운동

환성지안의 『선문오종강요』는 임제 적통의 정신을 이었으며, 그가 이에 멈추지 않고 화엄법회를 개최하고 출가자와 재가자들을 위한 수많은 교화시를 남긴 것은 그가 바로 법등 중심의 전법운동을 가장 본질적인 이념적 목표로 제시하고자 하였다는 것을 뜻한다.

이는 세존께서 이 세상에 오신 뜻으로, 이 우주와 중생, 세간을 밝히고자 법을 전하는 것이다. 그가 남긴 출가자와 재가자를 위한

---

48 이운허 역, 『대방광불화엄경』 卷4, 2016, pp.520.

교화시에서도 볼 수 있었듯이 불자의 일상과 활동 그 모두가 세간을 밝히고자 함이라는 것을 세세하게 보여주는 것이라 하겠다. 법등이란 흔히 어떤 방법상 조직의 형태를 취해야 한다고 생각하지만, 법등은 결코 조직이 아니라 역대 조사와 수많은 스님들이 제시한 부처님과 그 가르침을 믿는 신앙운동이고, 법을 전파하는 전법운동이며, 이 세상을 밝히고 자신이 속한 국토를 밝혀 가는 불자들의 삶의 운동이다. 이는 법답게 살아가는 불자들의 삶 자체가 법등이라는 뜻이다. 이러한 정신은 오늘날까지도 면면히 이어져 내려오고 있으며, 『화엄경』에서 설하는 보현행원을 실천하는 수많은 보현행자들에게 귀감이 되어 법등신앙 및 법등수행으로 이루어지고 있다.

이에 오늘을 사는 후학들 또한 각자의 수행을 통해 자신의 정체성을 확립함과 동시에 시절 인연을 섭수할 수 있는 전법 활동을 전개할 수 있어야 할 것이다.

예를 들어 경전강설과 전법활동, 그리고 교육 및 상담, 또는 인터넷 시대에 맞는 SNS활동, 음악과 미술 등의 예술 체험 등 동시대의 문화를 모두 아우를 수 있는 폭넓고 심도 있고 다양한 형태의 전법 활동으로 전개될 수 있어야 한다는 말이다.

또한 환성지안은 깨달음(覺)과 정견(正見, sammādiṭṭhi)을 통하여 전국을 종횡무진하며 화엄법회를 개최하고 사부대중으로 이루어진 수행결사체를 추구하고자 하였는데, 이 역시 인간 가치의 절대적 자존성을 그 이념적 지표로 한 것이라 하겠다.

그의 행적은 오늘날까지 후학들에게 방향을 제시하는 법등의 역할을 하고 있으며, 아울러 사부대중을 중심으로 한 수행결사체의 선봉장으로서 민중불교운동으로 이어져 면면히 계승되고 있다.

환성지안은 승단 중심의 출가우월주의에 머물지 않고, 한걸음 더 나아가 사부대중을 위해 전국을 종횡무진하면서 이를 운동의 주체로 삼음으로써 오늘날까지 근현대불교사의 걸출한 선사들과 만해·용성· 소천·서옹·청담·광덕 스님 등의 수많은 후학들에게도 지대한 영향을 끼칠 수 있었던 것이다.

환성지안은 수많은 납자들에게 수행하는 과정에서의 마음자세에 대한 지침을 제시하고자 하였다. 이는 당송 시기 무문혜개(無門慧開, 1183~1260)의 「선잠禪箴」[49]이나 고려 후기 몽산덕이(蒙山德二, 1231~ 1308) 선사가 제시한 무자간화십절목無字看話十節目에서도 볼 수 있다.[50]

수행하는 과정에서 납자들은, 세존께서도 발의 상처나 가시에 찔리거나 머리와 등에 통증 등의 병통病通[51]을 겪으셨듯이, 혼자서만 나아가는 것은 매우 위험하고, 따라서 함께 갈 수 있는 신심 출가의 사부대중의 결사체[52]가 요구된다.

이러한 사부대중 중심의 출가 결사체는 사부대중의 개념까지도

---

49 『禪宗無門關』「禪箴」(大正藏 48, 299a15-終), "循規守矩 無繩自縛 縱橫無礙 外道 魔軍 存心澄寂 默照邪禪 恣意忘緣 墮落深坑 惺惺不昧 帶鎖擔枷 思善思惡 地獄天 堂 佛見法見二鐵圍山 念起卽覺 弄精魂漢兀然習定 鬼家活計 進則迷理 退則乖宗 不進不退有氣死人 且道如何履踐 努力今生須了却 莫教永劫受餘殃."

50 김형록(인경), 「몽산덕이의 선사상 연구」, 동국대대학원 박사학위논문, 1999, pp.191~198.

51 박청환(정덕), 「테라바다(Theravāda)의 붓다관-Pubbakammapiloti를 중심으로-」, 『불교학연구』 15호, 2006, pp.223~246.

52 정도(서왕모), 『경봉선사 연구』, 운주사, 2013, pp.203.

초월하여 사찰중심의 한계도 뛰어넘고 출가 중심의 울타리도 넘어서서 사찰의 신도회뿐만 아니라 세계의 지식인 및 중소상인들과 지역사회까지도 아우르면서 수행 및 일상사를 함께할 수 있는 수행 공동체로 나아갈 수 있다. 예를 들어 세계 명상마을 공동체와 같이 수행과 함께 다양한 매체를 활용하여 복지로 함께 나아갈 수 있는 방편을 제시해 볼 수 있다.

아울러 환성지안의 선사상이 선이면서 선이 아니고 반야와 화엄이면서 반야와 화엄이 아닌 것은, 그의 선사상이 곧 호법護法활동을 통해 잘 드러나고 있음을 말한다. 이는 그가 목숨까지 바쳐 지키고자 한 보현행원과 법등운동의 구체적인 실천이라 하겠다.

이는 곧 구국·구세의 구체적 방법으로, 호법은 곧 화엄의 보현행원의 실천이며, 이러한 보현행의 실천을 통해 겨레의 생명을 지키며 국토를 수호하고 세계평화를 건설하고자 하는 사회적 실천으로 이어질 수 있는 것이다.

세존의 호국법문은, 예를 들어 나라에 천재지변이 있거나 내우외환이 일어나고 전란이 터져 나올 때 경건하게 각자의 주 바라밀과 조 바라밀을 닦고 염송하거나 배우고 실천함으로써 겨레의 생명을 지키고 국토를 지키며 안녕과 번영을 가꾸어 나가는 원동력이 될 수 있었으니, 이것이야말로 세계평화에 직결되며, 반야 지혜의 실천이 주는 자연스런 귀결인 것이다.

따라서 환성지안의 선교융합을 지향한 화엄법회는 오늘날까지도 통도사에서 개최되고 있다. 암울한 어둠 속에서 살아가야만 했던 중생들을 위해 환성지안이 목숨까지 헌신하여 화엄의 광명 찬란한 생명의 빛이자 반야 행원의 지혜로 전환해 낼 수 있었던 것은 그의 호법을 위한 보현행원을 실천하는 구국·구세의 선사상으로 인해 가능했던 것이다.

이는 세존의 치열한 전사(戰士, kattiya)적 사회의식으로 동체대비의 불교사상을 창출한 역사와 그 궤를 같이하는 것으로, 화엄융합의 흐름을 따르면서도 전통적인 수행 위주의 허구성을 과감하게 탈피하고 비판하면서, 상구보리 하화중생의 관념적이고도 이분화된 절박한 역사적 현실과 무명의 어두운 업장으로 고통스러운 중생들의 현실을 결코 외면하지 않았던 까닭이다.

환성지안의 신명을 다한 보현행원의 실천을 귀감으로 하여, 굳건한 호법정신으로 무장한 보현행자로서 본분을 다하고자 하는 수행의 실천은 오늘날 각 사찰과 수행공동체와 커뮤니티 등을 동심원으로 하여, 다양한 봉사와 사회복지 및 생태환경과 장례의 형태 등과 같은 사회적 실천으로 지역사회와 전 세계 인류와 온 우주에 회향되어야 할 것이다.

이렇듯 다양한 형태의 프로그램 및 활동을 통해, 오늘을 살아가는 우리는 기존의 틀을 깨면서도 전통을 이어가면서, 자신이 속한 시절의 인연들을 융합하고자 했던 환성지안의 자유로우면서 여여한 종횡무진의 화엄세계와 절묘한 반야의 지혜를 배울 필요가 있다.

아울러 목숨 바쳐 헌신하며 보여준 그의 보현행을 귀감 삼아 각자의 일상사에서 실천 수행해 나아갈 수 있어야 하겠다.

Ⅷ. 결론

본 연구는 환성지안의 선사상과 그의 실천 수행 및 선종사적 의미를 고찰해 보고 이를 후학의 수행에 귀감이 되게 하고자 함에서 시작된 것이다.

환성지안의 선사상은 결론적으로 '반야(공)사상'과 '화엄(선)사상'으로 대별할 수 있다. 이를 위해 환성지안의 저서인 『선문오종강요』 1권과 『환성시집』 1권의 내용 및 그 가치에 대해 살펴보았다. 그의 저서들은 일생을 올곧은 선객으로 살아가며 그가 남긴 유고들을 제자들이 편찬한 것이다.

한편 『환성시집』에 실린 144편의 선시는 조선 후기라는 시절 인연을 동사섭하기 위해 방편바라밀로 화엄과 선을 융합한 그의 원융무애한 선사상이 녹아 있음을 알 수 있게 한다.

또한 환성지안의 선시는 순전히 자연과 벗 삼거나 깨달음의 세계에서 자신만의 선취에만 머문 것이 아니라, 한 걸음 더 나아가 대승적으로 수행자와 재가자를 위한 보현행원에서 전개되었다는 것을 알 수 있었다.

이러한 환성지안의 행적을 통해 볼 때, 그는 임제종 가풍의 적통이면서도 이에 머무르지 않고 선과 화엄의 융합적인 사상체계를 갖추어 중생들의 교화를 위한 선시를 짓고, 이를 통해 대중과 함께 교류했던 대선사의 면모를 갖춘 분임을 알 수 있었다.

이 연구를 통해 조선 후기 불교 역사의 흐름 속에서 환성지안이 대중교화를 위해 펼쳤던 선교융합의 실천사상이 어떻게 전개되고 있는지를 알고자 하였다.

또한 환성지안의 저서인『선문오종강요』와 선대인 청허휴정의『선가귀감』과 그의 후학인 백파긍선의『선문오종강요사기』의 내용을 산훈 및 선교관과 선리 등의 비교를 통해 살펴보면서 환성지안의 임제종풍에 대한 간절한 계승 의지를 새겨보고자 하였다.

아울러 화월성눌이 편록한『환성시집』에 있는 144편의 선시를 통해 환성지안의 선사상 및 선 수행자로서의 모습과 선시에 나타나는 소소한 일상을 음미하면서 오히려 더 적극적인 선객의 면모를 짐작할 수 있었다.

이렇듯 환성지안은 면면히 내려오던 선禪의 정맥을, 그 가운데에서도 특히 임제의 종통을 계승한 선사로서 스러져 가는 조선 후기의 선풍 진작을 위해 평소『선문오종강요』의 편찬을 후학들에게 간절하게 전하였을 것이다. 또한 시절 인연들을 위한 중생교화의 방편으로써 전국 규모의 화엄법회를 개최하는 등 위법망구의 실천행을 종횡무진하게 펼치며 일생을 살다 간 분이라 하겠다.

서론에 이어 Ⅱ장에서는 환성지안의 생애와 가풍을 파악하기 위해 그가 속한 청허휴정 계열의 문도와 임제 가풍의 승계 및 종풍의 계승 의지를 간절하게 피력할 수밖에 없었던, 당시의 스러져 가는 선불교 상황과 척불의 시대적 배경 등을 살펴보았다.

Ⅲ장에서는 환성지안의 주요 저서인『선문오종강요』와『환성시집』의 내용 및 가치를 구체적으로 고찰하였다.

Ⅳ장에서는『禪家龜鑑』과『禪門五宗綱要』의 과목 등을 비교하면서 환성지안의 선교관 및 신훈을 유추해 보았다.

Ⅴ장에서는『禪家龜鑑』과『禪門五宗綱要私記』와 환성지안의『禪門五宗綱要』의 연관성을 파악하고 여기에 녹아있는 선리관 등을 정리하고자 하였다.

Ⅵ장에서는『환성시집』에 전해지는 환성지안의 선시를 선사상적으로 분류, 즉 반야(공)와 화엄(선)의 원융무애와 상즉상입 및 법화의 일심삼관과 선문답 등으로 분류하여 살펴보았다.

또한『환성시집』에 수록된 환성지안의 144(*143)편의 선시에 담긴 깨달음과 격외의 도리 등의 선사상을 반야(공)와 화엄(선) 및 법화사상과 함께 선문답의 공안 및 화두에 녹아 있는 선의 종지와 기타 선시로, 산거시와 운을 따른 선시와 교화시 등으로 분류하여 살펴보았다.

특히 환성지안의 선시의 시제 서두에 '증贈'이나 '시示'를 붙이거나 간절한 당부의 마음을 표현한 시가 다수인 것은 그가 「열반게」 하나 없이 갑작스럽게 입적할 것을 예견이 하듯이 대승 교화의 실천행으로 그의 후학들과 재가자를 위해 남긴 것임을 알 수 있었다.

Ⅶ장에서는 환성지안의 대승적 교화와 화엄법회 개설과 문집을 통한 교화 및 보현행원의 실천을 살펴보면서 그의 행적이 선종사에 미치는 선종사적 의미와 그의 간절한 종풍과 법맥의 계승 의지를 이어 앞으로 나아갈 선 수행 실천의 방향까지도 제시하고자 하였다.

이렇듯 환성지안의 『선문오종강요』 편찬은 쇠락한 조선 후기 선불교의 중흥을 위해 더욱 의미를 지니고 있으며, 또한 억불숭유라는 시기에 사라져 가는 선풍을 일으키는 계기를 마련할 수 있었음을 알 수 있었다. 아울러 환성지안은 선종 5가에 대한 개별적인 언급을 통해 중국으로부터 전해져 온 전통적인 임제종의 틀도 벗어나 선종 전체에서 두루 공유할 수 있는 강요서를 만들고자 했음도 알 수 있었다.

또한 『선문오종강요』의 논지는 앞서 논의한 바와 같이 후일 조선 후기 백파긍선과 초의의순의 선 논쟁을 뜨겁게 달군 발단이 되었으며, 근현대에 와서 경허성우(鏡虛惺牛, 1849~1912)와 용성진종(龍城震鍾, 1864~1940) 그리고 만해용운(萬海龍雲, 1879~1944)과 청담순호(靑潭淳浩, 1902~1971)와 같은 조계의 정통을 잇는 선각자들과 현존하는 지도자들이 모두 환성을 사법嗣法으로 할 정도로 그의 영향은 지대한 것이라 할 수 있겠다.

본 연구의 성과를 꼽자면, 환성지안이 한국불교의 역사상 차지하고 있는 선종사적 의미를 밝힘과 함께 화엄(선禪)이라고도 하는 그의 융합적 선교사상을 고찰하고, 아울러 호암체정과 함월해원, 설송연초, 연담유일 등으로 이어지는 뛰어난 제자들을 통해 면면히 이어온 한국불교의 정통성을 확립할 수 있는 계기를 마련하였다는 점이다. 본 연구를 통해 한국불교의 법통과 종풍을 굳건히 하는 선 수행의

가풍을 진작하고 면면히 이어온 전통 선의 정신을 계승함과 동시에,
오늘날 우리가 당면한 현실에 알맞은 새로운 선 수행의 실천방향을
모색하고 함께 동사섭하는 기회가 될 수 있다면 더 바랄 것이 없겠다.

참고문헌

1. 원전류

唐 三藏法師 玄奘 譯, 『能斷金剛般若波羅密多經』「般若部」三(大正藏 7)

『金剛般若波羅蜜經』(大正藏 8)

『大方廣佛華嚴經』 卷5 「入不思議解脫境界普賢行願品」(大正藏 10)

『大方廣佛華嚴經』 卷19 「夜摩宮中偈讚品」(大正藏 10)

『大方廣佛華嚴經』 卷33 「十廻向品」(大正藏 10)

『大方廣佛華嚴經』 卷34 「十地品」(大正藏 10)

『大方廣佛華嚴經』 卷70 「入法界品」(大正藏 10)

『大般涅槃經』 卷34 「迦葉菩薩品」(大正藏 12)

『解心密經』 3卷 「分別瑜伽品」(大正藏 16)

『梵網經』 卷下 「梵網經盧舍那佛說菩薩心地戒品第十」(大正藏 24)

『大乘阿毘達磨集論』(大正藏 31)

護法 等 著, 玄奘 譯, 『成唯識論』 2卷(大正藏 31)

護法 等 著, 玄奘 譯, 『成唯識論』 7卷(大正藏 31)

『大方廣佛華嚴經隨疏演義鈔』 卷17(大正藏 36)

『演義鈔』 卷16(大正藏 36)

窺基, 『成唯識論述記』 1卷(大正藏 43)

『雲門廣錄』 卷上(大正藏 47)

『鎮州臨濟慧照禪師語錄』(大正藏 47)

『萬松老人評唱天童覺和尙頌古從容庵錄』 卷1(大正藏 48)

『佛果圜悟禪師碧巖錄』 卷10(大正藏 48)

『禪源諸詮集都序』 卷上(大正藏 48)

宗密, 『禪源諸詮集都序』 卷上之一(大正藏 48)

『初發心自警文』「蒙山和尙示衆語(大正藏 48)

晦巖智昭, 『人天眼目』 卷1(大正藏 48)

晦巖智昭, 『人天眼目』 卷2(大正藏 48)

晦巖智昭, 『人天眼目』 卷3(大正藏 48)

晦巖智昭, 『人天眼目』 卷5(大正藏 48)

晦巖智昭, 『人天眼目』 卷6(大正藏 48)

贊寧, 『宋高僧傳』 卷9(大正藏 50)

『景德傳燈錄』 卷5(大正藏 51)

『景德傳燈錄』 卷6 (大正藏 51)

『景德傳燈錄』 卷12(大正藏 51)

『景德傳燈錄』 卷14 「藥山惟儼」(X 68)

『五燈會元』 卷1 「釋迦牟尼佛傳」(X 80)

『祖堂集』 卷12 「禾山」章(K 45)

『逍遙堂集』 「重刊逍遙集序」(韓佛全 8)

『鞭羊堂集』 卷3 「謝南陽處士書」(韓佛全 8)

『禪門五宗綱要』(韓佛全 9)

『喚惺詩集』 「喚惺和尙行狀」(韓佛全 9)

『喚惺詩集』 「喚醒詩集序」(韓佛全 9)

『喚惺詩集』(韓佛全 9)

『禪文水鏡』(韓佛全 10)

2. 단행본

『벽암록』上・中・下(선림고경총서 35,36,37), 장경각, 1993.

『선림보전』(선림고경총서 1), 장경각, 1993.

『양기록・황룡록』(선림고경총서 17), 장경각, 1993.

『운문록』 卷上・下(선림고경총서 15,16), 장경각, 1993.

『조주록』(선림고경총서 18), 장경각, 1993.

환성지안, 성재헌 역, 『禪門五宗綱要』・『喚惺詩集』, 동국대출판부, 2017.

각묵 스님 역, 『금강경역해』, 불광출판사, 2001.

光德 譯註, 『육조단경』, 불광출판사, 2008.

鳩摩羅什 譯, 無比 監修, 僧家大學院, 『金剛經全書』(懸吐本), 민족사, 1997.

김두진, 『균여 화엄사상 연구(均如華嚴思想)』, 한국연구원, 1981.

김상현, 『신라 화엄사상 연구』, 민족사, 1991.

김용태, 『조선 후기 불교사 연구-임제 법통과 교학 전통-』, 신구문화사, 2010.

김정명, 『변증법 살롱에서 선불교를 담론하다』, 북랩, 2015.

깔루파하나, 박인성 역, 『나가르주나』, 장경각, 1994.

나카무라 하지메(中村元), 남수영 역, 『용수의 중관사상』, 여래, 2010.

남무희, 『고구려 승랑 연구』, 서경문화사, 2011.

『마조록·백장록』(선림고경총서 11), 장경각, 1993.

滿空月面, 『滿空語錄』, 禪學院, 1967.

無門慧開, 광덕 역주, 『無門關』, 불광출판사, 2009.

無門慧開, 김태완 역, 『無門關』-달을 보면 손가락은 잊어라, 침묵의 향기, 2015.

無門慧開, 『무문관 강송』-모든 파도를 일시에 잠재우다, 운주사, 2004.

無門慧開, 금하광덕 역, 『禪宗無門關』, 도피안사, 2009.

無一 又學, 『무문관 강론』, 도서출판 좋은인연, 2013.

범해각안, 김두재 역, 『東師列傳』, 동국대출판부, 2015.

법산경일, 『나는 누구인가?』, 백산출판사, 2017.

안계현, 『한국불교사 연구』, 동화출판공사, 1982.

안진호, 『화엄학개론』, 동국대출판부, 1960.

오쇼 라즈니쉬, 김성식 외 2인 공역, 『명상건강』(From Meditation to Meditation)』,
　　정신세계사, 1996.

용수, 김성철 역, 『中論』 경서원, 1993.

雲棲, 광덕 역주, 『선관책진』, 불광출판사, 1991.

유수현·천덕희 외 3인 공저, 『정신건강론』, 양서원, 2017.

柳田聖山, 일지 역, 『임제록』, 고려원, 1988.

윤홍식, 『선문답에서 배우는 선의 지혜』-벽암록·종용록·무문관이 전하는 선사들
　　의 가르침, 봉황동래, 2009.

원순 역해, 『禪要』, 법공양, 2010.

원철, 『무문관의 관점에서 바라본 조주 무자』, 비움과 소통, 2013.

元曉, 이기영 譯, 『金剛三昧經論解說』, 대양서적, 1975.

이기영, 『한국의 불교사상』, 삼성출판사, 1976.

李能化, 『韓國佛教通史』 卷上·下, 1918.

이봉춘, 『조선시대 불교사 연구』, 민족사, 2015.

李喜益, 『無門關』, 경서원, 1992.

印鏡, 『몽산덕이와 고려 후기의 간화선사상 연구』, 명상상담연구원, 2009.

昔明, 『선문답의 세계와 깨달음』, 민족사, 1993.

正道, 『경봉선사 연구』, 운주사, 2013.

정은주, 사이토 다카시 著, 『혼자 있는 시간의 힘』, 위즈덤하우스, 2015.

Gregory Bateson, 서석봉 역, 『마음의 생태학』, 민음사, 1990.

J. Kabar Zinn, 장현갑·김교현 譯, 『명상과 자기치유』, 학지사, 2002.

청허휴정, 심재열·이종익 강설, 『禪家龜鑑』, 보성문화사, 1996.

한기두, 『韓國禪思想研究』, 일지사, 1991.

휴정, 김호귀 역, 『선가귀감』, 하얀연꽃, 2013.

환성지안·백파긍선, 김호귀 역, 『선과 선리』, 하얀연꽃, 2013.

희철, 『조선 후기 선리 논쟁 연구』, 해조음, 2012.

忽滑谷快天, 정호경 역, 『朝鮮禪教史』, 보련각, 1978.

3. 논문류

강명희, 「유식 논서에 나타난 통달위의 전개과정과 양상」, 『禪學』 36호, 한국선학회, 2013.

고영섭, 「고구려 慧灌이 일본 三論學에 미친 영향」, 『한국불교사 연구』 9권, 한국불교사 연구소, 2016.

권동순(圓法), 「涵月海源의 思想과 二種禪에 대한 考究」, 『한국선학』, 한국선학회, 2009.

_____, 「조선조 18세기 선시 연구」, 성균관대학원 박사학위논문, 2010.

_____, 「朝鮮後期 喚惺志安의 禪詩 研究」, 『한국선학』 32호, 한국선학회, 2012.

김방룡, 「한국 근·현대 看話禪師들의 普照禪에 대한 인식」, 『불교학보』 58집, 불교문화연구원, 2011.

김보혜, 「백파의 삼종선에 관한 초의의 비판에 대한 고찰」, 동서철학연구 90권, 한국동서철학회, 2018.

김성철, 「승랑의 생애에 대한 재검토」, 『한국불교학』 40집, 한국불교학회, 2005.

_____, 「승랑과 승조」, 『불교학보』 61집, 불교문호연구원, 2012.

김영수, 「화엄사상의 연구」, 『백성욱박사 송수기념 불교학논문집』, 동국대학교, 1959.

김용태, 「조선 후기 大芚寺의 表忠祠 건립과 宗院 표명」, 『보조사상』 27집, 보조사 상연구원, 2007.

_____, 「환성지안의 종통계승과 선교융합」, 『한국불교 법맥의 원류−환성지안과 통도사 학술발표집』, 2018.

_____, 「환성지안의 종통계승과 선교융합」, 『남도문화연구』 36, 순천대 남도문화 연구소, 2019.

김재영, 「광덕 스님의 삶과 불광사상」, 『전법학 연구』, 불광연구원, 2012.

김종진, 「환성지안과 백련암의 문학적 관련 양상」, 『한국불교 법맥의 원류−환성지 안과 통도사 학술발표집』, 2018.

김준혁, 「朝鮮後期 正祖의 佛敎認識과 政策」, 『중앙사론』 16, 한국중앙사학회, 2002.

金炯錄(印鏡), 「몽산덕이의 선사상 연구」, 동국대대학원 선학과 박사학위논문, 1999.

_____, 「公案禪과 看話禪」, 『철학사상』 권21, 서울대 철학사상연구소, 2005.

김호귀, 「『禪門五宗綱要』의 구성과 사상적 특징」, 『한국선학』 권15, 한국선학회, 2006. 12.

남무희, 「고구려 승랑의 생애와 그의 신삼론 사상」, 『북악사론』 제4집, 북악사학회, 1997.

박성자, 「환성지안의 詩 연구」, 전남대대학원 석사학위논문, 2003.

_____, 「환성지안의 시세계」, 『어문논총』 16집, 전남대 한국어문학연구소, 2005.

박청환(정덕), 「테라바다(Theravāda)의 붓다관−Pubbakammapiloti를 중심으로

−」,『불교학연구』 15호, 2006.

徐旺模(正道),「鏡峰禪師의 禪思想−보조지눌의 선사상과 비교하여−」,『한국선학』 33호, 한국선학회, 2012.

孫善花(梵見),「『禪家龜鑑』의 간화선 연구」, 동국대대학원 석사학위논문, 2019.

오지연,「천태지의와 원효의 만남−일심삼관一心三觀을 중심으로−」,『불교철학』 제1호, 동국대 세계불교학연구소, 2017.

윤영해,「환성지안과 통도사 연구」,『한국불교학』 제87집. 한국불교학회, 2018.

李定炫,「『禪家龜鑑』의 禪思想과 看話修行法 研究」, 동국대대학원 석사학위논문, 2013.

이종수,「조선 후기 통도사 환성지안에 관한 연구」,『한국불교 법맥의 원류−환성지안과 통도사 학술발표집』, 2018.

이종익·김지견,「신라화엄학의 계보와 사상」,『학술원논문집』권12, 1973.

이종찬,「환성의 弄禪通教」,『韓國佛家詩文學史論』, 불광출판부, 1993.

이진영,『蓮潭有一 연구』, 동국대대학원 선학과 박사학위논문, 2020.

장석영,「승랑의 삼론학과 고구려 교학과의 연관성 대한 소고」,『구산논총』 11집, 보조사상연구원, 2006.

전호련(해주),「元曉의 和諍과 華嚴思想」,『한국불교학』 24, 한국불교학회, 1998.

정한영,「조선 후기의 선사상 연구」, 동국대대학원 석사학위논문, 1997.

황욱.「무착(Asaṅga)의 유식학설 연구」. 동국대대학원 불교학과 박사학위논문, 2019.

4. 외국문헌

Park Sung Bae, *Buddhist Faith and Enlightment*(State Universithy of New York Press, 1983.

Bodhi, Bhikkhu(trans), *The Connected Discourses of the Buddha*, A Translation of the Samyutta Nikaya, Boston, Wisdom Publications, 2000.

Edward Conze, *The Diamond Sutra*, Buddhist Wisdom Books, George Allen & Unwin, London, 1958.

Gethin, *The Buddhist Path to Awakening, A Study of theBodhi−Pakkhiyā Dhammā,*

Leiden,E.J. Brill. 1992.

Tulkku Thondup, *The Healing Power of Mind*(Shambhala, 1996).

『佛光大藏經』 卷2, 臺灣 佛光出版社, 1994.

高橋亨, 『李朝佛教』, 日本, 寶文館, 1929.

忽滑谷快天, 『禪家龜鑑講話』, 東京, 光融館, 1930.

5. 사전류

석지현, 『선시감상사전』, 한국편, 민족사, 1997.

이지관, 『가산불교대사전』, 가산불교문화원, 2014.

이철교 저, 『선학사전』, 불지사, 1995.

정원 스님 편찬, 『선어사전』, 수미산선, 2009.

한보광, 임종욱 저, 『중국역대불교인명사전』, 이회문화사, 2011.

혜원 편저, 『禪語事典』, 운주사, 2011.

Ven. Hyewon, David A. Mason, 『영문 한국불교 백과사전(An Encyclopedia of Korean Buddhism)』, Unjusa, 2013.

鈴木莊夫, 禪學大辭典編纂所, 『禪學大辭典』, 大修館書店, 2000.

6. 유품 및 유적

『海南大興寺喚醒堂志安大師碑文』

『通度寺誌』와 『大屯寺志』

백련암 주련

비림의 「蠲役復舊碑序」

송낙

『梁山郡誌』

영각의 환성 대사 진영과 유지

통도사 성보박물관의 소장 현판

「通度寺白蓮精舍萬日勝會記」

참고도표

그림1. 환성지안 대사 계보[1]

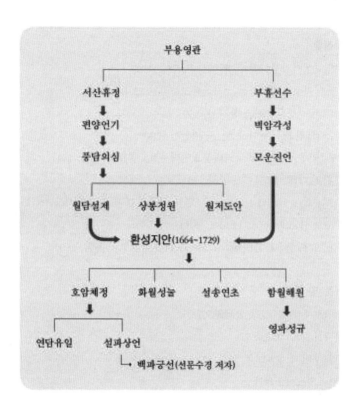

1 로담정안 해제, 이용윤 해설, 『진영에 깃든 선사의 삶과 사상』, 조계종출판사,
  2017, p.415.

표1. 편양언기 계 환성지안의 사승계보[2]

	적전	적전 이후 이어지는 법맥	
1	편양언기	楓潭義諶 淸嚴釋敏 回敬弘辯 涵影契眞 幻寂義天 寂照惠賞 自穎天信	7인
2	풍담의심	霜峰淨源 月潭雪霽 月渚道安 奇影瑞雲 映虛贊映 松溪圓輝 松源豊悅 秋溪三印 寂照雲密 楓溪明察 雪峰自澄 靑松道正 碧波法澄 幻宴莊六	14인
3	월담설제	喚惺志安 玄隱淪悟 靑霞三印 慕月淸一 一菴萬回 月波開慧 寒影萬機 松藕性草	7인
4	환성지안	醉眞處琳 牧隱修靜 月華雷震 雪松演初 虎巖體淨 錦溪元宇 涵月海源 龍巖信鑑 鷄峰慧淨 淨月會閑 華月性訥 慧巖俊眼 幻住就密 臥雲信慧 淸霞竺坦 抱月莝玬 月巖慧能 龍巖增肅 友松會仁	19인

2 김용태, 「환성지안의 종통계승과 선교융합」, 『한국불교 법맥의 원류 환성지안과 통도사 학술발표집』, 2018, p.43.

표2. 환성지안의 문도와 제자들[3]

주요 제자	법맥으로 이루는 문도	
설송연초	友月尙明 退菴自如 圭山明學 華岳淸印 晋溪神瑞 鶴峯碩寬 洛波靈悟 凝嵒希有 東坡坦學 太虛南鵬 碧坡處愚 東岳宇一	12인
호암체정	燕海廣悅 萬化圓悟 楓嶽普印 靑峰巨岸 靈谷永愚 瑞雲時演 雪坡常彦 龍坡道周 蓮潭有一	9인
함월혜원	鶴坡六彰 永松祖印 翠松明惠 翫月軌泓 赤洲範禪 平原宏慧 寒溪泰岑蓮谷偉荷	8인
화월성눌	月城致雄 桂菴道仁 東菴太柔 등 24인 *『해동불조원류』에는 이들 후손은 기재 안 됨	24인

---

3 김용태, 「환성지안의 종통계승과 선교융합」, 『한국불교 법맥의 원류 환성지안과 통도사 학술발표집』, 2018, p.44.

표3. 대둔사大屯寺 13대 종사와 13대 강사[4]

차례	宗師	문파	講師	문파
제1대	楓潭義諶(1592~1665)	편양파	萬化圓悟(1644~1738)	편양파
제2대	醉如三遇(1662~1684)	소요파	燕海廣悅(?~?)	편양파
제3대	月渚道安(1638~1715)	편양파	靈谷永愚(?~?)	편양파
제4대	華巖文信(1629~1607)	소요파	懶庵勝濟(?~?)	소요파
제5대	雪巖秋鵬(1651~1706)	편양파	影坡聖奎(1728~1812)	편양파
제6대	喚惺志安(1664~1729)	편양파	雲潭鼎駟(1741~1804)	소요파
제7대	碧霞大愚(1676~1763)	소요파	退庵泰瓘(?~?)	편양파
제8대	雪峰懷淨(1677~1738)	소요파	碧潭幸仁(1721~1798)	부휴계
제9대	霜月璽封(1687~1767)	편양파	錦州福慧(?~?)	소요파
제10대	虎巖體淨(1687~1748)	편양파	玩虎尹佑(1758~1826)	편양파
제11대	涵月海源(1691~1770)	편양파	朗巖示演((?~?)	소요파
제12대	蓮潭有一(1720~1799)	편양파	蓮坡惠藏:(1772~1811)	소요파
제13대	草衣意恂(1786~1866)	편양파	梵海覺岸(1820~1896)	편양파

---

4 이진영, 「蓮潭有一 연구」, 동국대학교 대학원, 박사학위논문의 p.270을 참조하여
  13대 종사와 13대 강사를 더 보완한다.

표4. 『禪家龜鑑』과 『禪門五宗綱要』의 科目(과목)

청허휴정의 『禪家龜鑑』	환성지안의 『禪門五宗綱要』
1. 서문	1. 서문
2. 본문	2. 임제종
1) 일물(본분과 신훈)	1) 三句(삼구)
2) 불조론(교외별전과 선교의 차별)	2) 三玄(삼현)
3) 화두참구와 그 요소	3) 三要(삼요)
4) 마음의 근원(신해문)	4) 四料揀(사료간)
5) 염불과 경전의 실천조목(수증문)	5) 四照用(사조용)
6) 병통과 화두의 본질 및 출가정신	7) 四大式(사대식)
(실증묘득문)	8) 四喝(사할)
7) 종파의 법계와 특징(선종의 오가)	9) 八棒(팔방)
8) 방과 할의 본질	3. 운문종
3. 발문	1) 三句(삼구)
1)사명종봉의 발문	2) 推顧(추고)
2)보원의 발문	3) 一字關(일자관)
3)충허성저의 발문	4) 巴陵(파릉)이 3구로 雲門(운문)의 법을
	계승함
	4. 조동종
	1) 偏正五位(편정오위)
	2) 功勳五位(공훈오위)
	3) 君臣五位(군신오위)
	4) 曹山(조산)의 三墮(삼타)
	5) 洞山(동산)의 三漏(삼루)
	5. 위앙종
	1) 三種生(삼종생)
	6. 법안종
	1) 六相(6상)
	2) 德韶 國師(덕소 국사)의 四料揀(사료간)
	3) 圓悟(원오)의 五宗綱要(오종강요)

	7. 잡록 　1) 세 종류 師子(사자)에 관한 말씀 　2) 分陽(분양)의 3구 　3) 巖頭(암두)의 네 가지 칼날을 감춤 　4) 육대 조사의 문답 　5) 열 가지 無(무)에 관한 문답 　6) 네 가지 異類(이류) 　7) 趙州(조주)의 三門(삼문) 　　－文殊面目(문수면목) 　　－觀音妙唱(관음묘창) 　　－普賢妙用(보현묘용)

308

표5. 『禪門五宗綱要私記』의 선종 5가 내용[5]

임제종	운문종	조동종	위앙종	법안종
임제종지	운문종지	조동종지	위앙종지	법안종지
삼구	운문삼구	편정오위	삼종생	육상
삼현	추고	동산의 공훈오위	원상	천태덕소의 사료간
삼요	일자관	조산의 군신오위		
사료간	파릉삼구	조산의 삼타		
사빈주		동산의 삼종삼루		
사조용		동산의 삼종강요		
사대식				
사할				
사방				
팔방				

잡록
원오극근의 오가종요
三種師子(삼종사자)이야기
분양선소의 삼구
암두전활의 칼날을 감추는 네 가지 四藏鋒(사장봉)
六代祖師의 問答(6대조사의 문답)
十無(십무)의 문답
네 가지 다툼과 같음 四異類(사이류)
조주종심의 三門(삼문)

5 환성지안·백파긍선, 김호귀 역, 앞의 책, p.220.

표6. 『禪門五宗綱要』와 『禪門五宗綱要私記』의 선종 5가의 내용

『禪門五宗綱要』	『禪門五宗綱要私記』
1. 임제종	1. 임제종
1) 三句(삼구)	1) 臨濟宗旨(임제종지)
2) 三玄(삼현)	2) 三句(삼구)
3) 三要(삼요)	3) 三玄(삼현)
4) 四料揀(사료간)	4) 三要(삼요)
5) 四賓主(사빈주)	5) 四料揀(사료간)
6) 四照用(사조용)	6) 四賓主(사빈주)
7) 四大式(사대식)	7) 四照用(사조용)
8) 四喝(사할)	8) 四大式(사대식)
9) 八棒(팔방)	9) 四喝(사할)
	10) 八棒(팔방)
2. 운문종	2. 운문종
1) 三句(삼구)	1) 雲門宗旨(운문종지)
2) 推顧(추고)	2) 雲門三句(운문삼구)
3) 一字關(일자관)	3) 推顧(추고)
4) 巴陵(파릉)이 三句(삼구)로 雲門(운문)	4) 一字關(일자관)
의 법 계승	5) 巴陵三句(파릉삼구)
3. 조동종	3. 조동종
1) 偏正五位(편정오위)	1) 曹洞宗旨(조동종지)
2) 功勳五位(공훈오위)	2) 偏正五位(편정오위)
3) 君臣五位(군신오위)	3) 曹山의 功勳五位(조산의 공훈오위)
4) 曹山(조산)의 三墮(삼타)	4) 洞山의 君臣五位(동산의 군신오위)
5) 洞山(동산)의 三漏(삼루)	5) 曹山의 三墮(조산의 삼타)
	6) 洞山의 三種三漏(동산의 삼종삼루)
	7) 洞山의 三種綱要(동산의 삼종강요)
4. 위앙종	4. 위앙종
1) 三種生(삼종생)	1) 潙仰宗旨(위앙종지)
	2) 三種生(삼종생)
	3) 圓相(원상)

5. 법안종	5. 법안종
1) 六相(6상)	1) 法眼宗旨(법안종지)
2) 德韶 國師(덕소 국사)의 四料揀(사료간)	2) 六相(6상)
3) 圓悟(원오)의 五宗綱要(오종강요)	3) 天台德韶(천태덕소)의 四料揀(사료간)
6. 잡록	6. 잡록
1) 세 종류 師子(사자)에 관한 말씀	1) 원오극근의 오가종요
2) 分陽(분양)의 3구	2) 三種師子(삼종사자)
3) 巖頭(암두)의 네 가지 칼날을 감춤	3) 분양선소의 삼구
4) 육대조사의 문답	4) 암두전활의 四藏鋒(사장봉)
5) 열 가지 無(무)에 관한 문답	5) 육대조사의 문답
6) 네 가지 異類(이류)	6) 십무의 문답
7) 趙州(조주)의 三門(삼문)	7) 네 가지 다름과 같음(四異類 : 사이류)
- 文殊面目(문수면목)	8) 조주종심의 三門(삼문)
- 觀音妙唱(관음묘창)	
- 普賢妙用(보현묘용)	

표7. 환성지안 선시禪詩의 분류

*내용이 분류상 중복된 선시의 경우는 한 곳에만 해당됨.

선사상 및 선시의 종류		오언절구	칠언절구	오언율시	칠언율시	계
般若(空)의 무분별지(오도와 격외도리 또는 유식 및 여래장 등)		8	4	1	.	13
화엄(상즉상입 및 원융무애)		4	2	.	1	7
법화(법화경을 권하여 이를 실천함)		.	1	.	.	1
禪問答(화두 및 공안을 소재로 하여 선시에 선사상을 집약함)		8	1	1	.	10
*기타 선시	− 탈속한 산사의 일상에 대한 山居詩 및 자연과 사찰의 풍광을 노래한 禪迹詩	6	16	11	4	37
	− 운을 따라 자연스럽게 탈속한 정신세계를 선시의 형식에 담아 선시로 노래하거나 또는 古人의 선시에 차운한 선시 *(제자 함월해원이 스승의 선시에 차운한 선시 1편이 포함됨)	6	12(*1)	3	1	22(*1)
	− 이별의 정한과 인간적인 감회를 솔직 담박하게 표현한 교류시와 후학에게 전하는 교화시	26	24	.	4	54
*기타 선시의 소계		38	2(*1)	14	9	113(*1)
계		58	60(*1)	16	10	144(*1)

표8. 『환성시집』에 나타난 선시의 교화대상 및 소재별 분류

대상별 분류	오언절구	칠언절구	오언율시	칠언율시	총계(편)
스님에게 주는 선시	41	26	4	2	73
재가자에게 주는 선시	4	6	1	2	13
*기타 자연과 사찰 혹은 인간적 감회를 표현한 선시	13	2	10		58
계	58	6	16	10	144

표9. 「30본말사법 등규」[6]

도별	본사	주지 자격	분류
경기도 (4)	봉은사	청허휴정의 법손	청허계
	봉선사	화엄교종(화엄 7조사, 원효, 의상, 의천)	화엄종
	용주사	청허휴정의 법손	청허계
	전등사	청허휴정의 전법후예인 환성지안의 법손	편양과 환성
충청도 (2)	법주사	부용영관 2대 제자 청허휴정, 부휴선수의 법손	청허·부휴계
	마곡사	청허휴정의 법손	청허계
경상도 (8)	동화사	청호, 부휴의 법손	청허·부휴계
	은해사	청허휴정 적사, 편양언기의 법손 및 부휴 법손	편양과·부휴계
	고운사	의상 국사 교외봉행, 환성 선사의 종지 선양	화엄, 환성
	김룡사	청허휴정의 5대 법손 환성지안의 법손	환성
	기림사	청허휴정의 적전	청허계
	해인사	청허휴정의 법손	청허계
	통도사	청허휴정의 사법자 송운(교종), 편양(선종)의 법계와 교통을 함께 이은 설송연초의 법손	편양·사명파, 환성-설송
	법어사	청허휴정 법자, 편양언기와 소요태능의 법손	편양·소요파

---

6 김용태, 「환성지안의 종통계승과 선교융합」, 『남도문화연구』 36, 2019, pp.48~
49.

전라도 (6)	위봉사	청허휴정의 법손 전등 상속, 지공·나옹·무학의 상속	청허계·3화상
	보석사	청허휴정의 법제자, 환성지안의 법손	환성
	대흥사	청허휴정의 법맥	청허계
	백양사	환성지안의 법손	환성
	송광사	보조지눌·나옹혜근 법통 실전 태고보우 7대 전법후예, 부휴선수 법계	부휴계
	선암사	정해진 법 없음	미정
강원도 (3)	건봉사	청허휴정 법맥 이은 환성지안-호암체정, 함월 해원의 법손	환성-호암·함월
	유점사	청허휴정, 중조 환성지안-호암체정·풍악보인 법손	환성-호암-풍악
	월정사	청허휴정의 수제자, 편양언기, 송운유정의 법손	편양·사명파
황해도 (2)	패엽사	청허휴정의 법손	청허계
	성불사	청허휴정의 법손	청허계
평안도 (3)	영명사	화엄 7조와 종의 계승	화엄종
	법흥사	청허휴정 및 같은 반열의 방계인 청하법유 후예	청허계·청하
	보현사	청허휴정의 법손	청허계
함경도 (2)	석왕사	청허휴정의 후예 환성지안의 문손으로 이어옴 개창조 무학수훈 이어받는 것이 종강	환성·무학
	귀주사	청허휴정의 적통	청허계

부록 1. 환성지안 진영[1]

1799년, 통도사성보박물관, 경남유형문화재

---

1 로담정안 해제, 이용윤 해설, 『진영에 깃든 선사의 삶과 사상』, 조계종출판사, 2017, pp.85~88.

316

*환성지안 선사 진영에 깃든 삶과 사상

喚惺老和尙贊 환성노화상찬

咄, 這老和尙	저런, 이 노화상
曠劫結緣大	오랜 세월 맺은 인연이 크시기도 하네.
坐斷海東四十年	해동에서 좌선한 지 어언 40년
到處自成折床會	여기저기 좌선 자리 만들어지고
慈雲徧布 慧澤雾霈	자비 구름 두루 펴고 은혜 베푸니
眞可謂刹海章程	진실로 온 세상의 모범이 되며
法門蓍蔡	우리 법문의 시채(종주)라고 할 만하구나.
如何末後	어쩌자고 말년에
擔得須彌渡大海	수미를 짊어지고 대해를 건넜다고 하니
金山大會作話橢	금산사 대회의 말 설화거리 되었구나.
笑看八風括地號	팔풍이 땅 휩쓴 후 울부짖음 우스워라
誰道從來償宿債	묵은 빚을 갚는 것이라 누가 말했나.

_ 「喚惺老和尙贊」『蓮潭大師林下錄』卷四.

*현재 통도사에 보관된 환성지안의 진영은 '가경사년기미중하 도진양공옥인嘉慶四年己未仲夏 圖眞 良工玉仁'이라 명기되어 있어 1799년이라는 제작연대를 알 수 있다. 이 진영을 제작한 화사 옥인玉仁은 법호가 혜월慧月로 1775년에 그린 통도사 시왕탱 가운데 제4 오관대왕도五官大王圖를 맡았고, 1798년 역시 통도사의 미륵불 그림도 그렸다. 그

다음해에 이 진영을 그린 것이다. 그는 이어서 1801년에 추파대명秋波
大明의 진영을 그렸는데, 특히 이 그림은 세부의 사실적 묘사나 색채
선택에 이르기까지 어느 부분 하나 흠잡을 데 없는 경지를 보여주고
있어 진영 가운데서도 우수작이라고 할 만하다. 다만 이 진영에 찬문이
들어가 있지 않다. 옥인은 1807년에도 통도사에서 삼성각에 봉안할
지공·나옹·무학 등의 삼화상 진영을 그릴 때 여러 다른 화가들과
함께 참여하기도 하였으니 가히 진영 전문화가라고 해도 과언이 아닌
이다. 그런데 사실 이 그림이 화畵환성지안의 진영이 백퍼센트 분명한
지에는 약간의 의문이 없지 않다. 왜냐하면 이 그림은 앞면에 찬문이나
제문이 있는 것이 아니라 뒷면에 적혀 있는데(이런 경우가 더러 있다)
이 그림의 소장처인 직지사에서 발행한 도록에 보면 주인공의 이름이
'환성喚惺'이라고 나와 있기 때문이다. 그림 뒤까지 확인할 상황이
못 되는 나로서는 '환성喚惺'이 지안의 법호인 '환성喚醒'의 단순 오자인
지 아닌지를 확인할 수 없지만, 일단 도록을 존중해서 '喚惺'이라고
봐야 할 것 같다. 그렇다면 법호가 喚醒인 지안과는 분명 다르므로
확실하게 동일인이라고 말하기 어렵다. 하지만 이 그림이 소장된
통도사의 역대 고승 가운데 '喚惺'이라는 법호와 법명을 가진 이가
없고, 묘사된 주인공의 모습으로 볼 때 지안과 같은 고승일 수밖에
없으며, 또 찬문의 내용도 지안의 법맥을 가리키는 것으로 생각되므로
이 진영은 환성지안을 그린 것이 거의 틀림없을 듯하다. 무엇보다도
한문에서는 한자의 음이 같으면 새김이 다른 글자라 하더라도 곧잘
통용하여 썼던 관례에 비추어 볼 때 惺과 醒의 차이는 무시해도 괜찮을
것 같다. 그렇다면 이 그림은 지안 스님의 입적 후 70년 뒤에 그렸으니,

그 전에 따로 그려진 진영이 있어서 그것을 보고 모사한 것이 아니라면 화가의 완전한 상상으로 그렸다고 봐야 한다. 실제로 그림의 여러 부분들을 보면 그러한 면이 두드러지는데, 말하자면 이 그림은 상상으로 그리는 진영의 한 전범이라고 할 수 있다. 그림을 보면 다른 진영과는 달리 매우 화려한 색채를 사용한 것이 우선 눈에 들어온다. 특히 의자에 앉아 있는 모습은 원효·의상 또는 지옹·나옹·무학 그리고 서산과 사명·기허 대사와 같은 고승 중의 고승에서나(드물게는 그 사찰의 창건주일 경우도 있다) 표현하는 패턴인 것으로 볼 때 후대 사람들이 지안 스님을 어떤 시각으로 바라보고 있었는지를 잘 알 수 있다. 주인공이 앉아 있는 의자는 꽤나 도식적이다. 하지만 등받이의 녹색 천에도 보상화문을 빽빽하게 그려 넣은 것은 다른 진영의 의자에서는 찾아보기 어려운 장식으로, 이 그림을 꽤나 공들여 그렸다는 또 하나의 반증일 것이다. 이런 장식성은 이 그림 곳곳에서 보인다. 주인공 뒤에 있는 작고 둥근 꽃무늬가 촘촘하게 박힌 밤색의 칸막이도 다른 그림에서는 보기 어려운 장치다. 다른 그림에서는 그 자리에 대개 병풍이 놓이는데, 이것은 병풍보다는 칸막이처럼 표현되었다. 또 하나 눈길을 끄는 것은 의자 등받이 양쪽 모서리 끝에 달린 용두龍頭 장식이다. 이 부분의 장식은 다른 그림에서는 대부분 고구려 벽화에서 보이는 구름과 비슷한 모습의 이른바 영기문靈氣紋으로 이루어지고 있기 때문에 이 용두 장식은 이 그림의 두드러진 특징 가운데 하나로 볼 수 있다. 또 왼손으로는 불자拂子를 쥐고 있는 것도 도식적이면서 매우 화려하다. 불자는 자루가 대나무로 만들어졌고 머리 장식이 용두로 되었으며, 그 끝에 아주 곱고 흰 술이 달려 있는데 오른손으로 술

끝부분을 잡고 있다. 손의 처리가 쉽지 않은 진영에서 이러한 포치는 아주 교묘한 구도인 셈이다. '환성 스님 3대의 진영(喚惺三代影)을 4대 후손이 열었네(四代後孫開). 천년 동안 고이 전해져(安位千載下) 법손 무진토록 이어지리라(法孫濟濟來).' (진영의 조성은) 영월이 주간 하였다(主幹 影月).

부록 2. 환성지안이 주석하던 조선 후기의 통도사 고지도

부록 3. 양산시 토지대장

부록 4.

통도사백련정사만일승회기通度寺白蓮精舍萬日勝會記

(통도사 성보박물관 소장 2020. 10. 13 촬영)

*백련암에서 호암 대사 문도가 중심이 되어 만일염불회를 개최했다는 내용이다. 그 내용 가운데 "喚惺祖之卓錫 虎巖老之竪拂 其餘講伯 相繼而闡揚"라고 하는 글귀가 나온다. 즉 환성 대사가 주석하고 호암 대사가 뒤를 이어 여러 강백들이 계승했다는 내용이다.

부록 5. 백련암 현판(통도사 성보박물관 소장)

(도록 앞면과 뒷면 2020. 10. 13 촬영)

(앞면)

*이 현판에는 280년 전 환성 대화상의 친필 시가 새겨져 있다. 첫수는 "謹次板上韻"로 오언절구이며, 다음 작품은 별도의 제목 없이 "又"로 시작하는 칠언절구이다. 끝에는 "己亥暮春喚惺題"라 하였다. 기록 자체를 인정하고 환성이 살았을 시기를 고려하면 이 글씨는 1719년 3월에 쓴 것이다. 뒷면에는 이 시와 현판에 관한 사연이 적혀 있다. 이 현판은 280년 전 환성 대화상이 친히 쓰신 필적으로 참으로 보물이라 할 수 있다. 처음에는 백련암白蓮庵 강설루講說樓에 걸려 있던 것을 극락암 영각影閣에 옮겨 놓았다. 갑오년 겨울 본사 주지 김해은 화상이 옛 관현당을 봉안하였다. 중수하며 영각을 건립할 때 극락암의 진영과 여기저기 폐기되어 있던 영축 몇 점을 이곳 관현영각에, 이 현판은 (환성의) 영정을 옮길 때 함께 걸어두었다. 봉안한 진영은 75축이다.

*현판: 此懸板 二百八十年前 喚惺大和尙 親自筆蹟 則眞可謂寶也
初懸於白蓮 庵講說樓而移置於極樂影閣矣 甲午年冬 本寺住持金
海隱和尙 重修於舊觀玄堂 而建立影閣 收拾于極樂之影及數廢散
在影軸 奉安于此觀玄影閣也 此懸板 隨影而來懸矣奉安影七十五
軸.

(뒷면)

부록 6. 환성지안 선사의 송락

(통도사 성보박물관 소장 도록 2020. 10. 13 촬영)

부록 7. 견역복구비

(통도사 비림. 통도사 성보박물관 소장본 도록 2020. 10. 13 촬영)

*통도사 비림에는 통도사견역복구비가 있다. 이 비석은 높이 232.5cm, 넓이 102cm, 두께 30.8cm의 크기이다. 일부 글자는 마멸되어 판독이 어렵지만 대체적인 의미는 파악이 가능하다. (재)불교문화재연구소에서 판독한 원문은 다음과 같다.

"觀察使朴相公文秀 觀察使黃相公璿郡守金候聲發 通度寺蠲役復舊碑序蛇珠雀環我通度如病且孔得良醫以救之 凡爲我金仙氏說者爲得無感 猶旣醒不須提醉 時事起病之由母論 且記刀圭之惠 惟我黃相公璿 朴相公文秀 相繼爲觀察 孫將軍命大莅水閫朴將軍廷賓佐巡幕⑪投"

부록 8. 환성조사종계안喚惺祖師宗契案

(통도사 성보박물관 소장용 도록 2020. 10. 13 촬영)

*환성 조사의 계안에는 "佛紀二九四七年庚申六月喚惺祖師十一世孫本山住持九河 天輔謹誌"라는 글이 있다. 불기 2947년은 1920년에 해당하므로 일제강점기라는 것을 알 수 있고, "환성 조사의 11세손"이라고 하여 통도사가 환성 문파의 종찰이라는 점을 강조하고 있다.

부록 9. 환성당 지안대사비 및 부도

해남 대흥사 부도전(2018. 10. 26 촬영)

(한국민족문화대백과와 현지 안내판 참조)

1. 서산휴정 부도 2. 풍담의심 부도 3. 환성지안 부도 4. 상원새봉 부도
5. 연담유일 부도 6. 완호윤후 부도 7. 초의의순 부도

부록 10. 해남 대흥사 부도전 내의 환성지안대사비

(출처: 한국민족문화대백과)

부록 11. 환성당 지안 대사비 전면

(출처: 한국민족문화대백과)

지안대사비 원문과 우리말

제67조 환성지안 喚醒志安(1664~1729)

先師名志安 住春州淸平寺 樓下有影池 淤塞已久 濬之得短碑刻曰
儒乘冠婦千里來 解之者曰 儒乘志也 冠婦安也 千里重也 謂志安重
來 仍名焉 住海南大芚寺 設淨供 空中三呼 醒亦三應出 遂號曰喚醒
字曰三諾 姓鄭氏 春州人 顯宗五年甲辰康熙三年十五出家 落髮於
彌智山龍門寺 受具於雙峰淨源 十七求法於月潭 潭大器之 以衣鉢
托焉 師骨相淸嚴 音韻靈朗 言簡而色和 精硏內典 寢食俱忘 二十七
聞慕雲震言大士 設法會於金山直指寺 往從之 暮雲大敬服 語其衆
數百人曰 吾今輟獅子座 汝等禮事之 乃潛出居他山 遂進大衆 橫說
豎說 毫分縷柝 浩然若江河之決 衆開豁然開悟 由是四方緇徒 靡然
雲集 嘗於智異山 有一道人前言 願師速去 果數日火災 住金剛山正
陽寺 一日天甚大雨 師促裝去 山下富家 請師不入 投宿矮舍 其夜寺
及富割家 俱沒水去 乙巳設大法會於金山寺 衆凡一千五百人 雍正
七年己酉六十六竟以會事有誣捏者 自智異逮繫湖南獄 未幾蒙宥
道臣執不可 竟流於耽羅 到 彼七日 爲七月七日也 忽示寂 山鳴三日
海水沸騰 驗三聖之讖矣 三聖者 漢拏山上有石佛 有文在背曰 三聖
入寂處 一中國正法菩薩 來居入寂 二東國戲應尊者 入居示寂 三喚
醒宗師 流居示寂 五宗綱要一卷 文集三卷 刊行於世 門人三十人
世壽六十六 法臘五十一 吏曹判書洪啓禧撰碑

碑塔幷在頭輪山大芚寺

*스님의 법명은 지안이며 춘천 청평사에 머물렀다. 누각 아래에

영지가 있었는데 진흙으로 막힌 지가 오래되었다. 준설 시에 작달막한 비석을 발견하였는데 거기에 유승관부천리래儒乘冠婦千里來라고 새겨져 있었다. 해석해 이르기를 유승은 지志며 관부는 안安이다. 천리는 중重이니 지안志安이 다시 왔다고 하였다. 그래서 이름하였다. 해남 대둔사에 머물 적에 사시마지를 올리는데 공중에서 세 번 부르는 소리가 성성하게 들렸다. 역시 세 번을 응답하였으므로 마침내 법호를 환성喚醒(부를 환, 성성할 성)이라 하고 자를 삼낙三諾(세 번 대답하다)이라 하였다. 성은 정씨며 춘천 사람이다. 현종 5년 갑진(1664)년 강희 3년이며 15세에 출가하였다. 미지산 용문사에서 머리를 깎고 상봉원정 스님께 구족계를 받았다. 17세에 월담설제 스님께 법을 구하였으며 월담은 그가 대기임을 알고 의발을 맡겼다.

스님의 골상은 청정하고 준엄하였으며, 음운이 신령스럽게 맑았고 말은 간결하였으며, 안색은 온화하였다. 정성을 다하여 내전을 연구하는데 침식을 잊을 정도였다. 27세에 운진 스님에 대하여 듣고 사모하여 금산 직지사 설법회에 그를 좋아갔다. 저녁에 설운 대사가 경복하여 대중 수백 인에게 말해 가로되 "내가 이제 사자좌를 그만두고자 한다. 너희들이 예를 다하여 모시도록 하라." 하고는 다른 산으로 거처를 옮겨 잠복하였다. 마침내 대중에 나아가 횡으로 설하고 종으로 설하며 털끝 실끝까지 분석하였고, 호연지기가 마치 강하의 결택과 같으니 대중들이 활연히 개오하였다. 이로써 사방의 스님들이 한쪽으로 쏠리듯 운집하였다.

일찍이 지리산에서 어떤 한 도인의 전언에 "스님께서 속히 가셔야겠습니다."라고 한 적이 있었다고 한다. 과연 며칠이 지나 화재가 있었다.

금강산 정양사에 머물렀는데, 하루는 하늘에서 심한 큰비가 내리는데 스님이 걸망을 꾸려 바쁘게 나갔다. 산 아래 부잣집에서 스님을 청하였으나 들어가지 않았다. 왜사矮舍에서 투숙하였는데, 그날 밤 절과 부잣집이 갈라지고 모두 물에 잠겼다.

을사년 금산사에서 대법회를 열었는데 대중이 무릇 1,500여 명이나 되었다. 옹정(1664~1729) 7년 기유 66세에 법회의 일로 무고자가 있어 지리산 호남의 감옥에 들어가게 되었다. 며칠 후 풀려나게 되었는데도 도의 신하 누군가가 불가하다고 마침내 탐라(제주도)로 유배되어, 도착 후 7일 만인 칠월 칠석에 갑자기 입적하시니, 산이 삼일 동안 울었으며 바닷물이 끓고 용솟음치며 삼성의 참서의 징험이 있었다.

삼성이란 한라산 위에 석불이 있는데, 비문의 뒤 글에 이르기를 삼성이 입적한 곳이니 첫째는 중국의 정법보살이 와서 살다가 입적하였으며, 두 번째는 동국의 희응 존자가 들어와 살다 입적하였으며, 세 번째는 환성 종사가 유배되었다가 입적하였다고 하였다. 『오종강요』 1권과 『문집』 3권이 세상에 간행되었다. 문인은 30여 인이고, 세수는 66세, 법랍은 51세였다. 이조판서 홍계희가 비에 찬하다. 비와 탑이 두륜산 대둔사에 함께 있다.

부록 12. 환성당 지안대사비 상부

해남 대흥사 부도전(출처: 한국민족문화대백과)

부록 13. 환성지안대사상

제주시 조천 평화통일 불사리탑사에 중국에서 온 정법보살과 허응당 보우 대사와 함께 모셔진 환성지안 순교비와 환성지안대사상이 모셔져 있다.(2019. 12. 3. 촬영)

부록 14. 환성지안 순교비

(2019. 12. 3. 제주시 조천 불사리탑사에서 촬영)

부록 15. 통도사의 환성지안 선사의 선시

통도사 방장실 앞에 걸려 있는 환성지안 선사의 선시(『양산군지』上 p.76에
조계종 15대 종정 성파 스님이 차운을 붙인 것으로 2020. 10. 13. 촬영)

부록 16. 『통도사지』

통도사 성보박물관에 소장되어 있는 『통도사 사적기』에 의거, 한국학문헌연구
소에서 간행한 『한국사지총서』 제5호(통도사 성보박물관 소장본의 표지로
2020. 10.13 촬영)

부록 17. 『양산군지』의 통도사 관련 기록

『양산군지』上, pp.57~78 중에서 통도사 각 전각 및 환성지안 선사와 관련된
기록임. 사진은 p.73에 해당됨.(조계종 15대 종정 성파 스님의 소장본으로
2020. 10. 13에 촬영)

부록 18. 환성지안의 선시

환성지안 선사의 선시가 실려 있는 『양산군지』上, p.77.(조계종 15대 종정 성파 스님의 소장본으로 2020. 10. 13에 촬영)

*洞口連平野 樓臺隱小岑 居僧懶不掃 花落滿庭心"와 "雲衣草簟臥
前櫺 浮世虛名一髮輕 山杏滿庭人不到 隔林啼鳥送春聲."
"동구는 평야로 이어져 있는데 누대는 작은 봉우리에 숨겨져 있고,
사는 스님들은 게을러 비질을 하지 않아 떨어진 꽃들이 뜰에 가득
하네."
"누더기 옷을 입고 풀로 만든 대자리를 깔고서 창 앞에 누우니
덧없는 한 세상 헛된 명성은 한 올의 털처럼 가벼워라. 산 살구꽃
뜰에 가득해도 찾는 이 없고, 숲 너머로 우는 새가 봄소식을 알리네!"

이 2편의 시는 각각 『환성시집喚惺詩集』 「제반룡내원벽題盤龍內院
壁」(韓佛全 9, 469上)과 『환성시집』 「춘일우음春日偶吟」 「차부次附」(韓
佛全 9, 471中)의 제목으로 실려 있으며, 지금은 통도사 성보박물관에
소장 중인 통도사 백련암 강설루의 현판에 2편의 시가 모두 실려
있다.

무각 스님

승가사 상륜 스님을 은사로 출가하고, 무문관 등 제방 선원에서 안거를 성만하였다.

동국대학교 대학원 교육학과에서 상담심리 박사과정을 수료하고 동 대학원 선학과에서 박사학위를 취득하였다.

동국대학교와 제방 선원 등에서 '종횡무진 선치료 법회'를 개설하였으며, 해제철에는 본사와 수말사 등에서 불교대학 강사와 포교국장 등을 역임하였다. BBS불교방송 등에서 화엄경과 선어록 강설, 정기법회 등을 펼치고 있으며, 현재 세 분의 수좌 스님과 함께 속리산 청운사 여여선원에서 정진하고 있다.

저서로 『무문관 공안으로 보는 자유로운 선禪과 치유治癒세계』가 있으며, 논문으로는 「영성적 집단상담 프로그램이 자아존중감에 미치는 효과 – 동사섭同事攝을 중심으로-」와 「무문관에 나타난 병통病通에 관한 고찰」이 있다.

환성지안 선사

초판 1쇄 인쇄 2022년 5월 10일 | 초판 1쇄 발행 2022년 5월 17일
지은이 무각 | 펴낸이 김시열
펴낸곳 도서출판 운주사

 ˙(02832) 서울시 성북구 동소문로 67-1 성심빌딩 3층

 전화 (02) 926-8361 | 팩스 0505-115-8361
ISBN 978-89-5746-691-9 93220 값 22,000원
http://cafe.daum.net/unjubooks 〈다음카페: 도서출판 운주사〉